Anne CHIMCHIRIAN

# DEVENIR INTERVENANT EN ANALYSE DES PRATIQUES AVEC UNE APPROCHE SYSTÉMIQUE

TROUVER SA LÉGITIMITÉ ET STRUCTURER
SES INTERVENTIONS AVEC LES REPÈRES
DE LA MÉTHODE APEOS®

GUIDE PRATIQUE
ET TECHNIQUE

© 2024 Anne Chirnchirian
Édition : BoD – Books on Demand, info@bod.fr
Impression : BoD – Books on Demand, In de Tarpen 42, Norderstedt (Allemagne)
Impression à la demande
Couverture : Édition Karenine
Illustrations : Cécile Farges

ISBN : 978-2-3225-3895-9
Dépôt légal : Juin 2024

« Quoi que tu rêves d'entreprendre, commence-le. L'audace a du génie, du pouvoir, de la magie »

Johann Wolfgang GOETHE

# LETTRE DE RECONNAISSANCE PROFESSIONNELLE

## À toutes les personnes engagées dans les métiers de l'accompagnement

Il me tient en effet à cœur de prendre un temps formel pour vous témoigner ma sincère reconnaissance. À chacun d'entre vous issus des métiers de l'accompagnement, et notamment à ceux que j'ai eu la chance de rencontrer dans ma fonction d'Intervenante en Analyse des Pratiques Professionnelles (IAPP), je vous remercie d'avoir contribué à mon évolution professionnelle et tiens à vous témoigner gratitude et admiration pour votre bienveillance quotidienne auprès de personnes vulnérables.

Depuis 2006, à vos côtés, je reçois de profonds enseignements humains grâce à nos échanges et vos retours. Et même si certains m'ont confrontée, je n'ai fait que constater l'humanité à chaque recoin de vos réflexions et questionnements. En me permettant d'être témoin de vos problématiques éthiques, vous m'avez permis d'apprendre à écouter, avec précision et constance. Sans probablement le savoir, vous avez participé à apaiser en moi ce sentiment si fort d'être touchée par la souffrance humaine. Vous m'avez permis de m'ajuster dans mes positionnements. Je tenais à vous en remercier.

Vos métiers et fonctions dans les métiers de l'accompagnement vous engagent chaque jour dans un monde où maintenir la dignité est devenu un combat du quotidien et je le constate depuis de nombreuses années. Je déplore que nous vivions dans une société où il y a si peu de reconnaissance pour toutes ces actions humaines menées, car toutes participent, selon moi, à compenser le mouvement fort de « déshumanisation » auquel nous assistons et, contre lequel je pense qu'il faudra continuer à lutter de nombreuses années encore. Toutes vos remarques m'ont aidée à traduire une méthodologie d'intervention pour mener des séances d'Analyse de la Pratique que je transmets depuis 2016 à des Intervenants APP (débutants comme plus expérimentés). Déposée officiellement en mai 2023, la Méthode APEOS® est une méthode systémique d'animation des séances d'APP.

APEOS® est le fruit de votre investissement dans les séances d'Analyse de la Pratique que je vous ai proposées et je tenais à vous mettre à l'honneur, en début d'ouvrage. Ayant exercé principalement en tant qu'intervenante APP dans les secteurs du social, du médico-social et du sanitaire, vous m'avez fait toucher du doigt l'importance de rester pragmatique et réaliste dans les réflexions conduites. Vous m'avez littéralement « ramenée » lorsque mes hypothèses étaient trop « éthérées » et mes réponses trop conceptuelles. C'est vous qui m'avez enseigné ce qu'est l'Éthique dans ce qu'elle a de dynamique, de vivant, de réflexif alors que je n'en avais appris qu'une définition essentiellement axée sur la morale.

APEOS® porte ce pragmatisme sur lequel vous avez systématiquement attiré mon attention (le « O » signifiant : *Opératoire*) et cette méthode a conservé un axe Éthique central (avec le « E », *Éthique*).

Il n'y a pas vraiment de mot pour témoigner la grandeur de ce que je ressens concernant la confiance que vous m'avez portée pour mettre en questionnement vos zones de déséquilibre, vos doutes, les points de butée et les conflits de loyauté qui étaient les vôtres. À l'évidence, en miroir, vous m'avez permis de pointer mes propres fragilités, confusions et idéalisations. À vos côtés, dans un implicite déconcertant, vous m'avez élevée. Puisse l'intention rédigée en début de ce livre renforcer la reconnaissance de vos postures humaines et votre souci à la veille de l'équilibre exigé dans une relation à un autre, surtout lorsqu'il est en souffrance.

Aussi, je tiens à saluer l'engagement de tous les cadres (intermédiaires comme généraux) à mettre en place et faire poursuivre le travail d'Analyse des Pratiques auprès des équipes dont ils assurent l'encadrement. Je tiens à remercier spécifiquement ceux qui, au-delà de mon statut de prestataire ont su voir un allié institutionnel, comme eux, au service des bénéficiaires. J'ai apprécié les échanges sincères autour de vos doutes et les questionnements que nous avons pu avoir car ils ont donné un sens appuyé à mes interventions. Je garde en mémoire pour la plupart le souci réel de vouloir soulager les « équipes de terrain » ainsi que votre envie sincère de vous améliorer dans votre fonction de cadre.

Je remercie une fois de plus chaque stagiaire qui s'est adressé à moi, dans un élan humble de venir faire exister et consolider en lui cette posture si spécifique d'Intervenant en Analyse de la Pratique. Je salue votre sens du respect pour l'autre et aussi votre courage d'avoir su exprimer simplement cette vulnérabilité de ne pas vous sentir légitime. Je reste touchée de votre confiance, et je vous remercie également pour l'élan que vous avez donné à l'écriture de cet ouvrage. Vos encouragements durant cette dernière année de rédaction m'ont clairement motivée.

À tous ceux qui exercent ces métiers engageants en termes de lien, précédemment ou prochainement rencontrés, je vous témoigne tout mon respect concernant l'implication et la dévotion quotidienne qui est la vôtre. Sans nous connaître, nous regardons avec compassion dans une direction commune : celles de la résilience humaine. Il y a là pour moi, une authenticité de rencontre évidente.

Anne Chimchirian

# REMERCIEMENTS

De très nombreuses personnes ont œuvré pour accompagner la rédaction de ce manuel car il est la résultante de 16 années de rencontres professionnelles.

Je commence par remercier l'ensemble des personnes qui ont été mes collègues de travail, celles également que j'ai eu la chance d'accompagner lors de séances d'Analyse de la Pratique, et tous les stagiaires qui m'ont fait et me font confiance pour consolider cette posture d'intervenant en Analyse de la Pratique. Je salue également les différents consultants, intervenants AP, et superviseurs côtoyés, car ils m'ont tous inspirée dans l'écriture de ce livre.

Je tiens à mentionner spécialement Marc THIÉBAUD, véritable compagnon d'écriture, ainsi que Yann VACHER, Émilie GRÉGOIRE, Thomas LANGLOIS, Francis ALFÖLDI, Marie-Pierre THOLLON BERARD et Christine LOYRION qui m'ont encouragé en me partageant leurs expériences d'auteur.

Je remercie chaleureusement Cécile FARGES pour sa générosité d'inspiration, et son enthousiasme constant à proposer ses illustrations.

Concernant la conception et la fabrication de l'hexagone d'animation APEOS®, je salue l'implication de l'ESAT CROIX-ROUGE DE RECOUBEAU, par l'intermédiaire de Fabien CUOQ, directeur adjoint, Didier EGLAINE, menuisier, et remercie sincèrement Benoit l'HUILLIER, Laurent VINSON et Quentin BRUZEAU qui ont contribué à la réalisation des pièces. Je viendrai vous rencontrer. Aussi je remercie l'équipe du FAB LAB de CREST, notamment Mickaël LUBAC, Vincent BIDOLLET et Bastien PYON pour leur proposition autonomisante de me former à la gravure laser. J'ai ainsi pu graver par moi-même l'ensemble des hexagones en bois conçues et fabriquées par l'ESAT. J'ai beaucoup appris à découvrir cet univers numérique des mathématiques appliquées.

D'autres remerciements, plus personnels, à mon mari, mes enfants, et proches me viennent avec évidence. Parmi eux : Jérôme, inconditionnellement soutenant dans toutes les étapes du projet. Aussi : Léon, Myriam, Nina qui, malgré mes heures passées à écrire, ont su rester patients. Merci également à Marine, Alfred, Aurélie, Ben. pour leur amitié et leur soutien. Une pensée tendre à ma mère pour sa foi en tous mes projets entrepris.

Je salue également le club de karaté dans lequel je pratique régulièrement, car j'ai pu y décharger les tensions accumulées par la position assise d'écriture ! Je remercie sincèrement Céline, Clément, Hadysson et Jean Pascal qui m'encouragent à progresser. J'éprouve une gratitude particulière envers Kamal car c'est lui qui m'a initiée à cette discipline.

# SOMMAIRE

## PARTIE 3 - CONSEILS PRATIQUES POUR DÉBUTER ET BOOSTER SA CARRIÈRE D'INTERVENANT EN ANALYSE DES PRATIQUES

# PRÉFACE
## Marc THIÉBAUD[1]

Anne Chimchirian a rédigé un ouvrage qui comprend des apports essentiels selon moi pour les animateurs d'analyses de pratiques professionnelles (APP) comme pour les commanditaires. C'est un plaisir et un honneur de partager dans cette préface quelques éléments qui, à sa lecture, m'ont particulièrement nourri et inspiré.

*Les professionnels sont confrontés à des réalités de plus en plus complexes... comme le sont les interventions en APP elles-mêmes.*

Nous en sommes témoins dans tous les domaines. Le travail est impacté par de multiples changements sociaux et organisationnels : réductions budgétaires, compression de personnel, déplacement de ressources humaines, exigences accrues, etc. Nous l'observons dans les récits des participants aux groupes d'APP. De plus en plus souvent, les situations et les pratiques exposées s'inscrivent dans un tissu de contraintes et d'incertitudes qui déboussolent, voire épuisent les professionnels.

Les analyses de pratiques sont généralement fortement investies par les participants. Elles offrent un espace de réflexion et de partage sécurisé pour problématiser les situations vécues, développer du recul et du pouvoir d'agir. Cependant, leur mise en œuvre elle-même fait face à une complexité croissante. Il n'est guère étonnant que les APP soient prises dans des enjeux et des attentes multiples qui peuvent mettre en difficulté les intervenants. D'une part, il n'est pas rare qu'elles soient mises en place sans que les conditions souhaitables (matérielles, temporelles, éthiques, etc.) soient réunies. D'autres part, elles risquent de se trouver enfermées dans diverses injonctions (d'économie, de conformité) et d'être entraînées dans des demandes (de résolution de problèmes, de transformation, etc.) qui dépassent leur fonction et leurs moyens. Il apparaît ainsi plus que jamais nécessaire de clarifier les possibilités et les limites des APP et de disposer de repères solides pour les mettre en place et les animer. Il ne suffit pas d'utiliser un protocole, de proposer un déroulement et de faciliter la circulation de la parole. Il s'agit aussi d'analyser les demandes avec les acteurs concernés (commanditaires et participants) et de construire et contractualiser un dispositif ajusté en fonction du contexte, des besoins, des contraintes et des ressources. En d'autres termes, il importe d'élaborer une intervention qui fasse sens et qui soit cohérente, du début de sa mise en œuvre jusqu'à son terme. C'est pour aider les intervenants en APP à relever ce défi notamment qu'Anne Chimchirian a rédigé son ouvrage.

*En quoi ce livre est-il important ?*
*La clarification des fondamentaux de l'APP en regard d'autres dispositifs.*

Peu après notre première rencontre en automne 2022, Anne a partagé avec moi ce qu'elle avait commencé à écrire, soit une trentaine de pages de la première partie dans laquelle elle définit ce que sont et ce que ne sont pas les APP. Le caractère unique de son ouvrage m'est

---

[1] Marc Thiébaud est animateur, formateur et superviseur dans le champ de l'analyse de pratiques professionnelles et de la coopération (www.formaction.ch). Il a cofondé en 2013 la *Revue de l'analyse de pratiques professionnelles - Regards croisés* (www.analysedepratique.org) et conçu avec Jürg Bichsel le coffret de clés et outils pour faciliter la coopération (www.cooperer.org).

alors d'emblée apparu. C'est en effet la première fois que je voyais une telle présentation et mise en perspective de 11 dispositifs, tous distincts des analyses de pratiques mais plus ou moins proches et susceptibles d'être confondus avec elles… et vers lesquels un glissement peut se produire, pas toujours conscientisé et rarement bénéfique. 11 dispositifs (12 en incluant l'APP) exposés avec tant de clarté et d'acuité ! L'importance inestimable de cet apport pour les animateurs d'APP comme pour les participants et les commanditaires - n'a fait que se confirmer pour moi au fil de ma lecture. Chacun de ces dispositifs est présenté dans ses caractéristiques essentielles, avec ses objectifs, les besoins auxquels il répond, les indicateurs et marqueurs de cadre nécessaires, des exemples, un tableau de synthèse et une invitation à des questions réflexives pour les lecteurs. Cette riche présentation permet de situer très précisément l'APP, ses fondamentaux, ses apports spécifiques et d'en clarifier et faciliter la mise en place en regard d'autres dispositifs.

Ces dernières années ont vu la parution de livres et d'articles de plus en plus nombreux dans le champ de l'analyse de pratiques et il est légitime de s'interroger : qu'est-ce qu'un nouvel ouvrage va m'apporter ? Premier bénéfice : il m'a conduit à porter une attention encore plus grande dans le travail autour du sens des APP que j'anime et à percevoir précisément les risques de glissement. Si les écrits sur les analyses de pratiques se sont multipliés, les représentations ne sont pas pour autant toujours claires. Alors que la perte de sens, de manière générale, est une réalité de plus en plus marquée (d'ailleurs souvent évoquée dans les séances), le travail de co-élaboration du sens des APP n'en est que plus important. En tant qu'intervenant, il m'importe de développer ma vigilance et ma capacité à appréhender la complexité présente à cet égard.

*Un guide pratique et une méthode pour structurer des interventions en APP.*

La deuxième partie de l'ouvrage, aussi dense que la première, présente la méthode APEOS® développée par Anne au fil de ses plus de 15 années d'expérience dans l'intervention en APP. Lorsqu'elle a partagé avec moi cette partie, Anne m'a dit qu'elle souhaitait vraiment que ce livre soit un manuel pour les animateurs. En l'entendant prononcer ce mot « manuel », je dois avouer que j'ai eu la crainte que ces aspects méthodologiques soient présentés comme un livre de recettes. Ce mot a connoté dans mon esprit « manuel scolaire » ! Heureusement, il n'en est rien, loin de là !

Après avoir brièvement situé son approche dans le champ de l'APP à l'aide d'une grille de mise en perspective simple et pratique, Anne explicite cinq points d'appui qui constituent l'ossature de sa méthode. En eux-mêmes, certains d'entre eux ne sont pas nouveaux pour moi. Ils sont énoncés de manière relativement simple : inscrire le dispositif dans une vision systémique ; prendre soin de la dimension groupale et ajuster son leadership, etc. Un point d'appui m'a davantage intrigué : il met l'accent sur la dimension « opératoire » de l'approche. Anne l'explicite en détail en lien avec le travail de problématisation, que je considère également comme essentiel dans l'APP.

Chaque point d'appui comprend plusieurs repères qui en font toute la richesse et qui forment un ensemble extrêmement cohérent. Ce qui m'a particulièrement impressionné et passionné, c'est la manière dont ils sont, d'une part articulés avec les fondamentaux de l'APP exposés dans la première partie de l'ouvrage, et d'autre part inscrits dans la vision développée par Anne du rôle de l'intervenant en APP. J'en évoquerai seulement deux brefs exemples : a) lorsqu'elle propose une lecture systémique des dynamiques relationnelles dans lesquelles s'inscrit l'APP, Anne décrit différentes situations et diverses manières de construire les liens, que ce soit avec l'institution ou avec les participants, en mettant à chaque fois en évidence, avec précision, tous les bénéfices qui peuvent en résulter ; b) en présentant quatre axes de dynamisation des APP, Anne montre comment ils gagnent à être mobilisés en veillant à leur équilibre et aux risques de glissement spécifiques qu'ils comportent (détaillés dans la première partie). De page en page se révèle ainsi une méthode qui apporte des repères pratiques pour cheminer de manière sensible dans les analyses de pratiques - loin d'une recette toute faite à appliquer. Une méthode qui aide à naviguer dans la complexité des APP, en vigilance et en cohérence, et à accompagner les professionnels pour leur permettre de clarifier leurs interrogations et réouvrir concrètement le champ des possibles.

La richesse de cette partie réside aussi dans le détail des multiples exemples, dans les suggestions, les tableaux de synthèse, les mémentos et... dans les « conseils du sage », distillés avec humour. Tout cela facilite l'appropriation et montre aussi, à l'évidence, que ces repères ont été éprouvés et affinés au fil des nombreuses animations et formations conduites dans la durée par Anne

*Des suggestions de moyens pour développer sa posture et ses interventions en APP.*

L'ouvrage est complété par une troisième partie et des annexes, destinées spécifiquement aux animateurs, dans le but de soutenir la construction du rôle d'intervenant en APP ainsi que le développement des compétences requises et d'une carrière dans les analyses de la pratique. Anne y partage généreusement des recommandations et des outils précieux pour toute personne désireuse de s'y investir.

Ce livre, comme indiqué dans la page de titre, est un véritable guide pratique et technique. Il peut aussi être un compagnon de route pour les intervenants en APP. Il invite au dialogue, il appelle à se questionner et propose, de chapitre en chapitre, de nombreuses pauses réflexives. En même temps, Anne l'explicite bien, il ne saurait remplacer une formation spécifique, des supervisions ou intervisions et un perfectionnement continu. En tant qu'intervenant en APP, disposer d'espaces d'analyse réflexive de sa pratique permet de renforcer l'apprentissage permanent, qui est essentiel - et qui est aussi au cœur des APP.

J'ai eu le privilège d'échanger régulièrement pendant 18 mois avec Anne en lien avec l'écriture de son ouvrage et j'ai été témoin à chaque fois de son souci de s'améliorer, d'explorer encore et encore les moyens de communiquer aux lecteurs le plus précisément possible ce que sa pratique lui a appris. En même temps, j'ai été touché de sa capacité à se remettre en question et de la conscience qu'elle a que l'expérience est toujours subjective tout en gagnant à être partagée. Partagée dans l'humilité et en humanité. Ces deux termes ont la même racine que « humus », la terre, le sol, dont la conscience nous aide - comme les APP d'ailleurs d'une certaine manière - à nous sentir et à nous reconnaître tous partie du vivant.

Marc Thiébaud

# INTRODUCTION PERSONNELLE À L'UNIVERS DES ANALYSES DE PRATIQUES

Lorsque je suis sortie de l'Université d'Aix-en-Provence, diplôme de psychologue clinicienne en poche, en juin 2006, je ne savais pas que je me spécialiserais dans les Analyses de Pratiques. Je n'avais d'ailleurs aucunement entendu parler de ces dispositifs spécifiques : ni par des « psys », ni à la faculté, ni dans les livres.

Un directeur de service d'éducateurs spécialisés, mandaté par le Juge des Enfants en vue d'un potentiel placement des mineurs confiés, qui semble-t-il, avait apprécié mon culot de m'être présentée à lui en exprimant ouvertement mon agacement de ne pas trouver de poste de psychologue, m'avait dit : « *Dans le service, je n'ai pas besoin de psychologue ; en revanche je cherche quelqu'un pour l'APP. Vous seriez intéressée ?* ». Je réponds naïvement : « *L'APP, qu'est-ce que c'est ?* ».

Nous sommes en octobre 2007 : c'est à cet instant là que mon expérience dans les Analyses de Pratiques a commencé. Concentrée, je reçois la représentation que ce directeur m'en donne. Attentive, je pose des questions pour mieux cerner les objectifs, enjeux, et limites de ces interventions. La vision systémique est déjà intuitivement présente pour moi. Spontanément, je demande s'il est possible de rencontrer l'équipe pour affiner la définition de ces temps de travail. Le directeur accepte.

Cette étape s'organise avec une douzaine d'éducateurs spécialisés. Plusieurs d'entre eux avaient plus d'années d'expérience dans ce service, que je n'avais d'années de vie (23 ans) ! Je n'avais pas d'autre choix que d'entendre humblement leurs expériences, leurs positionnements, leurs questions et surtout leurs attentes concernant ces temps particuliers d'Analyse des Pratiques. Que pouvais-je bien leur apporter d'autre que mon écoute, mon attention et un éventuel recul ?

A la fin de cette Rencontre[2], extrêmement concentrée, je leur ai synthétisé ce que j'avais compris de leurs demandes et non-demandes. Mon manque d'expérience professionnelle (aussi bien en tant qu'intervenante en Analyse des Pratiques qu'en tant que psychologue d'ailleurs) a été franchement questionnée pour me confier ce dispositif. Ils ont débattu devant moi de mes compétences perçues, de mes manques et ont questionné « ma légitimité ». J'ai écouté leurs arguments en prenant des notes, pour sortir de la sidération due à ces échanges trop troublants pour la jeune professionnelle que j'étais, et ai commencé à poser les balises de cette nouvelle pratique qui s'ouvrait devant moi. Ça me semblait vertigineux. Observatrice gênée, ils ont conclu en ma présence en disant : « *Vous ne savez pas grand-chose c'est sûr ! Cependant, vous avez l'air de vouloir bien faire : on va essayer et si ce n'est pas intéressant pour nous, on arrêtera : ok pour vous ?* ». C'était extrêmement confrontant et en même temps ça me paraissait si juste de leur part que j'ai accepté en hochant la tête timidement. C'est ainsi qu'a débuté mon premier contrat en Analyse des Pratiques et avec le recul, les prémices de la méthodologie APEOS®.

---

[2] Le mot Rencontre est noté dans l'ensemble du livre avec une majuscule lorsqu'il s'agit du précieux premier temps de contact avec le groupe pour l'intervenant en Analyse des Pratiques.

Les séances d'Analyse de la Pratique se sont déroulées, dans mes débuts, avec beaucoup de crispations. Je ressentais beaucoup de craintes : celle de décevoir, celle de paraître prétentieuse, et ressentais aussi le syndrome de l'imposteur. J'en avais mal à la tête, chaque soir d'intervention : mes exigences étaient très hautes. Trop hautes. De séance en séance, j'ai appris à animer en intégrant les réactions et feedbacks des participants. Ils étaient satisfaits de cette co-construction que je leur proposais spontanément. Ils connaissaient d'autres services à la recherche d'un intervenant en Analyse des Pratiques : ils m'ont alors recommandée. *« On a dit à nos collègues qu'on vous avait trouvée plutôt bien, ils vont certainement vous contacter ».* Alors j'ai rencontré d'autres équipes, avec cette même méthodologie naissante de rencontrer les directions d'abord pour cerner leurs attentes ; puis de leur demander à rencontrer les professionnels et ce, avant toute contractualisation. J'ai appris à écouter les directions dans leurs expériences précédentes de mise en place d'Analyse des Pratiques pour leurs équipes. J'ai relevé les représentations de ces instances. Puis, j'ai comparé avec celles des professionnels participants en questionnant leurs définitions et craintes autour de ces dispositifs spécifiques que sont les Analyses de Pratiques. Positionnée comme un praticien-chercheur pour mieux comprendre ces fonctions que remplissaient les Analyses de Pratiques, je me suis engagée moi-même, sans le conscientiser, dans un processus de réflexivité. C'était d'autant plus déstabilisant que je le vivais dans la même temporalité que je le proposais aux équipes. J'ai donc appris « en faisant » et pour sécuriser mon apprentissage, j'ai demandé explicitement aux équipes d'être des partenaires à ma progression. En effet, afin d'éviter le piège de l'auto-évaluation, j'ai demandé aux groupes de débriefer ma technique d'animation durant les 10 dernières minutes de chacune des séances et de me suggérer des pistes d'amélioration pour la prochaine.

Vous me croirez ou non : j'ai réellement repris mes notes après chaque intervention, et ce, pendant 10 ans pour faire évoluer ma pratique d'intervenante en Analyse des Pratiques.

Dans les années 2000, en France, les intervenants en Analyse des Pratiques étaient bien plus rares (ils n'étaient d'ailleurs aucunement référencés) et mon approche auprès des équipes semblait se distinguer avec les intervenants au profil plutôt psychanalytique. J'ai ainsi développé assez rapidement mon activité d'intervenante en Analyse des Pratiques et n'ai jamais cessé d'être sur le terrain depuis.
Depuis 2007, je mène une recherche empirique et continue autour de ces dispositifs spécifiques que sont les Analyses de Pratiques. Les diverses équipes et institutions rencontrées m'ont appris à observer avec précision les besoins spécifiques liés à ces séances d'Analyse de Pratiques. J'ai pu tester des positionnements, ajuster des techniques tout en bénéficiant d'un feedback continu depuis les différents niveaux de hiérarchie. Progressivement, j'ai développé une véritable méthode d'animation que je transmets au sein de formations depuis 2016 maintenant ; et je la partage aujourd'hui dans ce manuel. Ce livre, synthèse d'une large expérience, a l'intention première de soutenir concrètement les Intervenants en Analyse de la Pratique (IAPP) pour qu'ils puissent continuer d'apporter du soutien aux groupes et équipes accompagnés.

J'espère aussi humainement que ce livre leur apportera une présence soutenante car la pratique d'intervenant en Analyse des Pratiques est souvent très isolante. En effet les intervenants sont seuls face aux attentes des directions comme des collectifs, quelques fois aussi face aux violences des dynamiques de groupe. En outre l'IAPP doit assumer continuellement des décisions relatives à la tenue du cadre dont il a la responsabilité. Je souhaite que ce livre vous aide à rester centré sur les objectifs de ces dispositifs. Je souhaite également qu'il puisse préserver votre engagement sur certains terrains où de nombreuses difficultés et souffrances d'équipes sont à accompagner. J'espère enfin qu'il vous accompagnera à vous sentir davantage légitime en structurant vos interventions afin que les participants puissent s'appuyer avec confiance sur un cadre interne clair et cohérent : le vôtre.

**Que vous débutiez votre carrière d'intervenant en Analyse des Pratiques ou que vous souhaitiez ré-évaluer sous un nouvel angle votre expérience de plusieurs années déjà, ce livre vous est adressé.** Il est construit pour vous permettre de répondre à des **questionnements fondamentaux** et vous apporter davantage de confort dans vos interventions à venir.

**Il intéressera également tous les cadres, notamment de direction (intermédiaires, généraux et ressources humaines)** souhaitant mieux comprendre les enjeux autour du travail d'Analyse de Pratiques. Il est temps, je le pense, que ces dispositifs soient mieux cernés et davantage compris par les organisations qui les emploient de façon à mettre davantage en lien de synergie les objectifs des Analyses de Pratiques avec les stratégies de gouvernance.
Enfin, cet ouvrage permettra également à toute personne ayant participé à ces temps spécifiques que sont les Analyses de Pratiques, **de mieux comprendre les coulisses de ce travail.**

J'ai écrit ce guide avec l'objectif de simplifier la compréhension de ce que sont ces Analyses de Pratiques malgré leur complexité, sans pour autant entraver la précision de leur fonctionnement. **J'ai bien en tête que dans certains pays francophones, d'autres appellations qu'Intervenant en Analyse de la Pratique sont utilisées, notamment celle de superviseur.** Je ne peux me permettre d'utiliser ces deux termes comme synonymes dans cet ouvrage puisque je soutiens de nombreuses distinctions entre ces différents dispositifs justement. J'espère que mes homologues francophones belges, québécois, suisses et africains saisiront qu'au-delà des mots, nous pouvons assez facilement nous retrouver et échanger. L'invitation est lancée (*sourire*).

# PRÉSENTATION DU MANUEL

Ce livre est conçu comme **un guide à la fois pratique et technique**. La <u>table des matières détaillée</u> en fin d'ouvrage (p.233) vous permet de retrouver facilement les chapitres, sous-chapitres, mises en perspective de chacun des dispositifs à risque de glissement MAJEUR ou mineur, partages d'expériences, tableaux récapitulatifs, illustrations, chacun des points d'appui APEOS® et techniques de relance relatives aux 4 axes de dynamisation proposés.

Ce guide vous permettra **de clarifier et ajuster votre positionnement d'intervenant** en Analyse des Pratiques en vous donnant des **repères clairs** issus de la Méthode APEOS®. Vous pourrez ainsi :

- ✓ maîtriser plus solidement le cadre spécifique des dispositifs d'AP ;
- ✓ vous référer à des points d'appuis stratégiques ;
- ✓ mieux structurer vos séances d'Analyse de la Pratique ;
- ✓ et renforcer votre sentiment de légitimité.

Ceux qui m'ont rencontrée en tant que formatrice, intervenante en Analyse des Pratiques ou psychologue, savent mon franc-parler, et le plaisir que j'éprouve dans le choix des mots et intonations. Écrire ce livre me prive de la dynamique relationnelle avec vous, lecteur. Il devient difficile pour moi d'attirer votre attention avec ce support en deux dimensions qu'est l'écriture sans pouvoir utiliser mon paraverbal plutôt expressif naturellement (*sourire*).

Alors, afin de faire ressortir par l'écrit, les mots que j'appuierais oralement si j'avais la possibilité d'échanger avec vous directement, <u>j'ai choisi des expressions qui pourront vous paraître fortes voire injonctives, notamment dans les titres</u>. Cela est volontaire de ma part. Ainsi je retrouve une latitude pour vous transmettre les nuances et créer de la perspective : entre ce qui me paraît essentiel ou secondaire à vous partager.

Aussi, j'ai demandé à Cécile FARGES[3], collaboratrice formée à la méthode APEOS®, dont j'apprécie l'esprit de synthèse et le coup de crayon, d'illustrer avec dynamisme cet ouvrage. Vous les retrouverez tout au long de l'ouvrage.

---

[3] Fondatrice de rHéquiliance, Cécile FARGES est psychologue, coach et intervenante en psychologie sociale – www.rhequiliance.fr

# PRÉSENTATION DES ILLUSTRATIONS

 Des pauses réflexives pour questionner votre progression, consolider vos réflexions et vous aider à capitaliser le contenu transmis

 Des pauses empathiques pour accompagner votre vécu d'apprenant et ventiler l'intégration exigeante de toute la structuration proposée

 Des tâches d'entrainement pour vous suggérer des exercices renforçant vos apprentissages

 Des « *J'ai une question !* »  Des tableaux récapitulatifs

 Les remarques et conseils du sage pour étayer votre culture du monde de l'Analyse des Pratiques

Et un personnage qui j'espère vous surprendra, du fait de son univers... Il vous offrira une compagnie à la fois sérieuse et ludique tout au long du livre. Motivée par un réel élan de partage, je vous invite à découvrir une pratique que j'affectionne particulièrement : celle du karaté. Inattendu ? Tant mieux. On apprend mieux quand on est surpris, figurez-vous (*sourire*). Adepte du tatami depuis plusieurs années, je retrouve dans l'apprentissage de cet art martial l'exigence de l'humilité, l'importance de la précision et le souci de la constance. Aussi par plaisir de faire un peu d'humour dans un univers finalement assez sérieux (les Analyses de Pratiques), les étapes clés de ce livre seront illustrées par la progression du « karatéka de l'Analyse de Pratiques ». Vous pourrez ainsi suivre visuellement l'évolution de ce personnage passant ses ceintures progressivement au fil des chapitres abordés : blanche, jaune, orange, verte, bleue, marron... et noire bien sûr !

 Le karatéka de l'APP commence évidemment avec sa ceinture blanche et sa progression débute maintenant.

## *Oss[4] !*

---

[4] Prononcé *Ouss*, sa utation entre les pratiquants de Karaté

# CONSEILS DE LECTURE

Pour devenir intervenant en Analyse de la Pratique, l'expérience qui est la mienne m'a montré qu'il y a :

✓ des incontournables à maîtriser (PARTIE 1) ;
✓ des repères et des points d'appui à connaître (PARTIE 2) ;
✓ des conseils à envisager (PARTIE 3).

Ce livre est inspiré du programme délivré dans les sessions IAPP1 « Devenir intervenant en Analyse des Pratiques Professionnelles » que je dispense depuis 2016 à des professionnels venant chercher auprès de moi une formation les rendant confiants et précis dans l'animation de ces dispositifs que sont les Analyses de Pratiques. Étant sensible à **la question de la légitimité professionnelle**, je suis également reconnue pour particulièrement aider à travailler cette question chez les intervenants en Analyse des Pratiques qu'ils soient débutants ou expérimentés. Il me paraissait donc essentiel de mentionner cette question dans le titre même de l'ouvrage.

Ce manuel ne prétend pas remplacer le vécu de ces sessions de formation IAPP1, d'autant plus que ces dernières reposent sur la pédagogie expérientielle, impliquant de fait un engagement fort dans le processus d'apprentissage, convoquant le vécu chez les apprenants : sensations, émotions, perceptions, résonances. Pour autant, cet écrit vous délivre avec le plus de générosité possible le condensé du contenu pédagogique et technique transmis dans ces sessions ainsi que la quintessence de ce que cet univers aussi passionnant qu'exigeant m'a appris durant ces 16 années passées à l'expérimenter.

Rédigé en 3 parties bien distinctes, je vous conseille, bien que peu attachée à « l'ordre linéaire des choses » en règle générale, de **commencer par la PARTIE 1**, LES IN-CONTOURNABLES DE L'INTERVENANT EN ANALYSE DE LA PRATIQUE. En effet, vous y retrouverez le cadre technique sur lequel s'appuie cet ouvrage avec la définition et la non-définition des dispositifs d'Analyse de Pratiques : autrement dit, ce **que sont les Analyses de Pratiques et ce qu'elles ne sont pas**. Pensez à bien lire l'introduction idéologique pour mieux vous approprier cette partie. Y seront passés successivement et en détail les 5 autres dispositifs à risque de glissement MAJEUR ainsi que 6 autres dispositifs à risque de glissement mineur. **Chacun de ces 11 cadres est mis en perspective avec celui des Analyses de Pratiques, durant près de 70 pages, pour vous permettre de gagner en précision dans la connaissance de ces dispositifs et éviter d'importantes confusions dans vos animations.**
J'espère sincèrement que cette intention de clarification contribuera à soutenir votre professionnalisme.

Les parties 2, 3 n'ont pas d'ordre préférable de lecture si ce n'est votre propre élan de vous y intéresser à l'une avant l'autre.
La partie 2 intitulée STRUCTURER ET ANIMER VOS SÉANCES D'ANALYSE DE LA PRATIQUE AVEC LES POINTS D'APPUI ET LES REPÈRES DE LA

MÉTHODE APEOS® permet de présenter et de situer la méthode APEOS® dans le paysage actuel des autres approches. C'est également dans cette partie que seront énumérés les 5 points d'appui APEOS®, le mémento de la Méthode et la trame d'une séance type pouvant vous servir concrètement dans l'animation de vos séances d'Analyse de Pratiques.

La partie 3 intitulée CONSEILS PRATIQUES POUR DÉBUTER ET BOOSTER SA CARRIÈRE D'INTERVENANT EN ANALYSE DES PRATIQUES vous proposera des conseils pragmatiques et astuces que les années d'expérience m'ont appris à capitaliser. Le but de cette partie est de donner des réponses concrètes aux questions traitant de vos motivations, visibilité, prospection... Seront également abordées les compétences clés à développer pour booster et « durer » dans votre carrière d'intervenant en Analyse des Pratiques.

**Ce livre est un guide technique et pratique.** Il n'est pas un ouvrage visant à intellectualiser la pratique de l'intervenant en Analyse des Pratiques. De ce fait, vous ne trouverez que peu de références d'ouvrages et citations d'auteurs. Je m'excuse si cela déroute et tiens à préciser que je ne souhaite aucunement offenser quiconque par ce choix. J'aspire simplement à rester en cohérence avec le parti pris pédagogique qui est le mien, celui du mentorat. J'ai indiqué dans la bibliographie les livres, articles, et sites qui m'ont le plus inspirés durant toutes ces années pour structurer ma réflexion concernant l'animation des séances d'Analyse de la Pratique.

Chers lecteurs,

Merci de la confiance que vous portez à mon travail en choisissant d'acheter ce livre.

Je serai ravie d'avoir vos retours par mail et de lire vos commentaires sur le site anne-chimchirian.com.

Et si vous pensez que ce livre peut aider, alors surtout parlez-en. Ce choix de l'autoédition est réfléchi : tout livre sera édité à la demande et je me suis assurée de pouvoir lui apporter des modifications de manière continue.

Pas de publicité, je choisis de faire confiance à notre communauté d'intervenants en Analyse de la Pratique. Il me fallait rester en cohérence avec ces valeurs que je défends tant : la Liberté et l'Éthique.

Anne Chimchirian

# ET SI VOUS AVEZ EU ENVIE DE VOUS OFFRIR LE PACK AUTEUR APEOS®

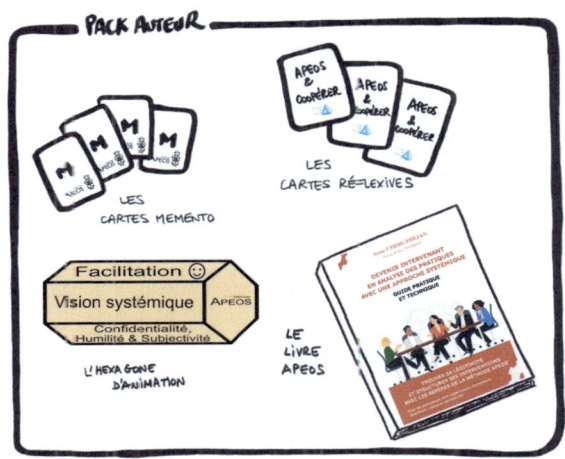

Ce pack contient :

✓ **l'ouvrage APEOS®, format 19x27, 248 pages ;**

✓ **les 2 jeux de cartes créés spécialement par l'auteur** à l'occasion de la sortie du livre :
  ✓ LES CARTES MÉMENTO APEOS® pour vous aider à maîtriser les points clés de la Méthode et vous permettre de la réviser de façon dynamique ;
  ✓ LES CARTES REFLEXIVES pour vous permettre des temps de réflexivité suite à l'animation de vos séances d'Analyse de la Pratique. Ces cartes ont été réalisées avec M. THIÉBAUD, concepteur de la Méthode COOPÉRER.

✓ **l'hexagone d'animation APEOS®** 100% éthique, sculpté en bois par des usagers du médico-social et gravé minutieusement par les mains de l'auteur. Cet outil d'animation, au pouvoir totémique[5] (!) rassemble à lui seul l'intégralité de la Méthode APEOS®. Crée pour être un véritable support dans vos séances auprès des groupes, vous pourrez vous appuyer alternativement sur chacune de ses faces pour vous rappeler des essentiels et favoriser la coopération au sein du groupe de participants. Aussi, pour tous ceux qui depuis des années demandent à disposer de l'auteur en format poche : c'est enfin possible ! Incassable, vous pourrez même jeter l'hexagone d'animation dans votre voiture en sortant d'une séance si vous n'êtes que peu satisfait de votre prestation !

---

[5] Puisqu'il contient une partie de la force de l'auteur (*rires*)

# GLOSSAIRE DE L'AUTEUR

**Analyses de(s) Pratiques :**

Temps d'échange entre participants pour prendre du recul sur sa pratique. Les AP permettent de mutualiser les compétences et de diminuer le sentiment d'isolement. En utilisant ou non des contenus théoriques, les Analyses de Pratiques visent une modification concrète de la pratique. Le choix de l'appellation « Analyse de la Pratique » (AP) en alternance avec l'appellation Analyse de la Pratique Professionnelle (APP) est volontaire par l'auteur afin de ne pas enfermer le lecteur dans un registre uniquement professionnel et de lui permettre d'entrevoir les applications plus largement possibles de ces interventions. Cet angle de vue élargit les métiers aux fonctions et permet ainsi à des bénévoles, des résidents, des parents (...) d'être reconnus comme vecteurs d'une pratique bien qu'ils ne soient, à l'origine, aucunement reconnus, comme professionnels.

**Analyser :**

Découlant du grec *« analusis »* (décomposition), il s'agit littéralement de l'opération consistant à décomposer. Appliquées aux pratiques, sont donc considérées comme analyses toutes les opérations visant à discerner, discriminer, investiguer, permettant par là-même de prendre du recul, de se déplacer et de changer d'angle de vue. L'analyse est donc bien un processus à part entière, largement en amont de toute perspective de pistes d'action. Généralement, les personnes ont l'habitude pour analyser d'uniquement mentaliser et conceptualiser. Or, expérimenter et prendre conscience de l'expérience est une autre voie possible permettant de prendre du recul. Le A dans APEOS® comprend cette importance de l'expérientiel.

**APEOS® :**

Nom de la méthode d'animation systémique, déposée en mai 2023 par l'auteur, visant à animer et structurer les séances d'Analyse de la Pratique. Son acronyme signifie : Analyse de la Pratique par l'Éthique et l'Opératoire des Systèmes. La Méthode APEOS® est particulièrement adaptée aux secteurs à forts enjeux humains (risque de souffrance et de dégradation humaine) et les problématiques y sont multiples, complexes et intriquées, avec un contexte pouvant être dégradé comprenant un manque de moyens disponibles : techniques, financiers, humains... Riche d'une expertise concrète de terrain, notamment dans les métiers de l'accompagnement, cette méthode est applicable à tout secteur.

La Méthode APEOS® fournit une méthode fiable pour optimiser les pratiques en :

→ développant les capacités de réflexivité de l'organisation au sens large ;
→ participant à l'harmonisation des pratiques inter-individuelles ;
→ maintenant une bienveillance humaine de façon concrète, pragmatique et efficiente.

Plus d'informations sur le site www.apeos.fr.

## Cadre :

« Toile de fond » sur laquelle se déroulent des situations, incluant le contexte, et les règles de fonctionnement qui lui sont rattachés. Tout cadre détient des éléments explicites et implicites le constituant.

## Complexe :

Qualifie un système dont les composantes sont reconnues comme interagissant de façon circulaire (par opposition à linéaire, causaliste). De cette complexité naissent les propriétés émergentes du système telles que des capacités nouvelles, générées par le système lui-même, pouvant être considérées comme la preuve d'une réelle capacité créative et d'intelligence.

## Conscientiser :

Action de prendre conscience, de réaliser, de voir dans une perspective de transformation. Cette action, pour être effective, implique une intention, une attention, et des sensibilités.

## Coopérer :

Action de concourir à une action commune.

## COOPÉRER :

Désigne la méthode fondée par M. THIÉBAUD et J. BICHSEL. Elle est présentée plus en détail en annexe n°1 pour témoigner de la dimension coopérative de la Méthode APEOS®. Plus d'informations sur le site www.cooperer.org.

## Discerner :

Action de distinguer, différencier, démêler permettant de découvrir, percevoir et réfléchir, sous un angle nouveau. De loin, le passe-temps préféré de l'auteur.

## Dispositif (AP) :

Ce nom est utilisé pour qualifier les AP en rappelant, fidèle à la vision systémique, que les séances d'Analyse de la Pratique sont à appréhender à la fois comme un ensemble de pièces constituant un mécanisme et également qu'elles sont à entrevoir avec l'ensemble des mesures et des moyens mis en œuvre pour qu'elles puissent être réalisées[6].

## Enjeu :

Ce que l'on a à perdre ou à gagner.

## Éthique :

Longtemps intriquée à la notion de morale, l'Éthique a réussi à se dégager un champ d'application propre. Si la morale reflète l'état de pensée d'une société et désigne un système de valeurs posées comme des normes absolues pour définir le bien et le mal, l'Éthique est à saisir d'une façon plus dynamique et réflexive dans cet ouvrage

---

[6] Éléments repris de la définition issue du dictionnaire Larousse : *www.larousse.fr*

puisqu'elle est une démarche. L'éthique procède ainsi d'une réflexion active, collective, interactive, sur les valeurs humaines et souligne les tensions entre des volontés et d'autres logiques. Appliquée aux métiers de l'accompagnement, l'Éthique aide à guider les choix vers des décisions concrètes qui concernent au premier plan la personne accompagnée. Elle est considérée dans cet ouvrage comme un processus conscient tentant de définir pour chacun son rapport le plus juste à l'autre[7].

## Glissement de cadre :
Terme systémique désignant tout phénomène conduisant le cadre initial à être dévié, détourné.

## Globalité :
Considération d'un ensemble appréhendé dans son entièreté de fonctionnement et d'organisation

## Marqueur de cadre :
Terme systémique désignant tout élément visible témoignant du cadre.

## Opératoire :
Qui permet de réaliser une opération sans avoir la valeur d'une théorie[8]. Autrement dit « qui évoque la façon concrète de procéder ». A l'inverse du terme théorique qui repose sur des concepts ou des hypothèses.

## Organisation :
Désigne tout système dans la manière qu'il a de fonctionner (processus) et est structuré.

## Outil (AP) :
Ce nom est utilisé pour qualifier les AP afin d'insister sur le fait que les séances d'Analyse de la Pratique sont littéralement « fabriquées » pour réaliser une opération déterminée. Désigner les Analyses de la Pratique comme un outil présente également l'avantage de conserver une vision systémique autour de ces séances en rappelant qu'elles sont l'élément d'une activité forcément plus large (celle de l'organisation notamment).[9]

## Interaction :
Échange d'informations et action d'influences réciproques entre plusieurs éléments d'un système.

## Intervenant en Analyse des Pratiques Professionnelles (IAPP) :
Cette appellation souligne la lecture systémique des Analyses de la Pratique. En effet, dans le modèle APEOS©, la fonction de l'Intervenant en Analyse des Pratiques ne se limite pas à l'animation des séances. Elle s'articule avec la complexité des différents

---

[7] Éléments repris du site : https://www.espace-ethique-normandie.fr/10673.

[8] Éléments repris de la définition issue du dictionnaire Larousse : www.larousse.fr.

[9] Ibid.

systèmes avec lesquels il entre en contact ; et cela avant- même la contractualisation. En ce sens, ses compétences dépassent la simple animation des séances puisqu'il intervient littéralement dans et sur le système avant et pendant la mise en place du dispositif d'Analyse des Pratiques.

## Pratique (nom commun) :

Par opposition à la théorie, la pratique est relative à l'application concrète d'une discipline, d'un métier, d'une fonction. Elle comprend[10] :

→ ce qu'on fait sans vraiment avoir conscience qu'on le fait (feeling, intuitions, automatismes…) ;

→ ce qu'on fait et qu'on aimerait ne pas faire (différence entre travail idéal et travail réel) ;

→ ce qu'on fait et dont on ne parle pas parce que ça ne correspond pas forcément à ce qui est prescrit (différence entre travail prescrit et travail réel).

## Problématique (nom commun) :

Ensemble complexe de questions et de problèmes que pose une situation précise.

## Problématisation APEOS® :

Format proposé dans la Méthode APEOS® pour formuler une problématique (professionnelle ou autre). La problématisation APEOS® présente la caractéristique d'être individuelle et opératoire de façon à tenir compte de la subjectivité et favoriser le développement d'un pouvoir d'agir.

## Réflexivité :

Aptitude à réfléchir et analyser son propre fonctionnement.

## Systémique :

Du grec *« sustema »* signifiant ensemble organisé, la systémique est une manière de considérer tout phénomène comme un système. Elle est opposée aux approches qui découpent en parties et ne reconnaissent aucunement le fonctionnement et l'activité globale de l'ensemble découpé. Dans l'approche systémique, on considère centrales les notions de globalité, interaction et complexité. Toutes sont définies précédemment dans le glossaire et seront reprises régulièrement dans l'ouvrage. La systémie privilégie ainsi une approche globale, macroscopique et holistique ; elle observe et étudie un système selon diverses perspectives et tient compte des différents niveaux d'organisation.

---

[10] Inspiré des travaux de ARGYRIS, A. ET SCHÖN, D.A. (2002). *Apprentissage organisationnel : théorie, méthode, pratique.* Paris : DeBoeck Université

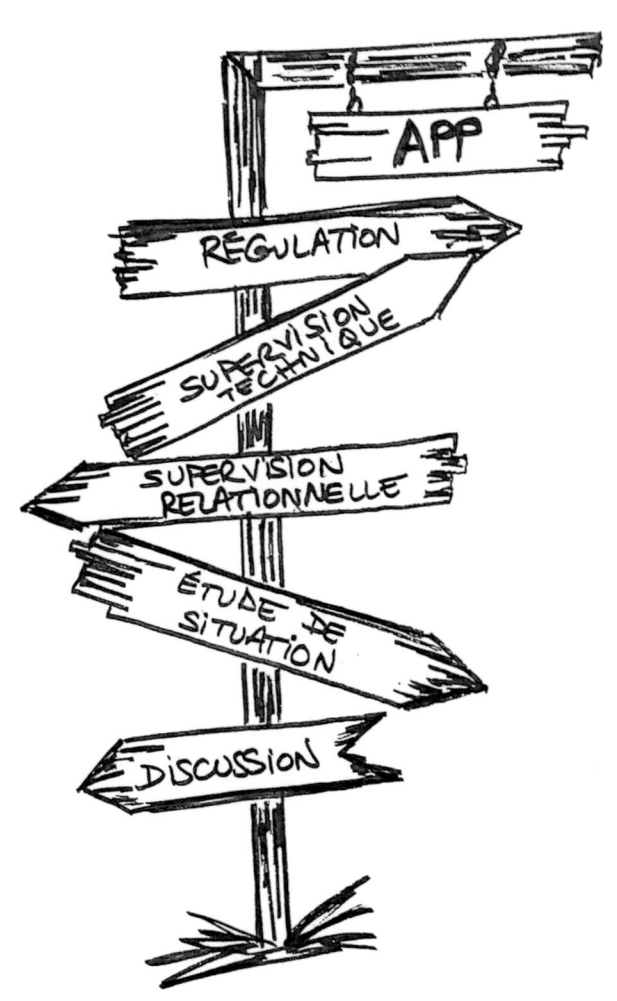

# PARTIE 1

## LES INCONTOURNABLES DE L'INTERVENANT EN ANALYSE DES PRATIQUES POUR UNE POSTURE CLAIRE ET MAÎTRISÉE

Je l'écrivais dans la présentation de l'ouvrage : certains mots peuvent vous paraître forts voire injonctifs dans la table des matières. Dans cette première partie, je parle d'incontournables, car il me paraît judicieux d'attirer votre attention sur le fait qu'animer des séances d'Analyse de Pratiques requiert une justesse de posture, et une technicité précise. Encore faut-il être au clair avec le cadre-même de ces dispositifs si spécifiques : cadre conceptuel et également technique.

**Comprendre les fondements des Analyses de la Pratique, maîtriser les fonctions qui en découlent et être au clair sur les points de discrimination et les zones de confusion encore souvent entretenues avec d'autres types d'interventions vous seront des essentiels pour la constance, la précision et la cohérence de votre positionnement d'intervenant en Analyse des Pratiques auprès des groupes.**

Mes propres expériences avec les équipes m'ont montré combien il est difficile d'être au clair avec ce cadre spécifique des Analyses de Pratiques. Ces imprécisions m'ont conduite, par manque de connaissance (et par manque d'humilité, je dois bien l'avouer) à de nombreux écueils.

L'intention de cette 1ère partie est de vous rendre attentif aux risques de glissements de cadre afin que vous puissiez mieux les repérer et ainsi les éviter.

# CHAPITRE 1

## CONNAÎTRE LES FONDEMENTS DU DISPOSITIF D'ANALYSE DES PRATIQUES : LA QUESTION DU SENS ET LA RÉALITÉ CONSTRUCTIVISTE

### 1.1.    La question du sens

L'Analyse des Pratiques répond au besoin humain de mieux comprendre ses positionnements (face à un autre, face au monde) afin de les faire évoluer : **c'est la question du SENS qui donne naissance, traverse et rend légitime l'existence de l'outil d'Analyse de la Pratique**. C'est donc sur ce besoin fondamentalement humain que je vous propose de saisir l'essence des séances d'Analyse des Pratiques. En effet, ces dispositifs se déclinent aujourd'hui dans de très nombreux secteurs : qu'il s'agisse des entreprises, du milieu sportif, celui de l'éducation (nationale comme populaire), des organisations humanitaires, etc. Il est donc assez logique que de plus en plus de professionnels souhaitent se former afin de pouvoir proposer des interventions structurées et efficientes aux institutions et groupes qu'ils accompagnent. Pour ma part j'ai pratiqué l'outil AP majoritairement dans des contextes du social, médico-social et sanitaire en plus de pouvoir l'animer dans des milieux humanitaires, sportifs, et religieux[11].

Il paraît important de rappeler que ceux qui ont commencé par énoncer les bienfaits de prendre en soi-même du recul sur les positionnements et visions du monde restent historiquement les sages et les philosophes. **La philosophie, signifiant littéralement par son étymologie « amour de la connaissance » est une véritable démarche humaine d'appréciation du monde.** L'idée étant de développer une vision et une pensée dans lesquelles le discernement, la critique et l'analyse priment. La philosophie, à mon sens, peut être interprétée plus subtilement aussi comme une recherche de sérénité du fait de la quête de vérité, de sens et de conscience qu'elle poursuit. On ne devient donc pas intervenant en Analyse de la Pratique par hasard (*sourire*) ; il s'agit souvent d'un cheminement complexe et d'un parcours atypique faisant suite à diverses expériences professionnelles ayant pu être questionnantes, quelques fois mêmes décevantes, voire violentes.

Développer la sagesse et un esprit philosophique se travaille.  Vous pouvez, pour ce faire :

→  étudier des livres, regarder des émissions sur la philosophie, la sagesse ;

→  participer ou aller voir des concours d'éloquence, des cafés philo... ;

---

[11] À ce propos, un texte bonus vous est proposé en fin d'ouvrage pour justement détailler es perspectives d'application concrète de l'Analyse de la Pratique dans d'autres secteurs que ceux qui lui sont habituellement associés

→ travailler votre capacité à sortir du jugement : par des formations et aussi dans votre quotidien, si vous acceptez la discipline que cela implique.

Il peut être très formateur, pour vous, intervenant en Analyse des Pratiques :

- De reprendre l'étude d'ouvrages philosophiques sources : qu'il s'agisse des philosophes anciens (notamment Hegel, Aristote, Sénèque, Socrate, Héraclite...) comme plus contemporains (Camus, Lévi Strauss, Sartre...), ou bien de lire des ouvrages d'auteurs ayant travaillé à recueillir les synthèses de certaines pensées philosophiques[12]. En effet, en élargissant ou consolidant votre culture philosophique cela vous permettra de revisiter avec davantage de discernement et donc de clarté pour vos groupes accompagnés, certaines notions fondamentales telles que la liberté, le jugement, la justice, la raison, la conscience, le sens, le temps...qui sont clairement des sujets fréquemment amenés dans les séances d'Analyse de la Pratique. Vous pourrez ainsi, en tant qu'intervenant en Analyse des Pratiques, vous appuyer sur différents angles de vue et amener une certaine hauteur dans les échanges impliquants ces concepts cités par les participants.
  Vous favoriserez ainsi une acuité et une richesse d'élaboration dans le groupe en permettant à chacun de s'ouvrir à d'autres perceptions et représentations que celles qui leur sont habituelles.

- De travailler vos propres capacités de raisonnement. En effet, en disposant d'importantes capacités pour raisonner, vous disposerez d'une plus grande latitude pour relancer les échanges et votre « ouverture d'esprit » sera perçue comme aidante au travers de vos interventions, car elles permettront aux participants de réouvrir le champ des possibles. N'oubliez pas que le raisonnement est un véritable processus cognitif permettant de poser un problème et d'y réfléchir.
  L'objectif d'un raisonnement est de vérifier la réalité d'un phénomène, pour l'étudier et le résoudre en utilisant différentes grilles de lecture dont des principes et expériences. N'hésitez donc pas à vous intéresser aux différents modèles de raisonnement : formalisés, non formalisés, déductifs, abductifs, inductifs, hypothétiques... Les mathématiques et la logique sont par exemple des disciplines très riches à étudier pour déployer ces capacités[13]. En vous dotant de capacités d'abstractions nouvelles, vous pourrez conduire le groupe à utiliser des raisonnements alternatifs, l'équipant par là-même dans sa structuration de pensée et non uniquement par des contenus d'information nouveaux[14].

---

[12] Par exemple BRUN.J. (2024). *La Philosophie grecque. Des présocratiques au néoplatonisme.* Que sais-je. PUF.
[13] Suggestion de l'auteur : FREUND.M, (2011), *Logique et raisonnement* : ellipses.
[14] Nous retrouvons là une composante didactique du modèle APEOS®: apprendre à apprendre au groupe.

- De développer votre capacité d'intervenant à prendre une position « méta » : c'est-à-dire une position où vous observez ce que vous êtes en train de faire, de dire, de penser, de ressentir... Suivant votre formation d'origine et vos expériences antérieures, vous aurez déjà certaines compétences en la matière. Si vous en avez peu : entraînez-vous ! Les CARTES REFLEXIVES[15] sont justement créées dans cette intention de développer vos capacités « méta ». L'intérêt est grand pour la qualité d'animation de vos séances, que vous puissiez participer à la vie du groupe tout en restant suffisamment en recul pour le conduire et lui éviter impasses et sensations de tourner en rond dans ses réflexions. Ce sont souvent des indicateurs que les participants perçoivent et recherchent chez l'animateur, et qui influencent fortement leur sentiment d'avoir vécu une séance d'Analyse de la Pratique dynamique et intéressante.

---

**Pour pouvoir accompagner un groupe, peu importe la problématique mise au travail durant une séance d'Analyse de la Pratique, il est indispensable de prendre soin de votre ressource première : votre esprit !**
**En effet, ce dernier doit être capable de souplesse (élaborative, cognitive, psychique, émotionnelle...) et doté de connaissances pour recentrer et relancer les échanges.**
**Ce sont exactement ces ressources dont le groupe a besoin pour pouvoir prendre du recul sur ses pratiques.**

---

[15] Issues du pack auteur.

## 1.2.  La réalité constructiviste

Dans les théories de l'apprentissage, le constructivisme me paraît être un courant particulièrement intéressant car, concrètement, il permet de gagner une latitude importante dans l'animation des séances d'Analyses de Pratiques.
Explications.
Le constructivisme repose sur les principes que :

→ toute connaissance est active car issue d'une construction mentale et cognitive dynamique ;
→ le sujet apprenant est au centre du processus d'apprentissage et donc de ses constructions ;
→ le contexte est déterminant.

Entraîner votre esprit constructiviste est à mon sens une aide précieuse pour animer des groupes d'Analyse de la Pratique car cela vous donnera de solides réflexes pour accompagner les participants à sortir de leurs ornières subjectives et vécus d'impasses. Développer un esprit constructiviste se travaille.  Vous pouvez, pour ce faire :

→ étudier des livres sur le constructivisme ;
→ et/ou vous former sérieusement à l'approche systémique ;
→ vous documenter sur des thèmes qui vous sont peu connus et qui impliquent en règle générale de nombreux stéréotypes, afin d'observer les évolutions de vos représentations.

Tant que cela vous entraîne à développer de nouveaux filtres en dépassant vos représentations, ou en vous surprenant, vous pouvez considérer que vous êtes en train de travailler votre esprit constructiviste.

Pensez à conscientiser la latitude que vous faites gagner à votre esprit. Cela vous permettra de consolider vos nouveaux apprentissages. En le faisant régulièrement, vous deviendrez d'autant plus habile pour venir questionner les réflexes, les représentations et les cadres de référence des participants. Vous parviendrez d'autant mieux à leur faire prendre conscience de leurs limitations de raisonnement. Il peut donc être très formateur, pour vous, intervenant en Analyse des Pratiques, de vous enrichir de lectures constructivistes.

Les fondateurs de l'École de Palo Alto tels que P. WATZLAWICK, G. BATESON, D.D JACKSON, J. HALEY, J. WEAKLAND sont des références.

Et si vous entraînez votre esprit constructiviste, alors vous constaterez que votre non-jugement progressera de lui-même. A l'image d'un cercle vertueux, l'un permet à l'autre de se renforcer :

*« Plus je suis dans le non-jugement, plus je peux percevoir d'autres angles de vue ; et plus j'intègre de nouveaux angles de vue, et plus je sors du jugement ».*

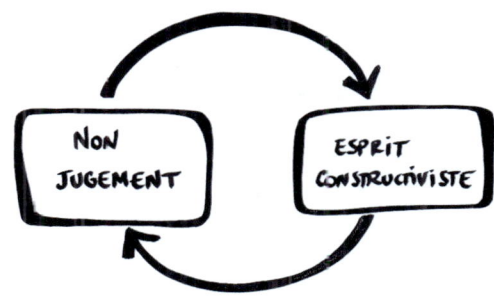

En effet, en réalisant combien chaque réalité exprimée est une réalité subjective projetée et unique, il deviendra facile pour vous de développer un véritable non-jugement. Alors, vous l'incarnerez dans le groupe, et le diffuserez dans la dynamique communicationnelle des participants.

**Par ses fondements philosophiques et constructivistes, l'outil d'Analyse des Pratiques répond à un besoin humain essentiel, présent depuis au moins l'Antiquité dans les traces écrites retrouvées : celui de retrouver du sens.** L'espace d'Analyse de la Pratique s'appuie donc sur un élan individuel fort, d'autant plus dans les métiers de l'accompagnement où les professionnels ont choisi d'être au contact de l'humain, et notamment d'humains en difficultés. Si vous arrivez à écouter avec sincérité le débat intérieur humain, souvent tiraillé entre doute et humilité des participants, alors vous pourrez accompagner les enjeux de leurs raisonnements, et leur permettre de facilement prendre du recul sur leurs pratiques.

> Être intervenant en Analyse des Pratiques, c'est accompagner le groupe des participants à formuler ses problématiques, clarifier les interrogations qui les traversent et les aider à réouvrir le champ des possibles.

## PAUSE RÉFLEXIVE N° 1

→ Et vous concrètement, que faites-vous pour entraîner votre esprit à davantage de fluidité dans ses focus et changements d'angles ?

→ Quels sont les documentaires et émissions qui vous entraînent le plus à cette capacité constructiviste ?

→ Quelles sont les lectures philosophiques qui vous aident le mieux à renforcer votre esprit constructiviste ?

→ Avec quelles personnes pouvez-vous discuter de façon à véritablement élargir votre point de vue ?

→ Comment vous enrichissez-vous concrètement des désaccords de personnes qui vous entourent ?

## TÂCHES D'ENTRAINEMENT N° 1

Pouvez-vous durant les 6 prochains mois, choisir un texte de philosophie par mois et en faire une synthèse ?

Idée de thème : la liberté, le vivant, la justice, les sentiments, l'éthique…
Pouvez-vous écouter l'interview d'une personne avec laquelle, à priori, vous êtes en profond désaccord (en termes d'idées, de valeurs) ? Et ensuite, faire une synthèse des étapes de logique qui sont les siennes ? Avec lesquelles êtes-vous le plus en désaccord ?

Pouvez-vous regarder une émission/lire un article d'une pratique pour laquelle vous n'avez aucune connaissance et faire le bilan des nouveautés apprises ?

# CHAPITRE 2

## COMPRENDRE LA DÉFINITION ET LES FONCTIONS DU DISPOSITIF D'ANALYSE DES PRATIQUES POUR LES PARTICIPANTS

Si vous êtes au clair avec le cadre conceptuel et technique des Analyses de Pratiques, alors vous saisirez votre rôle et vos fonctions d'Intervenant avec facilité. Cela sera sécurisant et dynamisant pour les équipes.

Depuis 2007, j'ai animé plus de 3200 heures d'Analyse de Pratiques Professionnelles. En écoutant les équipes dans leurs attentes concernant ces séances de travail, j'ai relevé des invariants. Issue de mon expérience professionnelle, voici la définition que j'utilise depuis plusieurs années maintenant auprès des groupes avec lesquels je travaille. Elle rassemble, à mon sens, les objectifs fondamentaux de ces dispositifs spécifiques que sont les Analyses de Pratiques.

> **Les Analyses de Pratiques sont un temps d'échange pour prendre du recul sur sa pratique.**
>
> **Elles permettent de mutualiser les compétences des participants et de diminuer le sentiment d'isolement.**
>
> **Utilisant ou non des contenus théoriques, les Analyses de Pratiques visent une modification concrète de la pratique.**

*Figure 1 : la définition dynamique des Analyses de Pratiques - Méthode APEOS®*

La Méthode APEOS® ayant été conceptualisée particulièrement auprès d'équipes œuvrant dans les métiers de l'accompagnement, il est important de préciser que par « modification concrète de la pratique » est entendue la modification concrète de la pratique auprès du public accueilli/accompagné.

En effet, dans les métiers de l'accompagnement, les Analyses de la Pratique témoignent d'un point de performance fort dans l'optimisation du service rendu au public. En se centrant ainsi sur le cœur de métier des participants, la méthode de conduite de ces séances permet d'utiliser de façon optimale les dénominateurs communs entre les professionnels présents.

→ Cette définition n'est pas une définition praxéologique c'est-à-dire qu'elle ne vise pas à théoriser le dispositif que sont les Analyses de la Pratique.

→ Cette définition n'est pas non plus clinique au sens où elle tenterait d'expliquer les processus psychiques sous-jacents à ces dispositifs.

→ **La définition que je vous propose dans ce livre est dynamique,** c'est-à-dire que vous pouvez l'utiliser comme un outil[16]. En effet, cette définition, ainsi proposée, peut agir comme un objet de médiation avec les différents niveaux de l'organisation dans laquelle vous vous apprêtez à conduire des séances d'Analyse de la Pratique : auprès des équipes rencontrées, auprès des directions, auprès de votre réseau professionnel. Dans sa formulation, elle vous permettra de contribuer à une inscription systémique du dispositif[17].

→ **La définition que je vous propose ici est simple.** Elle est volontairement épurée. Elle l'est pour pédagogiquement vous aider à constituer un point de référence facile à retrouver.

Prenons un temps pour mieux la comprendre en détail en expliquant chacune de ses 6 composantes.


## 2.1. Explication détaillée : *« Les Analyses de Pratiques sont un temps d'échange… »*

J'apprécie la définition pragmatique donnée dans le Larousse concernant le verbe échanger : « c'est livrer quelque chose à quelqu'un dont on reçoit quelque chose en retour ». **Ainsi, l'échange facilite les séances d'Analyse des Pratiques. Pour autant, il ne s'y résume pas.** En effet, il ne suffit pas d'échanger pour prendre du recul sur ses pratiques.

Je suis impactée de voir combien le fonctionnel a pris une place importante aujourd'hui au sein des organisations. Pour preuve, bien souvent ces dernières années les temps de réunions se sont orientés vers une finalité quasi exclusivement fonctionnelle. Par fonctionnelle, j'entends des réunions centrées essentiellement sur la transmission d'informations relatives à l'organisation ainsi qu'une transmission d'informations effectuée dans un rapport asymétrique des fonctions cadres en direction des autres salariés. Les salariés non-cadres sont unanimes dans leurs retours concernant ces 10 dernières années : **cette hyper-fonctionnalité conduite par les cadres lors des réunions de service a pris le pas sur l'élaboration commune et le liant institutionnel, impliquant une fragilisation de l'esprit d'équipe, un moindre sentiment d'appartenance institutionnelle et une perte de sens au travail.** À mon sens, l'envolée des risques psycho-sociaux n'en est que la conséquence logique. Ce constat d'hyper-fonctionnalité appliqué aux métiers de l'accompagnement est, selon moi, catastrophique humainement en plus d'être une véritable erreur managériale.

---

[16] Comme un objet flottant diraient les systémiciens
[17] Cf. PARTIE 2 - Point d'appui n°1 de la Méthode APEOS®

## ENJEUX DE PROPOSER UN TEMPS D'ÉCHANGE EN ÉQUIPE :

En permettant au groupe d'échanger, il pourra exprimer ses différences inter-individuelles, et s'en enrichir, individuellement comme collectivement. Aussi, cela pourra permettre de réguler d'éventuelles tensions dues à des désaccords de position ou d'opinion. Enfin, les échanges permettront de développer l'intelligence collective.

## CONSEILS :

Questionner les professionnels sur l'organisation de leurs services, notamment en termes de réunions (toutes confondues) est un point important. Cela vous permettra de recueillir en plus d'informations objectives, des données subjectives relatives à l'efficacité et l'importance évaluées des temps collectifs. La perception des professionnels concernant l'équilibre entre composante fonctionnelle et composante élaborative de leur organisation est utile à recueillir. En fonction de leurs retours, vous pourrez ainsi ajuster le dispositif d'Analyse de la Pratique en favorisant plus ou moins les échanges relatifs au « faire équipe ».

De ce « plus ou moins bon équilibre perçu » découle le sentiment de confiance des salariés envers leur direction ainsi que leur perception d'être soutenus et accompagnés pour « bien faire leur travail ».

## 2.2. Explication détaillée : *« ...pour prendre du recul sur sa pratique. »*

Le fait de rappeler que les Analyses de Pratiques sont un temps pour prendre du recul sur la pratique professionnelle est un principe fondateur. Cela permet, lorsqu'il est reprécisé, de ramener l'ensemble des participants à une posture fondamentale d'humilité. Je vous conseille de le rappeler à chaque début de séance, même brièvement.

## ENJEUX DE PRENDRE DU RECUL SUR SA PRATIQUE :

En adoptant une posture « méta », chacun peut se regarder et apprécier plus finement ses agissements. Questionner la dimension éthique et technique de ses actions professionnelles devient possible. Enfin, prendre du recul dans un groupe est confrontant puisqu'il s'agit de laisser les autres nous observer.

## CONSEILS :

Il conviendra d'être un Intervenant en Analyse des Pratiques fondamentalement intéressé par la question du SENS et ce, afin de communiquer cet élan de questionnement existentiel au sein du groupe. Aussi, il sera important pour permettre une réelle liberté d'expression des participants d'incarner concrètement un cadre sécurisant et contenant pour la parole déposée. Une façon simple de vérifier votre propre cohérence : avez-vous un espace de supervision, vous-même, en tant qu'intervenant AP ? Car, oui : il vaudrait mieux (*sourire*).

## 2.3.  Explication détaillée : *« Elles permettent de mutualiser les compétences des participants... »*

### ENJEUX DE MUTUALISER LES COMPÉTENCES DES PARTICIPANTS :

En permettant à des professionnels de partager entre eux leurs problématiques de terrain, le groupe s'anime spontanément d'une dynamique d'entraide pour partager des savoirs acquis. L'Analyse des Pratiques, en facilitant l'échange d'expériences et le transfert de savoirs entre les participants, favorise une mutualisation réelle et opérationnelle des compétences. **Cette mutualisation sera quelquefois suffisante, à elle seule, comme axe de dynamisation de séance, pour permettre d'apporter de solides éléments de réponses aux problématiques exposées.** L'intervenant en Analyse des Pratiques n'aura d'ailleurs que peu à faire auprès du groupe si ce n'est de relancer certains échanges pour veiller à une mise en commun clarifié des savoirs, expériences et compétences des participants.

### CONSEILS :

Faire mutualiser les compétences entre participants ne va pas de soi. Il est nécessaire d'accompagner le groupe à :

→  faire ressortir ses savoirs en les décrivant, les explicitant, les rendant lisibles ;

→  identifier les savoirs pertinents ;

→  s'assurer que ces savoirs sont transférables auprès de ceux qui en ont l'utilité, en terme de compréhension et aussi d'adéquation à la situation identifiée comme problématique ;

→  et s'ils ne le sont pas, il s'agira de <u>les rendre transférables</u> en identifiant les blocages des participants pour trouver l'angle d'explicitation permettant une mutualisation effective.

## 2.4.  Explicitation détaillée : *« ...et de diminuer le sentiment d'isolement. »*

### ENJEUX DE DIMINUER LE SENTIMENT D'ISOLEMENT DANS LA PRATIQUE :

En favorisant la diminution du sentiment d'isolement (professionnel), vous renforcerez la dynamique de groupe par l'installation d'une réelle coopération. Les participants pourront voir comment leur implication individuelle participe à un sens commun partagé. La diminution du sentiment d'isolement est un effet reconnu et valorisé par les équipes lorsqu'on sait y prêter écoute en tant qu'intervenant en Analyse des Pratiques.

**CONSEILS :**

→ Attention à ne pas laisser les séances d'Analyse de la Pratique <u>avoir pour unique objectif</u> de diminuer le sentiment d'isolement professionnel, sous peine de quoi vous risquez de vous retrouver enlisé dans un dispositif de plainte institutionnelle (cas de figure fréquemment rencontré par les intervenants APP).

→ Clarifiez davantage vos intentions concernant l'animation de ces dispositifs d'Analyse des Pratiques : êtes-vous tenté de lutter contre la souffrance au travail ? Faites-vous bien la part des choses entre votre mission d'intervenant APP et les interventions visant à évaluer et diminuer les risques psycho-sociaux ?

→ Ayez confiance dans le fait qu'en amenant un groupe de participants à se centrer ensemble sur leurs dénominateurs communs, chacun verra en lui s'apaiser un éventuel sentiment d'isolement. **Lutter contre la souffrance au travail n'est pas l'objectif premier des Analyses de Pratiques, même si ces dispositifs jouent favorablement et indirectement sur ce paramètre.** Recentrez-vous sur l'objectif numéro 1 de l'outil APP : prendre du recul sur sa pratique.

## 2.5. Explication détaillée : *« En utilisant ou non des contenus théoriques... »*

## ENJEUX D'UTILISER OU NON DES CONTENUS THÉORIQUES :

Le fait d'utiliser ou non des éclairages théoriques permet de laisser aux participants le choix de leur engagement dans le dispositif, notamment à son démarrage. En effet, un dispositif d'Analyse des Pratiques reposant en partie sur l'apport de notions théoriques par l'intervenant permettra aux participants de se placer en position passive, le temps de l'assimilation. Cela pourra donner une dynamique supplémentaire dans l'animation de la séance, qui ne reposera, pas, de fait, uniquement sur les échanges entre participants. **Utiliser des éclairages théoriques peut s'avérer particulièrement pertinent pour des groupes dont le climat relationnel est fragile, voire tendu, surtout pour les premières séances de travail.** Le savoir théorique agira alors comme un objet de médiation pour rassembler les professionnels présents autour de questionnements « de terrain ». D'autant plus que les éclairages théoriques, par l'apport d'éléments conceptuels viendront nourrir pour de nombreux participants <u>un véritable besoin de compréhension intellectuelle</u>. Ainsi clarifiant la conceptualisation de leurs problématiques, les participants pourront modéliser leurs actions, mieux les comprendre et abaisser leur sentiment d'impuissance professionnelle. **Attention car ce besoin d'intellectualisation est loin d'être unanime dans un groupe.** Il est même pour certains participants, perçu comme ennuyeux car vécu comme trop « éloigné » de leur propre pratique et de ce qu'ils observent du terrain. S'il peut s'avérer être une stratégie de dynamisation de la séance, attention également à ne pas glisser (par facilité ou peur de votre part) dans l'apport conséquent de notions théoriques, pour remplir vos séances d'Analyse des Pratiques.

Il me parait intéressant de questionner les éventuels mécanismes de défense d'une équipe souhaitant utiliser les temps d'Analyse de la Pratique pour rester dans un processus d'intellectualisation : dans quelle mesure cette demande pourrait-elle revêtir une composante défensive de « mise à distance » du terrain ?
Pensez également à questionner les éventuels mécanismes de défense qui seraient les vôtres : pourquoi avoir besoin d'être en position haute de savoir ? Que craignez -vous ?

## CONSEILS :

Puisque certaines équipes sont demandeuses de cette composante théorique, alors que d'autres absolument pas ou partiellement, je ne peux que vous conseiller d'évaluer pour chacune des équipes accompagnées leurs besoins précis en termes d'intellectualisation et de théorisation des pratiques. Le mieux étant de le faire lorsque vous Rencontrerez le groupe afin d'évaluer finement ce paramètre et de pouvoir l'ajuster dès le démarrage de l'intervention. Il sera intéressant de le réévaluer à chaque fin de convention, de façon à s'assurer que le dispositif continue de bien correspondre aux besoins de l'équipe pour pouvoir réaliser l'exercice d'AP.

> **Pour ma part, j'utilise le moins possible les savoirs théoriques dans l'animation des séances d'Analyse de la Pratique Professionnelle afin d'éviter aux équipes de s'installer dans une position passive par rapport au dispositif. Cependant, si le groupe émet un besoin d'intellectualisation pour investir l'outil, je fournis des apports théoriques ponctuels ; pour ensuite, les faire disparaître et laisser place aux échanges principalement.**
>
> **PARTAGE D'EXPÉRIENCE**

### 2.6. Explication détaillée : *« ...les Analyses de Pratiques visent une modification concrète de la pratique. »*

## ENJEUX DE VISER UNE MODIFICATION CONCRÈTE DE LA PRATIQUE :

En alliant un objectif de modification concrète de la pratique au travail d'Analyse des Pratiques, vous renforcerez positivement l'investissement des participants dans le dispositif en leur faisant entrevoir et réaliser les bénéfices concrets apportés par les séances. **Les Analyses de la Pratique sont un outil utile car elles visent à apporter** un réel soutien technique dans la pratique, il est important de le rappeler au groupe de participants qui parfois, y vient sans trop d'attentes ou avec un grand scepticisme quant à son utilité. Attention toutefois à ne pas teinter de jugement cette partie de la définition lorsque vous abordez la notion d'évolution et de modification de la pratique. En effet, certains participants pourraient « entendre » qu'il s'agirait avec une séance d'Analyse des Pratiques de « faire mieux » ou de « changer ce qu'ils faisaient de mal ». Soyez bien conscient qu'il s'agit du propre besoin du professionnel à effectuer une modification concrète de sa pratique lorsqu'il énonce une problématique de terrain et non à un tiers, encore moins à vous intervenant en Analyse de la Pratique d'y procéder.

## CONSEILS :

Le mieux est d'oser poser la question directement aux participants, en cours (ou fin) de séance, notamment à l'exposant en des termes simples « Que vous (a) apporte (é) concrètement la séance d'APP d'aujourd'hui ? ». Ainsi vous pourrez, par vous-même entendre les feedbacks relatifs à la séance animée. N'hésitez pas à orienter votre bilan de séance sur la dimension concrète des pratiques par des questions du type : qu'allez-vous faire de différent à partir de demain sur le terrain ? A quoi serez-vous plus vigilant dorénavant ? Sur quels points vous sentez-vous plus confiant pour tenir votre rôle sur le terrain ?

Oser dire à un groupe de participants qu'il n'y a pas de bonnes et de mauvaises pratiques est fondamental pour installer un réel cadre de libre expression. Cependant cela sous-entend que vous soyez pleinement convaincu de ce point : pouvez-vous réellement écouter des pratiques sans les juger vous-mêmes ? Je ne peux que vous conseiller de vous y entraîner, sous peine de quoi, cette incongruence pourra apparaître et vous être renvoyée par le groupe, avec quelquefois une certaine violence.

> Toutes les équipes que j'ai pu rencontrer dans le cadre d'Analyse de la Pratique ont évoqué l'attente d'une modification concrète de leur pratique sur le terrain. Quelquefois, cette attente était donnée sous des tournures familières « On n'a pas envie que ce soit une réunion de plus qui ne serve à rien » ou « Si on vient, c'est pour que ça change quelque chose » .... J'ai entendu cette attente à tellement de reprises. C'est la raison pour laquelle le modèle APEOS® a souhaité afficher explicitement une visée Opératoire.
>
> **— PARTAGE D'EXPÉRIENCE —**

En axant votre animation de séances d'Analyse des Pratiques sur la dimension opératoire, vous validerez le professionnalisme des participants et les intéresserez.

Je vous propose de relire maintenant cette même définition au vu des éclaircissements qui viennent d'être apportés :

> **Les Analyses de Pratiques sont un temps d'échange pour prendre du recul sur sa pratique.**
>
> **Elles permettent de mutualiser les compétences des participants, et de diminuer le sentiment d'isolement.**
>
> **Utilisant ou non des contenus théoriques, les Analyses de Pratiques visent une modification concrète de la pratique.**

Cette définition est à considérer comme le descriptif synthétique des Analyses de Pratiques.

 **PAUSE RÉFLEXIVE N° 2**

→ Sentez-vous qu'à la relecture de cette définition, certains points se sont précisés ? Lesquels ? Quels éléments vous ont particulièrement aidé à les clarifier ?

→ Pouvez-vous voir que si vous êtes davantage au clair avec une définition des APP, cela vous sera plus simple de repérer les glissements de cadre (des participants et/ou de vous-même) et donc de recentrer les échanges ?

---

**À RETENIR**

**L'objectif des ANALYSES DE PRATIQUES est de permettre un temps d'échange pour prendre du recul sur sa pratique.**

Mots-clés APP
Recul, sens

Mécanisme clé sous-tendant une Analyse des Pratiques
Le manque de recul entrave le travail réalisé ou à réaliser

## Marqueurs de cadre nécessaires à une intervention de type ANALYSE DE LA PRATIQUE :

L'intervenant en AP est attendu dans :

→ une neutralité par rapport aux participants et à la direction : si certains participants étaient des personnes côtoyées à l'extérieur, je vous conseille de le mentionner afin d'éviter toute fantasmatique inutile de groupe. Je vous recommande aussi d'éviter les directions qui seraient des personnes anciennement ou présentement côtoyées à l'extérieur, notamment dans le démarrage de vos contrats. Inutile d'alourdir votre dispositif de méfiance ;
→ un style semi-directif ;
→ une capacité d'écoute empathique ;
→ un esprit constructiviste ;
→ de solides connaissances en termes de communication ;
→ une maîtrise de la dynamique des groupes.

**Le caractère de participation aux séances d'Analyses de la Pratique a plutôt intérêt à être posé comme obligatoire par l'institution de façon à éviter la création ou le renforcement de certains clivages au sein des équipes. Comme il s'agit de réunions techniques, intégrées pleinement aux plannings professionnels, cela ne pose généralement que peu d'hésitations aux directions.**

**PARTAGE D'EXPÉRIENCE**

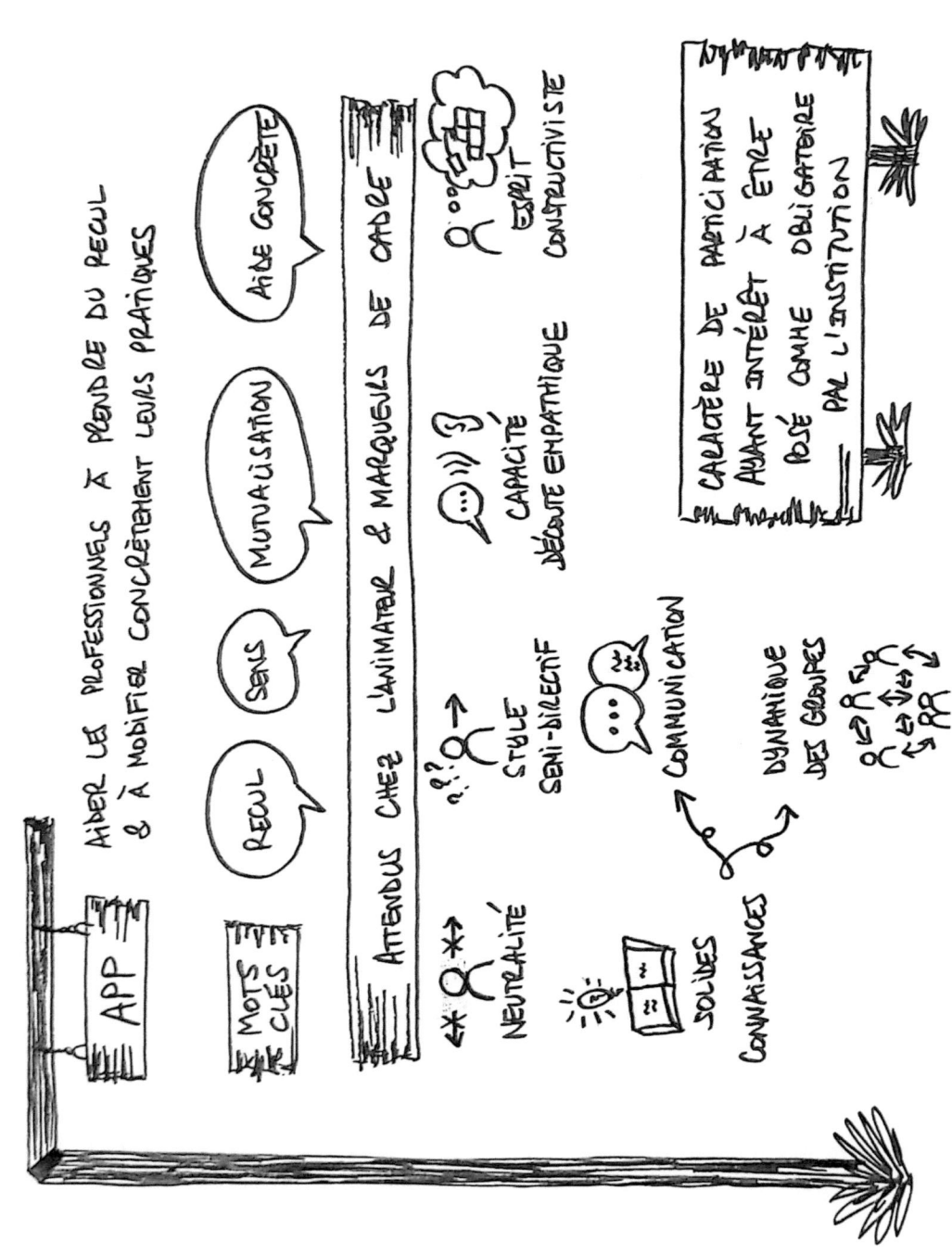

*Figure 2 : synthèse ANALYSE DES PRATIQUES*

# CHAPITRE 3

## CLARIFIER CE QUE NE SONT PAS LES ANALYSES DE PRATIQUES ET SAVOIR L'EXPLICITER

Voyons maintenant, pour consolider cette clarté du cadre des Analyses de Pratiques, ce que <u>ne sont pas</u> les Analyses de la Pratique justement ; autrement dit, en quoi elles se différencient de nombreux autres dispositifs tels que supervision, régulation, étude de situations, audit etc...

## Introduction idéologique de l'auteur :

Pour prétendre rédiger un contenu de la sorte alors qu'à ce jour, les savoirs académiques ne se sont toujours pas accordés sur la définition des Analyses de Pratiques, il m'importe de prendre des précautions. De la même façon qu'il y a plusieurs façons de naviguer, il reste en commun que la navigation nécessite des repères et surtout une direction claire. Alors, sur cette même analogie, **je propose de vous partager un découpage conceptuel et technique qui vous permettra de vous repérer dans les différents dispositifs** pouvant coexister (et étant quelquefois confondus justement) avec les Analyses de Pratiques. **Je vais donc exposer des points de différences, observés sur le terrain et les mettre en lien avec une terminologie précise.** Là est la précaution relative à l'idéologie que je voulais apporter en préambule. Nous, formateurs et auteurs spécialisés dans les Analyses de Pratiques, ne sommes pas encore suffisamment harmonisés dans nos cadres conceptuels pour utiliser un vocabulaire commun. Il est donc audacieux pour moi de statuer sur une terminologie et la définition d'autres dispositifs. J'espère que mes collègues y verront un entrain et une proposition à nous rapprocher plus qu'une intention prétentieuse. En mettant davantage de discernement sur la différence entre les Analyses de Pratiques et plusieurs autres dispositifs, vous pourrez ainsi transformer certaines zones de confusion en nuances, et fournir aux participants un cadre davantage précis, stable et structuré.

Si par la suite, les mots que j'ai choisis pour la correspondance avec certains dispositifs d'accompagnement ne vous conveniez pas ou si vous en aviez d'autres, compte tenu de votre expérience, alors sentez-vous bien évidemment la pleine liberté de réajuster ces repères. **L'important pour moi est d'appuyer l'idée qu'un Intervenant en Analyse de la Pratique a besoin de repères pour être au clair concernant la connaissance du cadre qu'il anime.** Il doit donc, selon moi, maîtriser les points de différences existants avec les autres instances afin de savoir ajuster spécifiquement son rôle et ses positionnements, au besoin. Les termes que j'ai choisis dans cet ouvrage sont ceux que j'ai entendus moi-même en tant qu'intervenante AP auprès des participants et aussi de leurs cadres ayant mis en place ces espaces. A ces expériences directes se sont rajoutées des lectures d'articles et livres relatifs au domaine spécifique des Analyses de Pratiques. Je souhaite qu'en détaillant et clarifiant cette terminologie, vos repères soient facilités. Et si ces définitions données contribuent à l'harmonisation d'un savoir académique relatif au domaine des Analyses de Pratiques pour la communauté francophone que nous sommes en train de former, alors j'en serais ravie.

À compter de cette ligne, je ne prendrai plus autant de précautions verbales afin de ne pas alourdir le texte (*sourire*). Considérez l'humilité exprimée comme une intention transversale à l'ensemble de l'ouvrage même si pour des raisons pédagogiques, j'utiliserai dorénavant davantage d'expressions affirmées. Les intérêts d'être au clair avec une définition des Analyses de la Pratique (ce qu'elles sont comme ce qu'elles ne sont pas) sont multiples, à mon sens :

→ progressivement structurer en vous, intervenants en Analyse de la Pratique, une définition de référence du dispositif afin de vous guider dans les relances et recadrages à effectuer auprès du groupe ;

→ proposer ces définitions et non-définitions claires aux équipes et aux cadres que vous rencontrerez afin d'éviter les quiproquos autour des représentations et attentes du dispositif que vous vous apprêtez à animer ;

→ centrer les équipes sur des objectifs clarifiés et ainsi leur permettre un meilleur engagement et investissement.

**L'intérêt global d'être au clair avec ce que sont les Analyses de Pratiques et ce qu'elles ne sont pas est de préserver l'efficience de l'outil.**

Il devient impératif d'accompagner les équipes y compris celles de direction à se repérer dans la diversité des instances d'accompagnement d'équipes possibles. Vous, intervenant en Analyse des Pratiques, en serez gagnant en termes d'analyse de la demande de l'établissement et cela vous évitera bien des écueils et impasses à tous.

---

**Pratiquer un autre dispositif que l'AP tout en croyant faire de l'AP illustre concrètement ce qu'est un glissement.** Pour chaque dispositif à venir, qu'il soit à risque de glissement MAJEUR ou mineur, vous retrouverez un même déroulé pour faciliter votre mémorisation : descriptif synthétique, « À retenir », mots-clés et illustration de synthèse. Et pour mieux cerner les dispositifs à risque de GLISSEMENT MAJEUR, le mécanisme sous-tendant le dispositif sera mis en focus. Préparez votre esprit car 11 dispositifs vont être mis en perspective pour les différencier de l'AP…

Et c'est maintenant !

---

## 3.1. Les cinq dispositifs à risque de glissement MAJEUR[18]

Voyons en détail cinq interventions avec lesquelles les Analyses de la Pratique sont fréquemment confondues : RÉGULATION, SUPERVISION RELATIONNELLE, SUPERVISION TECHNIQUE, ÉTUDE DE SITUATION, AUDIT. Ces cinq dispositifs seront synthétisés en figure 8 et avec le tableau 1. D'autres dispositifs ayant un risque de glissement mineur, au nombre de 6, seront décrits par la suite (partie 3.5).

### 3.1.1. L'Analyse des Pratiques n'est pas une RÉGULATION

La RÉGULATION D'ÉQUIPE est l'intervention la plus facile à différencier de l'AP tant les objectifs et les moyens utilisés pour y parvenir sont distincts.

**Descriptif synthétique de la RÉGULATION**

Les demandes de RÉGULATION D'ÉQUIPE sont des contrats bien spécifiques dont l'objectif est très clair : intervenir sur la dimension communicationnelle de l'équipe, évaluée comme problématique et dysfonctionnelle par l'ensemble des salariés y compris la hiérarchie. En clair, des difficultés, tensions relationnelles et communicationnelles pour travailler ensemble sont constatées à plusieurs niveaux. Et parce que ces difficultés entravent le fonctionnement du service et nuisent aux objectifs, le service se met en quête d'un intervenant spécialisé : un régulateur d'équipe.

> **À RETENIR**
>
> **L'objectif d'une RÉGULATION D'ÉQUIPE est de permettre aux salariés de retrouver une communication fonctionnelle afin que les échanges puissent à nouveau permettre d'atteindre les objectifs fixés par l'organisation.**

Mots-clés RÉGULATION :
Problème de communication, équipe, entrave fonctionnement

Mécanisme clé sous-tendant une régulation :
Les problèmes de communication au sein des salariés entravent le travail réalisé et à réaliser.

---

[18] MAJEUR signifie que le risque de glissement est à forte probabilité d'apparition et à fort risque de déviance du cadre. Les 5 dispositifs à risque de glissement MAJEUR, en sous-titres de cette partie, seront tous écrits EN MAJUSCULES pour aider à la mémorisation.

## Concrètement comment se met en place une RÉGULATION :

C'est souvent une direction (ou alors un salarié même si cela est plus rare) qui contacte un intervenant effectuant de la RÉGULATION à la suite d'un constat global de communication dysfonctionnelle au sein de l'organisation. Il est important d'insister sur le fait que l'équipe est elle-même bien consciente qu'il y a un problème dans son propre fonctionnement, et qu'à ce titre elle partage le constat ainsi que le souhait, avec la direction, de voir intervenir quelqu'un de neutre dont c'est la spécialité. Il est possible que la direction vous contacte avant d'en informer l'équipe, car elle aura besoin de soutien voire de guidance pour informer le service de la mise en place de cette intervention spécifique ; pour autant la démarche n'est pas confidentielle en tant que telle, et il n'est généralement question que de temps pour que l'ensemble des salariés soit informé de la RÉGULATION à venir.

## Ce qui signe un besoin de RÉGULATION :

→ indicateurs objectifs : des tensions inter-individuelles, des conflits, des jugements, un discours de plainte, un fort turnover comprenant des arrêts maladies successifs, des conduites d'opposition, de défiance, ou de soumission excessive envers la direction, fortes tensions ou inertie dans les dispositifs de communication employeur/employés, procès en cours envers l'employeur… ;

→ indicateurs subjectifs : sentiment collectif d'être jugé négativement, interprétation sur les intentions des uns et des autres, sensations de tensions, d'ambiance lourde, souhait de départ, vécu d'impuissance, de découragement voire de désespoir « on ne sait plus quoi faire … ».

## Marqueurs de cadre nécessaires à une intervention de type RÉGULATION :

L'intervenant en RÉGULATION D'ÉQUIPE est attendu dans :

→ une neutralité totale par rapport au service et notamment de la direction (pas de liens autres que pour cette mission entre l'intervenant et les personnes ayant la fonction de direction) ;

→ une position d'expert en termes de communication et de compréhension des systèmes ;

→ un style directif ;

→ des outils clés en main pour modéliser les dysfonctionnements, les analyser et proposer des axes d'amélioration : fondamentaux de la communication, lecture systémique des dynamiques relationnelles, analyse des types d'autorités… ;

→ un nombre de séances souvent défini en amont en détaillant avec précision les objectifs par séance ainsi que les moyens qui seront utilisés pour les atteindre ;

→ une implication obligatoire de l'ensemble des salariés (cadres et non cadres) dans le dispositif envisagé par la direction.

**Partage d'expériences et conseils pragmatiques en cas de confusion entre AP et RÉGULATION pour l'institution/ les participants :**

Bien que la différence soit claire entre Analyse des Pratiques et Régulation d'équipe, il peut arriver qu'une direction vous contacte pour mettre en place de l'Analyse des Pratiques avec, en parallèle, une forte attente de régulation d'équipe. Certains directeurs malheureusement mettent en place des groupes d'Analyse des Pratiques pour apaiser le climat de tension entre les salariés y compris envers eux-mêmes (employeur). Souvent cela masque de réelles incompétences concernant les cadres du service. Je l'ai suffisamment vu pour l'écrire ici.

D'où l'importance, et nous y reviendrons, en partie 2, de prendre au préalable le temps de Rencontrer la direction, puis de Rencontrer l'équipe elle-même et, seulement après, de contractualiser (ou non) le cadre de votre intervention. En effet, si une dimension de régulation est liée aux Analyses de Pratiques à venir pour l'équipe, il est important que vous, intervenant, soyez en capacité de la repérer et de l'évaluer. Il pourra être opportun de la pointer à l'équipe afin de lui permettre d'en prendre conscience. Éventuellement, il s'agira de restituer ce constat à la direction en accord avec le groupe de participants. Il paraîtra nécessaire que vous puissiez, en tant qu'intervenant vous positionner sur ce point compte tenu de vos compétences et outils à disposition :

- Avez-vous des compétences adaptées et suffisantes pour réguler des comportements et communications dysfonctionnelles ?
- Saurez-vous faire face à un passif négatif important en termes de dynamique relationnelle ?

Je ne peux que vous conseiller de répondre à ces questions avec honnêteté et humilité car vous devrez, à mon sens, faire un choix :

→ Choix A : intégrer cette dimension de régulation au travail que vous proposez en Analyse des Pratiques Professionnelles, à condition d'exigence. C'est possible, à condition d'exigence en termes de tenue de cadre car vous devrez « jongler » entre des séances d'Analyse de la Pratique et des séances de Régulation. N'oubliez pas que si la distinction de ces deux cadres est claire pour vous, elle peut en revanche être difficile pour les participants eux-mêmes, car vous allez les accompagner dans deux dynamiques distinctes tout en leur demandant de ne pas les confondre.

→ Choix B : distinguer cette dimension de régulation d'équipe du travail d'Analyse des Pratiques en explicitant à l'équipe ainsi qu'aux commanditaires l'importance d'effectuer en amont un travail de régulation avant d'entreprendre celui d'Analyse de la Pratique. A savoir que la réciproque ne sera pas faisable tout simplement. Pourquoi ? Parce qu'il est impossible de marcher avec confiance dans un champ de mines *(humour)*. En effet l'Analyse des Pratiques requiert de la sécurité pour prendre du recul et il n'est pas possible de demander cette posture à des participants qui seraient enlisés dans une méfiance, un jugement et une agressivité relationnelle les uns envers les autres. Ce choix technique et éthique de dissocier les 2 dispositifs doit à mon sens être expliqué à l'équipe et il serait opportun que vous puissiez suggérer à la direction le nom d'un intervenant effectuant de la régulation. Oui, il est plus judicieux de suspendre vos interventions d'Analyse des Pratiques tant que la dimension de régulation n'a pas été accompagnée et traitée. C'est clairement mon constat.

→ Choix C : <u>rester centré sur les objectifs des Analyses de Pratiques uniquement</u> et parier sur le fait que votre accompagnement des pratiques pourra, « l'air de rien », venir travailler suffisamment cette dimension de régulation. <u>C'est l'art de travailler implicitement la régulation d'équipe par l'analyse des pratiques professionnelles.</u> J'utilise, pour ma part, assez souvent ce positionnement lorsque la dimension de régulation d'équipe paraît « gérable » au sein d'un contrat d'Analyse de la Pratique. Même débutant, vous pouvez oser ce choix à condition d'être bien au clair sur le pilotage du dispositif d'Analyse des Pratiques et de veiller particulièrement à la qualité du climat relationnel et à celui de la dynamique de groupe.

 **PAUSE RÉFLEXIVE N° 3**

→ Ai-je déjà connu, en tant que participant, des séances de RÉGULATION ? Si oui, étaient-elles nommées comme telles ? Ai-je ressenti que les participants réglaient leurs comptes ou qu'ils étaient accompagnés pour aborder leurs différends ? Quels effets cela a-t-il produit sur le groupe ? et pour moi-même ?

→ Ai-je participé à des séances d'Analyse de la Pratique qui ont dérivé en RÉGULATION ? Ces dérives étaient-elles ponctuelles ou régulières ? Quels effets cela a-t-il produit sur le groupe ? et pour moi-même ?

→ En tant qu'intervenant en Analyse de la Pratique, me suis-je laissé « embarquer » dans une dynamique de RÉGULATION ? Ces dérives étaient-elles ponctuelles ou régulières ? Quels effets cela a-t-il produit sur le groupe ? et pour moi-même ? Puis-je identifier la raison de mon glissement de cadre ?

→ Puis-je plus facilement faire un lien entre tensions, conflits et RÉGULATION après lecture de cette partie du livre ?

 ## ET LA MÉDIATION, ALORS ?

Très bonne question *(sourire)*. Il est tout à fait normal de penser à la médiation à ce moment-là du livre. En effet, si nous devions situer la médiation dans le paysage des différentes interventions décrites dans cette partie, c'est bien ici qu'elle aurait sa place ; car médiation et régulation sont effectivement proches.

**La médiation est une intervention destinée à amener une résolution de conflit auprès de personnes qu'un différend oppose ou qui souhaitent en prévenir l'arrivée.** Le médiateur est un professionnel, diplômé, ayant été formé à plusieurs techniques permettant d'amener les personnes à trouver une solution pérenne en commun accord. La médiation peut être mise en place par les personnes ayant un différend, en dehors de toute procédure judiciaire ou alors être ordonnée par la juridiction saisie d'un conflit contentieux.

**Régulation et médiation ont en commun de se centrer sur le déverrouillage de situations problématiques en gérant en priorité la question des tensions relationnelles, des conflits et des enjeux individuels.**

Nous avons vu les éléments caractéristiques de la RÉGULATION de façon à pouvoir mieux la différencier du travail d'Analyse de la Pratique. Voici une illustration permettant la synthèse du dispositif de RÉGULATION.

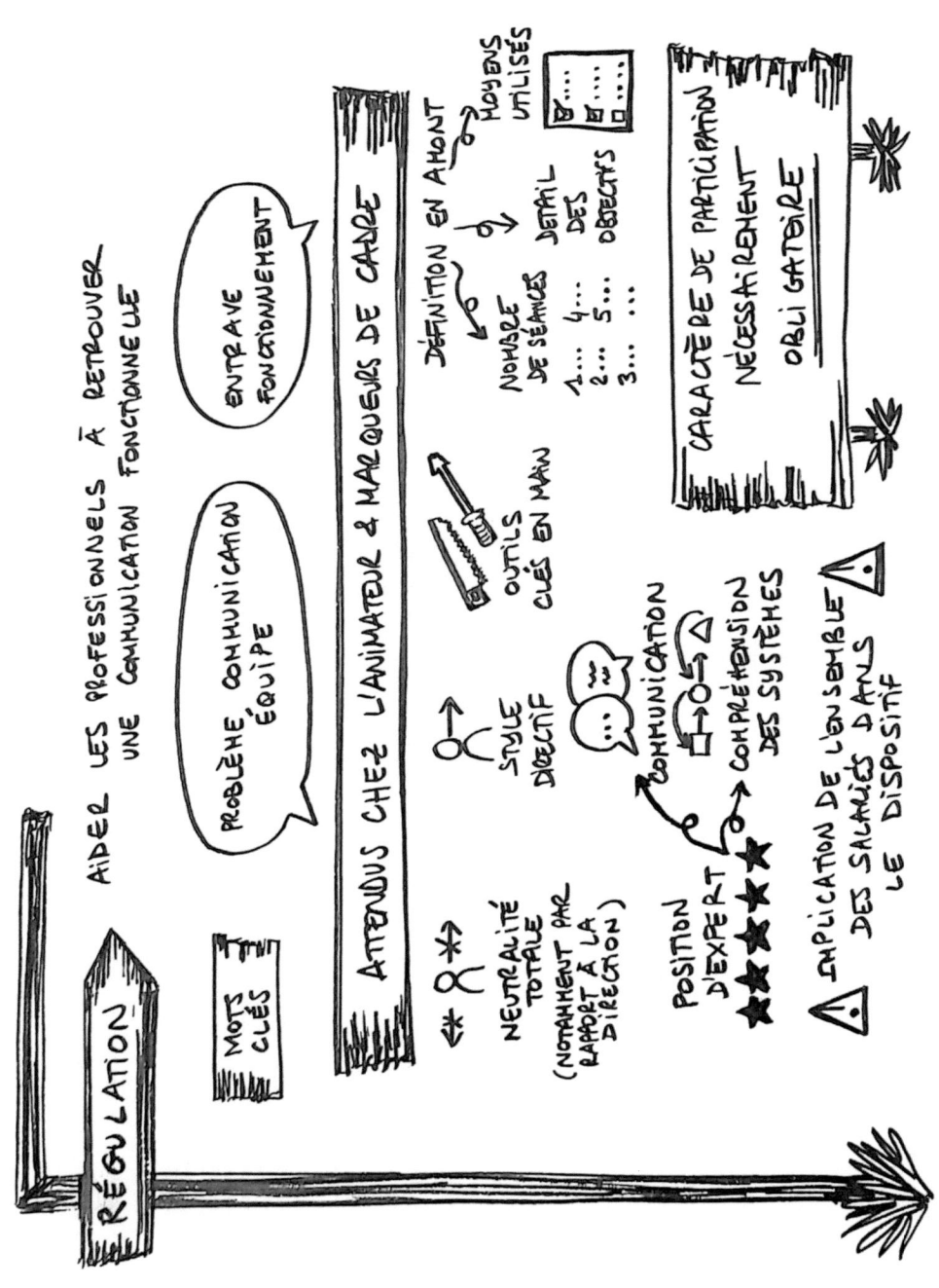

*Figure 3 : synthèse RÉGULATION*

## 3.1.2. L'Analyse des Pratiques n'est pas une SUPERVISION RE-LATIONNELLE

Préambule

À ce jour, il n'y a pas d'harmonisation autour de la terminologie « Supervision » en francophonie. Dans un objectif de clarification pédagogique, je propose de m'appuyer dans cet ouvrage sur la distinction entre deux composantes qui, par expérience, sont souvent mêlées dans le terme de Supervision. Cette distinction est née des retours que m'ont adressées les équipes accompagnées, croisés à des lectures et études d'ouvrages. Pour base, je propose de partir de l'étymologie du terme *superviser*. Nous y retrouvons le préfixe *super*, dont la définition littérale latine signifie « au-dessus de ». Ainsi, super-viser se définit par l'expression d'une supériorité dans la qualité ou le degré.

Allons plus loin maintenant, et voyons ensemble les 2 types de supervisions que nous pouvons retrouver sur le terrain des équipes accompagnées, et qui souvent, à mon sens sont nommées sans distinction :

→ certaines supervisions cherchent à expliciter, décrypter, clarifier et analyser les dimensions psychologiques et affectives engagées par le professionnel dans son travail.

Dans un choix pédagogique, je propose le terme de Supervision Relationnelle et prendrai la position ouverte de ne pas relier ce type de démarche à un quelconque courant spécifique. Je mentionne cependant que les supervisions relationnelles ont été et sont encore souvent menées avec l'approche psychanalytique et qu'aujourd'hui d'autres approches deviennent des références : l'approche systémique, la Gestalt, l'Analyse Transactionnelle... ;

→ certaines supervisions cherchent plutôt à préciser, renforcer et perfectionner la technicité dans l'action professionnelle : qu'ils s'agissent des actes, des réflexions, et des postures.

Par choix pédagogique, je proposerai le terme de Supervision Technique.

Nous allons donc maintenant clarifier les points de distinction entre Analyse des Pratiques et SUPERVISION RELATIONNELLE puis entre Analyse des Pratiques et SUPERVISION TECHNIQUE.

### Descriptif synthétique de la SUPERVISION RELATIONNELLE

La SUPERVISION RELATIONNELLE est clairement l'intervention qui a été et est encore la plus souvent confondue avec l'Analyse des Pratiques, aussi bien pour les commanditaires, que pour les équipes et les intervenants eux-mêmes (surtout ceux ayant des diplômes de psychologue ou de thérapeute).

Dans les métiers de l'accompagnement (éducation, formation, santé...) c'est-à-dire ceux où les salariés ont pour mission première de s'occuper d'autres humains, ce type de supervision est fréquent puisque le lien entre salariés et bénéficiaires reste primordial et la qualité de ce dernier (le lien) est une condition *sine qua non* pour que les professionnels puissent effectuer leurs missions. La SUPERVISION RELATIONNELLE intervient dès qu'il est question de décrypter, expliciter, clarifier et analyser les dimensions psychologiques et affectives engagées par le professionnel dans son travail. Dans l'approche psychanalytique, la terminologie attribuée est celle de « dénouer les enjeux transférentiels et contre transférentiels » se jouant entre les salariés et les usagers dont ils s'occupent et/ou entre les professionnels eux-mêmes autour de leurs missions.

La portée des dispositifs de SUPERVISION RELATIONNELLE est double :

✓ soulager les salariés d'échos personnels dans des situations de travail afin de leur éviter une pénibilité (psychique et émotionnelle) supplémentaire responsable d'usure professionnelle ;

✓ soulager les usagers en leur évitant de se retrouver pris dans les enjeux et problématiques psychologiques appartenant à leurs soignants, éducateurs... et qui, de fait, ne seraient pas les leurs.

---

**À RETENIR**

**L'objectif d'une SUPERVISION RELATIONNELLE est de permettre aux professionnels de conscientiser les résonances intimes et personnelles activées dans leurs actions professionnelles notamment dans leurs relations d'accompagnement auprès des usagers (et éventuellement avec leurs collègues).**

---

Mots-clés SUPERVISION RELATIONNELLE :
Décrypter, résonances intimes des professionnels, besoins thérapeutiques

Mécanisme clé sous-tendant une SUPERVISION RELATIONNELLE :
La dimension psychologique et affective du professionnel interfère voire entrave le travail réalisé et à réaliser.

**Concrètement, comment se met en place une SUPERVISION RELATION-NELLE :**

Des professionnels ont l'élan de mettre en conscience ce qui se joue entre eux et les usagers dont ils ont la charge, et sont prêts à aller questionner leurs résonances personnelles à titre professionnel. Ils souhaitent en effet comprendre pourquoi ils sont touchés personnellement par certaines situations professionnelles et souhaitent effectuer ce travail avec d'autres professionnels de terrain, comme eux. Ils contactent alors un superviseur. La direction et les cadres ne sont généralement pas conviés dans cet espace de travail car les relations hiérarchiques pourraient nuire à la liberté de parole nécessaire aux participants.

Du fait de cette dimension « intime » et « thérapeutique », on peut comprendre facilement que le caractère de participation soit volontaire, concernant les salariés. En effet, il serait mal venu qu'une direction oblige ses employés à venir « ouvrir » et travailler leurs résonances intimes liées au contexte professionnel, et ce, d'autant plus en présence de leurs collègues. Il est de moins en moins fréquent que ces dispositifs soient financés par les directions. Il peut arriver encore que les directions permettent que ces interventions se déroulent sur le temps voire sur le lieu de travail, sans pour autant participer au financement de l'intervenant (le coût reposant alors sur les deniers personnels des salariés volontaires). Majoritairement les directions laissent aujourd'hui leurs salariés organiser ces temps s'ils le souhaitent, à condition d'être en dehors des horaires fixés par leurs postes de travail et qu'ils les financent d'eux-mêmes. En France, ces temps de supervision sont en nette diminution dans les établissements depuis plusieurs années maintenant.

**Ce qui signe un besoin de SUPERVISION RELATIONNELLE :**

→ Indicateurs objectifs : les salariés montrent des émotions[19] fortes à l'évocation de certaines situations professionnelles et de bénéficiaires. Ils peuvent également présenter des indicateurs de démotivation, ou d'usure professionnelle. Ces « surcharges relationnelles » peuvent impacter la qualité de communication au sein du groupe de salariés. Ils peuvent dans leur discours faire des liens avec des situations de vie ou des personnes de leur propre entourage, exprimer de la souffrance, des blocages émotionnels, montrer des sidérations, bouleversements, sanglots, souffrir de remémoration de souvenirs personnels, et exprimer des besoins thérapeutiques.

→ Indicateurs subjectifs : des crispations sont ressenties par les salariés dans leur lien avec les bénéficiaires. Les salariés évoquent la perception que « quelque chose de plus que le travail se passe ».

---

[19] L'éventail est large pouvant comprendre sympathie, pitié, agacement, sidération...

## Marqueurs de cadre nécessaires à une intervention de type SUPERVISION RE-LATIONNELLE :

Les dispositifs de Supervision Relationnelle sont à mon sens des dispositifs que l'on pourrait tout à fait qualifier de thérapeutiques puisque le but de ces supervisions est d'aller éclairer ce qui, inconsciemment, se passerait sur un plan psychique et affectif pour la personne dans sa vie professionnelle. On comprend aisément qu'en mettant en lumière les enjeux inconscients du professionnel, la supervision relationnelle soit un dispositif rattaché à une forte dimension psychologique et thérapeutique.

L'intervenant en SUPERVISION RELATIONNELLE est attendu dans :

→ une neutralité totale par rapport aux participants ;
→ une formation validée et reconnue pour savoir décrypter les enjeux relationnels dans leurs composantes psychologiques et affectives y compris inconscientes, et des compétences d'écoute avec une dimension thérapeutique : Gestalt thérapie, Analyse Transactionnelle, Thérapies familiales ou d'inspiration psychanalytique... ;
→ un style plutôt non directif ou semi-directif ;
→ un contrat précisant le nombre de séances de supervision, avec conditions clarifiées pour la reconduction ou non et évocation des méthodes d'analyse choisies.

## Partage d'expériences et conseils pragmatiques en cas de confusion entre AP et SUPERVISION RELATIONNELLE pour l'institution/ les participants :

Il arrive parfois encore que les salariés (ou même les directions) aient « des attentes psy » concernant les séances d'Analyse de la Pratique. Il est alors capital de les aider à discerner, parmi leurs besoins, lesquels sont les plus importants. Je fais partie des intervenants pensant clairement qu'il n'est pas possible de faire à la fois des séances d'Analyse de la Pratique et de Supervision Relationnelle. En effet, les objectifs sont fondamentalement différents sur ces 2 dispositifs, et impliquent, selon moi, un périmètre technique distinct : permettre de franchir ou non la limite de l'intime au niveau professionnel, qui plus est en présence des collègues, implique une tenue de cadre complètement différente.

 **PAUSE RÉFLEXIVE N° 4**

→ Ai-je déjà connu en tant que participant des séances de SUPERVISION RELATIONNELLE ? Si oui, étaient-elles nommées comme telles ? Ai-je ressenti que les participants faisaient une sorte de thérapie ? Si oui, quels effets cela a-t-il produit sur le groupe ? et pour moi-même ?

→ Ai-je participé à des séances d'Analyse de la Pratique qui ont dérivé en SUPERVISION RELATIONNELLE ? Ces dérives étaient-elles ponctuelles ou régulières ? Quels effets cela a-t-il produit sur le groupe ? et pour moi-même ?

→ En tant qu'intervenant en Analyse de la Pratique, me suis-je laissé « embarquer » dans un travail de SUPERVISION RELATIONNELLE ? Ces dérives étaient-elles ponctuelles ou régulières ? Quels effets cela a-t-il produit sur le groupe ? et pour moi-même ? Puis-je identifier la raison de mon glissement de cadre ?

→ Puis-je plus facilement faire un lien entre psychologie, thérapie et SUPERVISION RELATIONNELLE après lecture de cette partie du livre ?

Nous avons vu les éléments caractéristiques de la SUPERVISION RELATIONNELLE de façon à pouvoir mieux la différencier du travail d'Analyse de la Pratique. Voici une illustration permettant la synthèse du dispositif de SUPERVISION RELATIONNELLE.

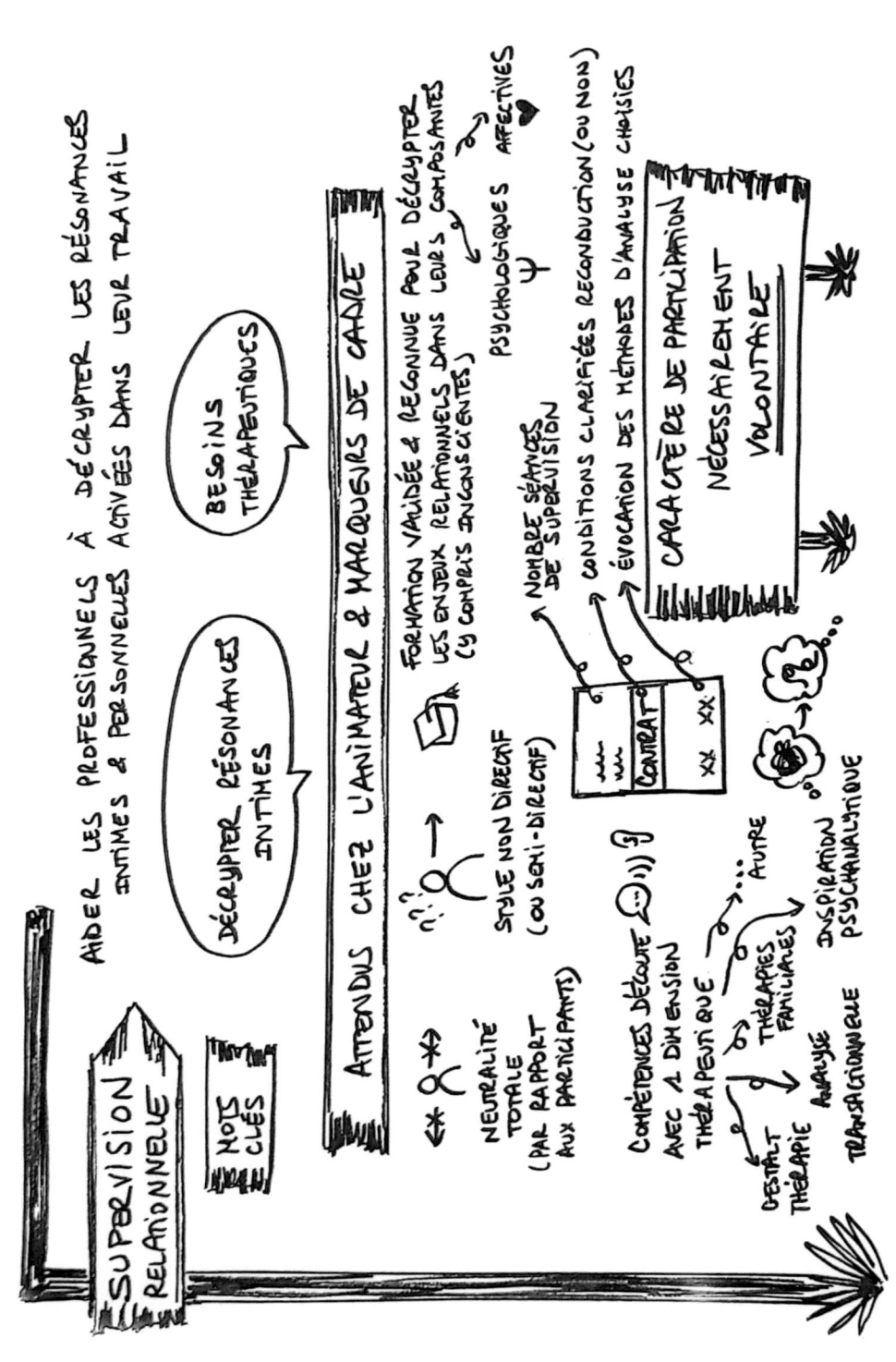

*Figure 4 : synthèse SUPERVISION RELATIONNELLE*

### 3.1.3. L'Analyse des Pratiques n'est pas une SUPERVISION TECHNIQUE

La SUPERVISION TECHNIQUE est encore assez confondue avec le travail d'Analyse des Pratiques à ce jour. Pourtant ces deux dispositifs ne poursuivent pas les mêmes objectifs et ont de fait, de nombreux points de distinction.

**Descriptif synthétique de la SUPERVISION TECHNIQUE :**
La démarche de faire appel à un pair expert permet de renforcer la technicité autour de ses actions professionnelles, qu'il s'agisse de réflexions comme de prises de posture. Il est primordial que le superviseur technique soit issu du même métier et/ou ait une solide expérience dans le même secteur afin de pouvoir transmettre des connaissances capitalisées par son expertise. Il pourra également partager l'expérience de ses autres groupes accompagnés dans le même domaine, en veillant à l'évidence au respect de l'anonymat.

La portée des dispositifs de SUPERVISION TECHNIQUE est double :

✓ veiller au respect du cadre déontologique de sa profession ;
✓ développer de nouveaux savoirs transmis par un pair expérimenté.

---

**À RETENIR**

**L'objectif d'une SUPERVISION TECHNIQUE est de permettre aux participants de bénéficier de la transmission de savoirs par un pair expérimenté.**

---

Mots-clés SUPERVISION TECHNIQUE :
Transmission, pair expert, super-compétences par l'expérience

Mécanisme clé sous-tendant une SUPERVISION TECHNIQUE :
La fragilité et le manque de compétences techniques entravent le travail réalisé et à réaliser.

**Concrètement, comment se met en place une SUPERVISION TECHNIQUE :**
Des professionnels ont l'élan de demander conseils et références à un pair expert dont l'expérience est conséquente. Ils souhaitent en effet développer leurs compétences métier, vérifier leurs « bonnes pratiques » et s'assurer d'une guidance sur le plan de la déontologie de leur profession. Ils contactent alors un superviseur technique. La direction et les cadres ne sont généralement pas conviés dans ces espaces de travail car les

relations hiérarchiques pourraient nuire à la liberté de parole nécessaire aux participants. Aussi ces réunions sont techniques et concernent les métiers des participants ; il n'y a donc souvent que peu de sens à ce que les professionnels exerçant les fonctions de direction soient présents. Ces dispositifs sont plutôt bien vus par les directions qui estiment important que les salariés continuent de développer des pratiques de qualités et partagent un esprit d'amélioration continue de leur technicité. Généralement les directions ont tendance à financer ce type d'intervention, les considérant comme de la formation continue. Il peut arriver que le groupe de participants soit constitué de professionnels provenant de différentes structures ou aient une pratique en libéral. Ces participants forment alors un groupe et règlent chacun le superviseur sur leurs fonds personnels, quelquefois sans même informer l'employeur de leur démarche.

### Ce qui signe un besoin de SUPERVISION TECHNIQUE :

→ indicateurs objectifs : les professionnels montrent des fragilités voire des timidités dans l'utilisation de leurs compétences et peuvent avoir des conduites d'évitement dans leur positionnement et même dans leur prise de parole ;

→ indicateurs subjectifs : les professionnels témoignent de doutes et évoquent un sentiment de manque de légitimité concernant leurs actions professionnelles.

### Marqueurs de cadre nécessaires à une intervention de type SUPERVISION TECHNIQUE :

L'intervenant en supervision technique est attendu dans :

→ une expertise du même métier que ceux des participants et/ou une expérience conséquente dans le même domaine d'intervention ;

→ un style directif pour guider dans les bonnes pratiques ;

→ une posture assertive ;

→ la capacité pédagogique à expliciter les finesses du métier afin de les rendre lisibles et accessibles en termes de compréhension.

### Partage d'expériences et conseils pragmatiques en cas de confusion entre AP et SUPERVISION TECHNIQUE pour l'institution/ les participants :

Il arrive parfois encore que les professionnels (ou même des directions) aient ce type d'attentes techniques concernant les séances d'Analyse de la Pratique. Il est alors capital de les aider à discerner, parmi leurs besoins, quels sont les plus importants. Je fais partie des intervenants pensant qu'il est possible de mener des séances d'Analyse de la Pratique en y intégrant la transmission d'un certain savoir d'expert. Pour autant, mon expérience m'a montré que la posture d'animateur étant fondamentalement différente entre Analyse de la Pratique et SUPERVISION TECHNIQUE, il n'est pas simple de réunir pleinement les deux attentes au sein d'un même dispositif. En effet, en AP l'intervenant se positionne davantage comme un facilitateur. Il permet d'accompagner le groupe à développer sa réflexivité et à se questionner pour trouver, de lui-même, une expertise de terrain, résultante de la mutualisation de ses pratiques dans le groupe. Or, dans une instance de SUPERVISION TECHNIQUE, le rapport entre superviseur et participants est plutôt asymétrique du fait de la transmission descendante d'un savoir. Aussi, les groupes d'Analyse de la Pratique étant souvent pluridisciplinaires, il n'est tout simplement pas possible pour un superviseur d'être un pair expert pour l'ensemble des participants.

Le caractère de participation est plutôt obligatoire de façon à allier le dispositif de SUPERVISION TECHNIQUE à la stratégie de service.

 ## ET LA FORMATION ALORS ?

Effectivement il est assez normal de penser à la formation lorsqu'on évoque les caractéristiques de la supervision technique. En effet, le cadre de la Supervision Technique se rapproche de celui de la formation. On pourrait d'ailleurs, d'une certaine façon, affirmer que mettre en place une supervision technique est un dispositif de formation continue. Tout dépendra aussi de la définition que l'on souhaite donner à la formation bien évidemment. En effet certains formateurs mettent en avant la pédagogie participative là où d'autres préfèrent y conserver un modèle vertical de transmission de connaissances. L'important, dans cet ouvrage est de comprendre que Formation et Supervision Technique entretiennent des composantes similaires entre elles, et sont pourtant bien distinctes du dispositif d'Analyse de la Pratique.

 ## PAUSE RÉFLEXIVE N° 5

→ Ai-je participé à des séances Analyse de la Pratique qui étaient en fait des SUPERVISIONS TECHNIQUES ? Si oui, étaient-elles nommées comme telles ? Ai-je ressenti que les participants faisaient une sorte de formation avec un expert ? Si oui, quels effets cela a-t-il produit sur le groupe ? et pour moi-même ?

→ Ces dérives étaient-elles ponctuelles ou régulières ? Quels effets cela a-t-il produit sur le groupe ? et pour moi-même ?

→ En tant qu'intervenant en Analyse de la Pratique, me suis-je laissé « embarquer » dans un travail de SUPERVISION TECHNIQUE ? Ces dérives étaient-elles ponctuelles ou régulières ? Quels effets cela a-t-il produit sur le groupe ? et pour moi-même ? Puis-je identifier la raison de mon glissement de cadre ?

→ Puis-je plus facilement faire un lien entre expertise de métier, expertise de secteur et SUPERVISION TECHNIQUE après lecture de cette partie du livre ?

Nous avons étudié les éléments distinctifs de la SUPERVISION TECHNIQUE afin de pouvoir mieux la distinguer du dispositif d'Analyse de la Pratique. Voici une illustration synthétisant le dispositif de SUPERVISION TECHNIQUE.

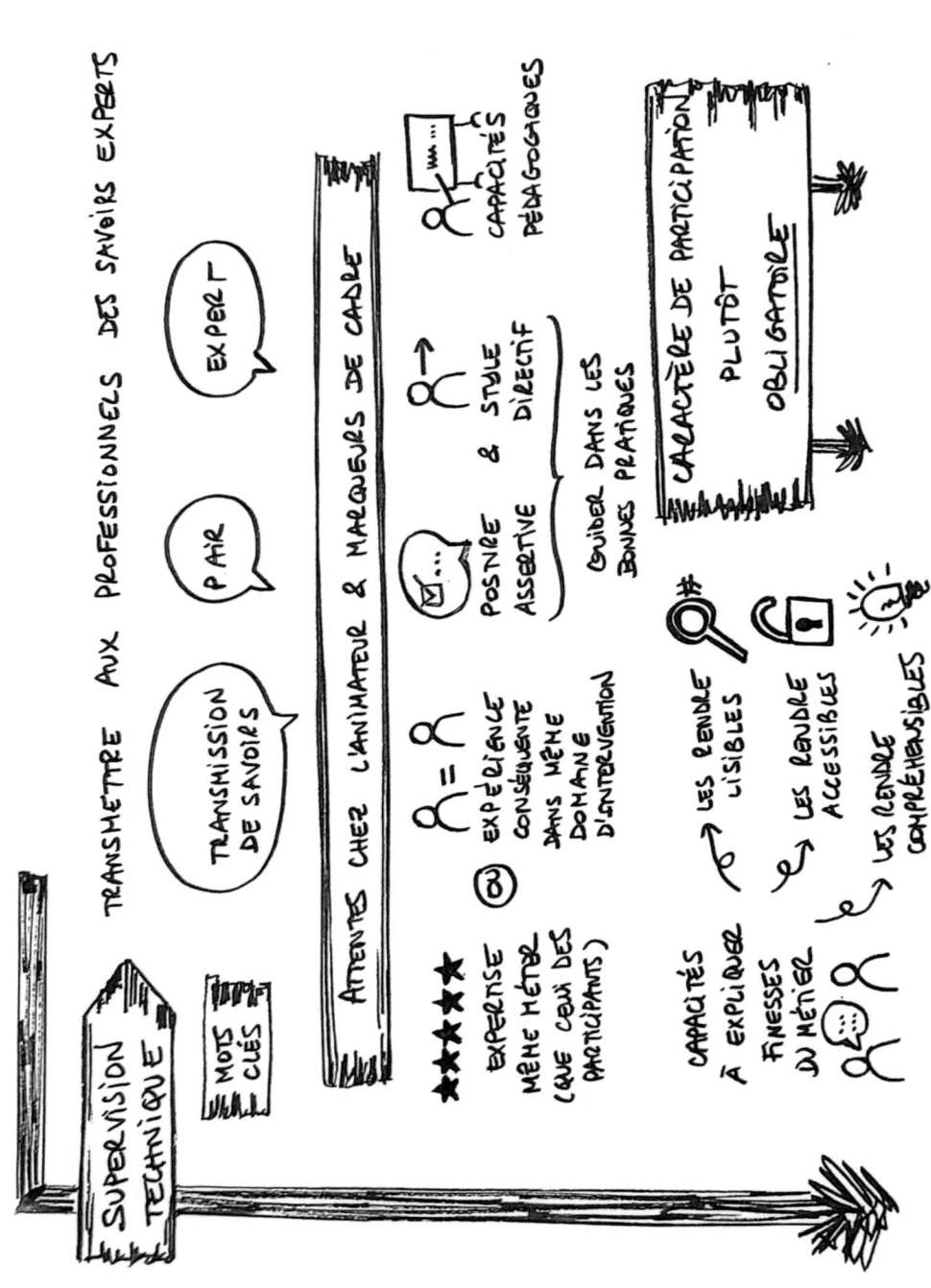

*Figure 5 : synthèse SUPERVISION TECHNIQUE*

### 3.1.4. L'Analyse des Pratiques n'est pas une ÉTUDE DE SITUATION/DE CAS

Là encore les confusions entre ces deux dispositifs sont importantes et fréquentes[20]. Les Analyses de Pratiques visent effectivement à permettre du questionnement autour de certaines situations de terrain. Pour autant, elles ne doivent pas dévier au point de considérer que leur objectif premier devient celui d'étudier les paramètres autour d'une situation.

**Descriptif synthétique de l'ÉTUDE DE SITUATION /DE CAS :**
Les demandes d'études de situation sont animées du désir de vouloir comprendre le pourquoi d'une situation (étude de situation) ou de l'agissement d'un individu (étude de cas). Suivant le contexte professionnel, l'objet d'étude peut être un événement, un phénomène ou le comportement d'un usager. L'idée est de mieux comprendre la situation en question afin de cerner les variables entrant en jeu. De fait les participants sont en recherche d'apports théoriques, de modèles de conceptualisation et d'explications.

---
**À RETENIR**

**Une ÉTUDE DE SITUATION vise à détailler et analyser les variables en jeu dans une situation donnée afin de mieux la comprendre.**

---

Mots-clés ÉTUDE DE SITUATION / DE CAS :
Le pourquoi du comment (pourquoi une situation, pourquoi un comportement)

Mécanisme clé sous-tendant une ÉTUDE DE SITUATION :
Le manque de compréhension et d'analyse de la situation entrave le travail réalisé et à réaliser.

**Concrètement, comment se met en place une ÉTUDE DE SITUATION/DE CAS :**
Les temps d'études de situation sont principalement animés dans les services par le cadre direct de l'équipe y étant confrontée (le chef de service dans le secteur médico-social par exemple) ou par un psychologue généralement interne au service. L'ensemble de l'équipe y assiste, ou du moins certains référents (éducatifs, sociaux, de l'enseignement...). Dans les services ayant une composante médicale ou psychiatrique, ces temps sont généralement animés par le médecin, médecin psychiatre, médecin coordinateur, cadre infirmier : on parle préférentiellement d'études de cas (« cas » désignant le patient). Dans le secteur hospitalier, l'étude de cas sera orientée sur l'anamnèse médicale : histoire de la maladie et parcours thérapeutique. Un ordre du jour définit généralement la situation ou « le cas » sur lequel l'équipe va travailler afin que cette dernière puisse anticiper la séquence de travail et la préparer (synthèse d'informations et de points de

---
[20] Notamment dans le secteur de la petite enfance

69

réflexion). **L'objectif associé à ces temps d'étude est de prendre des décisions relatives à la situation et de s'entendre sur un positionnement professionnel cohérent.** C'est la raison pour laquelle il est pertinent que les cadres d'un service mènent ces temps spécifiques, eux-mêmes, car ils détiennent l'autorité hiérarchique permettant de modifier une conduite à tenir au sein de l'organisation avec d'éventuelles réattributions de tâches.

### Ce qui signe un besoin d'ÉTUDE DE SITUATION /DE CAS :

→ indicateurs objectifs : situations se répétant à l'identique, demande de redéfinition de la stratégie de service, demande de précision des conduites à tenir pour chacun, besoin exprimé de comprendre intellectuellement la situation ;

→ indicateurs subjectifs : expression d'incompréhensions, voire de sidérations face à certaines situations.

### Marqueurs de cadre nécessaires à une ÉTUDE DE SITUATION / DE CAS :

Dans ces espaces d'études de situations (ou de cas), notamment dans les métiers relationnels, il est fréquent d'entendre parler de dossier éducatif, médical ou social, avec anamnèse, histoire de vie, situation familiale, génogramme, composantes psychologiques et affectives, trouble... Dans le monde de l'entreprise, on entendra plutôt parler de paramètres, variables, mesures de l'intensité, conséquences pour l'entreprise...Tant que vouloir comprendre la situation dans le pourquoi de son avènement est la préoccupation centrale, alors le cadre est celui de l'étude de situation.

### Celui qui anime les ÉTUDES DE SITUATION / DE CAS est attendu dans :

→ sa qualité d'expert technique et de sachant par son expérience et/ou ses formations (si l'étude de situation est menée en externe ou en interne) ;

→ son statut de cadre fonctionnel, technique et hiérarchique (si l'étude de situation est menée en interne). Pour rappel, la présence du cadre hiérarchique est souhaitable lors de ces études de situation/ de cas afin de permettre la validation d'orientations stratégiques et techniques de l'équipe ;

→ sa capacité à recueillir les études demandées par l'équipe de terrain.

### Partage d'expériences et conseils pragmatiques en cas de confusion entre AP et ÉTUDE DE SITUATION / DE CAS pour l'institution / les participants :

Se rassembler entre professionnels pour effectuer une étude de situation n'est que peu engageant comparé à l'exercice demandé d'Analyse des Pratiques. Ce point pour attirer votre attention sur l'éventuelle fonction défensive de cette dérive pour les participants. À moins qu'il ne s'agisse là d'un évitement de la part de l'intervenant lui-même, préférant rester en position haute de « sachant » ? Lorsque cette fonction d'étude de situation est tenue habituellement par un dispositif interne au service, il est, à mon sens, d'autant plus dommageable de laisser faire ce glissement de l'Analyse des Pratiques sur un temps d'études de situation car cela revient à une **mise en concurrence institutionnelle de deux espaces alors que ces derniers devraient au contraire venir nourrir l'institution avec synergie.** <u>Soyez vigilant en tant qu'intervenant en Analyse des Pratiques : vous ne devez pas toucher aux composantes fonctionnelles et organisationnelles du</u>

service car vous n'en avez aucunement l'autorité. Il est vrai, en revanche, que lorsqu'une équipe ne dispose d'aucune instance pour effectuer son travail d'étude de situations, déposer ses observations, croiser ses différences de regards, formuler des hypothèses autour des situations qu'elle rencontre, alors la perspective de laisser l'instance d'Analyse des Pratiques « surfer volontairement » ponctuellement sur les objectifs de l'étude de situation tout en poursuivant ses objectifs propres d'Analyse des Pratiques s'envisage tout à fait. Cette gestion de cadre est technique et exigeante pour l'intervenant : cependant, théoriquement, ces deux cadres sont tout à fait compatibles (des études de situation menées en interne et des Analyses de Pratiques menées par un intervenant externe) et offrent une synergie conséquente pour les participants.

Chaque équipe étant différente, je ne peux que vous encourager, en tant qu'intervenant en Analyse des Pratiques à recueillir explicitement les besoins concrets de l'équipe lors de la Rencontre, afin de vous mettre d'accord sur les fonctions principales que poursuivra ce dispositif d'Analyse de la Pratique auprès de ce groupe : quel est l'attrait pour des études de situation ? Ce service a-t-il des temps organisés en interne pour répondre à cette fonction ? Cette demande d'étude de situation est-elle défensive pour ne pas se prêter au jeu des séances d'Analyse des Pratiques ou bien nécessaire car aucune instance ne répond à ce besoin en interne ? Détenir du « savoir » vous permettant d'animer des études de situation pourra certes vous être utile dans la fonction d'intervenant en Analyse des Pratiques, à condition de ne pas vous laisser dériver dans des « études de situation déguisées en Analyse de la Pratique »[21]. Le caractère de participation est plutôt obligatoire de façon à veiller à un partage pour tous des mêmes informations

 **PAUSE RÉFLEXIVE N° 6**

→ Ai-je participé à des séances Analyse de la Pratique qui étaient en fait des ÉTUDES DE SITUATION ? Ces dérives étaient-elles ponctuelles ou régulières ? Quels effets cela a-t-il produit sur le groupe ? et pour moi-même ?

→ Ai-je déjà connu en tant que participant des séances d'ÉTUDES DE SITUATION ? Si oui, étaient-elles nommées comme telles ? Ai-je ressenti que les participants faisaient une sorte d'analyse détaillée d'une situation (d'un cas) avec l'aide d'une expertise de terrain ? Si oui, quels effets cela a-t-il produit sur le groupe ? et pour moi-même ?

→ En tant qu'intervenant en Analyse de la Pratique, me suis-je laissé « embarquer » dans un travail d'ÉTUDE DE SITUATION ? Ces dérives étaient-elles ponctuelles ou régulières ? Quels effets cela a-t-il produit sur le groupe ? et pour moi-même ? Puis-je identifier la raison de mon glissement de cadre ?

→ Puis-je plus facilement faire un lien entre expertise du terrain ou du métier et ÉTUDE DE SITUATION après lecture de cette partie du livre ?

---

[21] Nous le verrons plus en détail dans le point 5.5.4

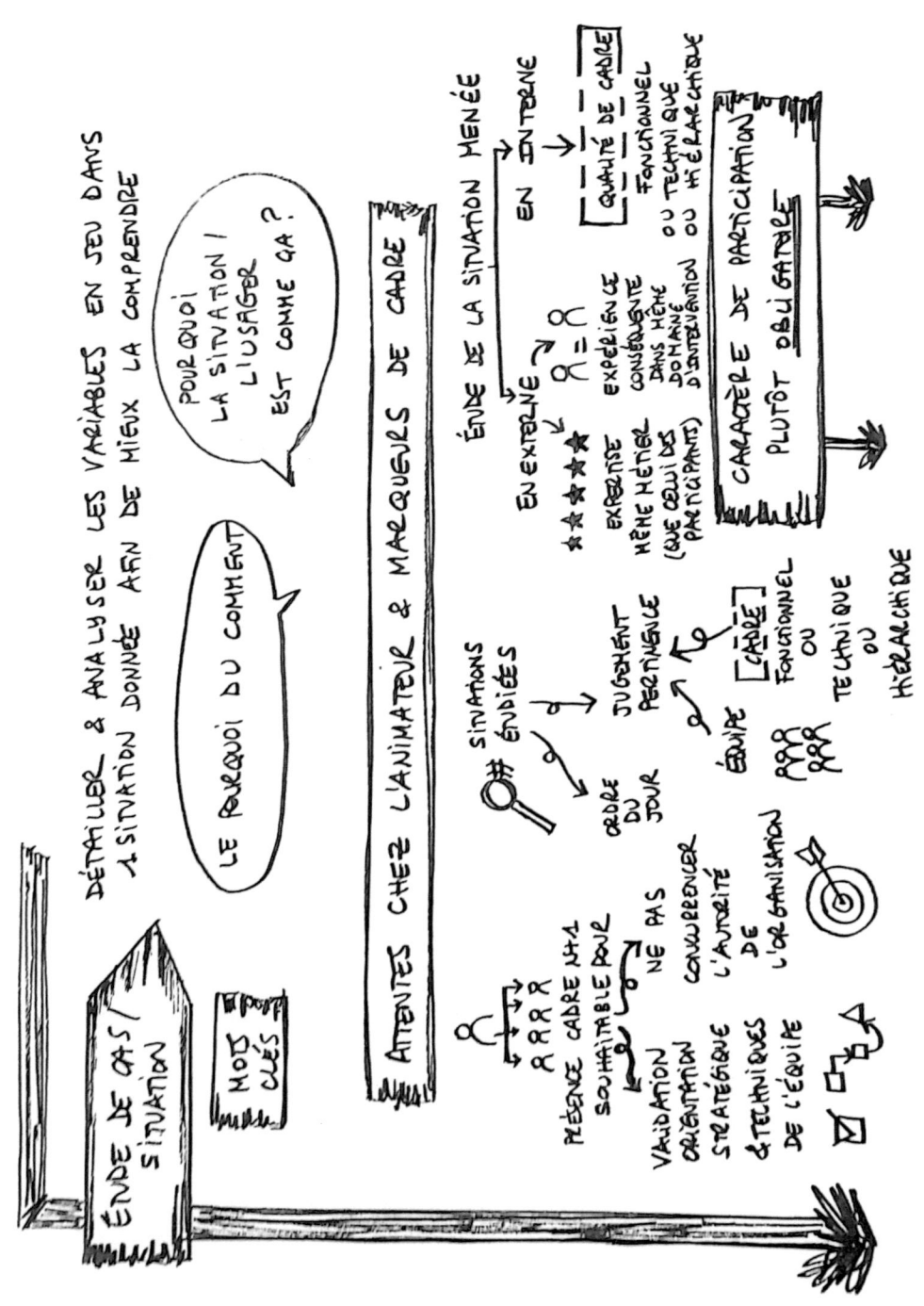

*Figure 6 : synthèse ÉTUDE DE SITUATION / DE CAS*

### 3.1.5. L'Analyse des Pratiques n'est pas un AUDIT

Les confusions entre ces deux dispositifs peuvent être importantes, surtout indirectement. Voyons pourquoi.

En effet, fréquentes sont les Analyses de Pratiques qui deviennent des dispositifs de plaintes des participants concernant l'organisation, la structuration et le fonctionnement de leur institution. Preuve en est pour moi du nombre d'intervenants en Analyse de la Pratique que je supervise et qui me contactent précisément pour cette problématique.

Je rajoute à cela les témoignages nombreux de participants ayant connu des séances d'Analyse de la Pratique plus proches des règlements de compte envers l'employeur que de séances prenant soin d'assurer une réflexivité de qualité...

Il est important de comprendre que les problématiques professionnelles abordées par les participants dans les séances d'Analyses de Pratiques s'appuient de fait sur l'institution en fonctionnement. Dit de façon plus imagée : tous les actes professionnels se jouent bien évidemment sur une toile de fond institutionnelle. Là réside une source de glissement de cadre considérable car cela nécessite que l'animateur ne laisse pas cette toile de fond passer en premier plan, sous peine de quoi, il se retrouverait vite enlisé dans un espace de critique, voire de plainte (et quelques fois même d'accusations) des participants envers leur direction. **Ce phénomène est classique et extrêmement fréquent chez les intervenants en Analyse des Pratiques.** Bien que les mots n'induisent que peu d'amalgame, la confusion reste, d'après mon expérience, encore assez importante dans les faits entre Analyse des Pratiques et AUDIT.

**Descriptif synthétique d'un AUDIT :**
Les demandes d'AUDIT sont des dispositifs qui émanent d'une direction. La démarche d'un AUDIT vise à s'assurer de la qualité et de la rigueur d'une gestion. L'AUDIT peut être global concernant une organisation et/ou réaliser un focus sur certaines dimensions spécifiques. Il est forcément réalisé par un tiers, c'est-à-dire un professionnel extérieur à l'organisation commanditaire. Les demandes d'AUDIT peuvent également émaner d'une direction qui a le souhait d'initier un changement important au sein de sa structure et qui souhaite un diagnostic pour pouvoir être ensuite conseillée et soutenue dans sa démarche. Vous pouvez également entendre parler de « développement organisationnel » dès qu'il est question d'accompagner le changement au sein d'une organisation.

 **ET L'ANALYSE INSTITUTIONNELLE ?**

Il y a plusieurs années, le terme « Analyse institutionnelle » était fréquemment utilisé, en France, notamment dans les secteurs de l'accompagnement (secteur social, hospitalier et médico-social). Il l'est moins maintenant. L'analyse institutionnelle visait à faire explorer par le système lui-même et pour lui-même ses zones aveugles, accompagnée d'un consultant jouant le rôle de tiers. Il arrivait fréquemment que le consultant soit formé en psychologie des groupes (voire en psychothérapie institutionnelle) et dispose d'un solide bagage en clinique et thérapeutique afin d'accompagner l'institution dans un « prendre soin global d'elle-même et de ses bénéficiaires ». Aujourd'hui on entend parler plutôt d'audit, de développement organisationnel, et d'accompagnement au changement. Ce que ces différentes appellations ont en commun c'est qu'elles poursuivent l'objectif de faire un focus sur les fonctionnements et dysfonctionnements d'une organisation en y associant une perspective d'amélioration. Et en cela, elles se distinguent des Analyses de Pratiques. Nous utiliserons à partir de maintenant le terme générique AUDIT.

---

**À RETENIR**

**Les AUDITS ont pour objectif de s'assurer de la qualité et de la rigueur d'une gestion. Ils évaluent le fonctionnement global et/ou spécifique de certaines dimensions et conseillent des axes d'amélioration et des préconisations.**

---

Mots-clés AUDIT :
Fonctionnements et dysfonctionnements de l'organisation, perspectives d'amélioration

Mécanisme clé sous-tendant un AUDIT :
Les problèmes de structuration, d'organisation et de fonctionnement de l'institution entravent le travail réalisé et à réaliser.

## Concrètement, comment se met en place un AUDIT :

Une direction contacte un consultant pour lui exposer son souhait de mieux comprendre et analyser le fonctionnement spécifique de la structure qu'elle dirige car elle a soit l'intention de mener une restructuration, soit a déjà identifié des zones de tension qu'elle ne souhaite pas voir s'enkyster. La direction a le souhait d'impliquer l'ensemble des protagonistes dans ce projet et elle compte sur le consultant pour être guidée dans la démarche : du diagnostic à l'éventuelle mise en œuvre du changement.

## Ce qui signe un besoin d'AUDIT :

→ indicateurs objectifs : perte globale de productivité et d'efficience dans le travail effectué avec baisse de la qualité du service rendu ;

→ indicateurs subjectifs : les salariés se plaignent régulièrement de dysfonctionnements les ralentissant et/ou les empêchant de « bien faire » leur travail, découragement, démotivation face aux dysfonctionnements perçus, agacement lié aux conséquences professionnelles, discours de vouloir faire changer les processus et l'organisation interne, remise en cause de l'autorité des cadres de la structure...

→ **Marqueurs de cadre nécessaires à une intervention de type AUDIT :**

Le consultant en audit est attendu dans :
→ une neutralité par rapport à l'organisation ;
→ une capacité à avoir une vision globale de l'organisation (y compris en y intégrant le réseau partenarial, les financeurs, les familles...) ;
→ une solide connaissance des systèmes, organisations, dynamiques de groupe ;
→ une connaissance experte dans la communication et ses enjeux ;
→ une capacité à différencier les autorités (hiérarchiques, techniques, fonctionnelles, symboliques) ;
→ la rigueur de détailler les objectifs et moyens utilisés à chacune des séances de travail et à faire restitution de ses observations et analyses ;
→ des compétences d'accompagnement des groupes avec éventuelle formation à l'appui voire une expérience dans l'accompagnement des organisations ;
→ si possible (cela étant une plus-value hautement qualitative) une connaissance des enjeux professionnels et affectifs spécifiquement liées aux missions demandées. **Très clairement, sans une connaissance fine du facteur humain, il est vite illusoire de piloter du changement dans une organisation humaine.** On pourra également attendre de l'intervenant en audit qu'il soit en mesure de préconiser des axes d'amélioration voire de les piloter par la suite aux côtés de la direction pour ainsi garantir la mise en œuvre de changements réels, concrètement observables et mesurables au sein de l'organisation. On parlera alors d'accompagnement au développement organisationnel.

**Partage d'expériences et conseils pragmatiques en cas de confusion entre AP et AUDIT pour l'institution / les participants :**
La direction est souvent très au clair avec cette distinction entre Analyse de la Pratique et tout dispositif visant à évaluer le fonctionnement global de la structure pour apporter des modifications d'organisation. S'il y a des glissements de cadre, ils proviennent bien plus souvent d'un manque de tenue de cadre de l'intervenant en Analyse des Pratiques. <u>Je me permets d'être directe sur ce point-là car il est essentiel : en aucun cas, en Analyse de la Pratique vous ne devez participer à modifier la composante fonctionnelle et organisationnelle du service car vous ne détenez aucune autorité pour le faire.</u>

✓ Cela pourrait mettre à mal les cadres du service et détourner les objectifs premiers du dispositif d'Analyse des Pratiques Professionnelles.

✓ Cela mettrait de fait les participants dans un conflit de loyauté vis à vis de l'autorité qu'ils reconnaissent à leur organisation.

✓ Cela nuirait à votre leadership puisque vous ne tiendriez plus votre rôle ni les objectifs initialement convenus.

Il est capital que vous gardiez le recul nécessaire pour continuer d'être au service du groupe que forment les participants. Si vous vous mettez à réfléchir avec le groupe aux « solutions de réorganisation », c'est que vous avez perdu la distance nécessaire au pilotage du dispositif d'Analyse des Pratiques : recentrez-vous et recentrez le dispositif dès que possible pour éviter de laisser passer trop d'échanges « hors cadre ».

 **PAUSE RÉFLEXIVE N° 7**

→ Ai-je participé à des séances Analyse de la Pratique qui ont dévié en AUDIT ? Ces dérives étaient-elles ponctuelles ou régulières ? Quels effets cela a-t-il produit sur le groupe ? Et pour moi-même ?

→ Ai-je déjà connu en tant que participant des séances d'audit ? Si oui, étaient-elles nommées comme telles ? Ai-je ressenti que les participants faisaient une sorte d'analyse détaillée du fonctionnement de l'organisation ? Si oui, quels effets cela a-t-il produit sur le groupe ? Et pour moi-même ?

→ En tant qu'intervenant en Analyse de la Pratique, me suis-je laissé « embarquer » dans une dynamique de type AUDIT ? Ces dérives étaient-elles ponctuelles ou régulières ? Quels effets cela a-t-il produit sur le groupe ? Et pour moi-même ? Puis-je identifier la raison de mon glissement de cadre ?

→ Puis-je plus facilement faire un lien entre détailler et analyser le fonctionnement d'une organisation, et faire un AUDIT, après lecture de cette partie du livre ?

Nous venons de voir les éléments relatifs à l'AUDIT de façon à pouvoir mieux le différencier du travail d'Analyse de la Pratique.

Vous trouverez à la suite l'illustration permettant la synthèse du dispositif d'AUDIT puis celle faisant la synthèse des objectifs de l'ensemble des dispositifs à risque de glissement MAJEUR.

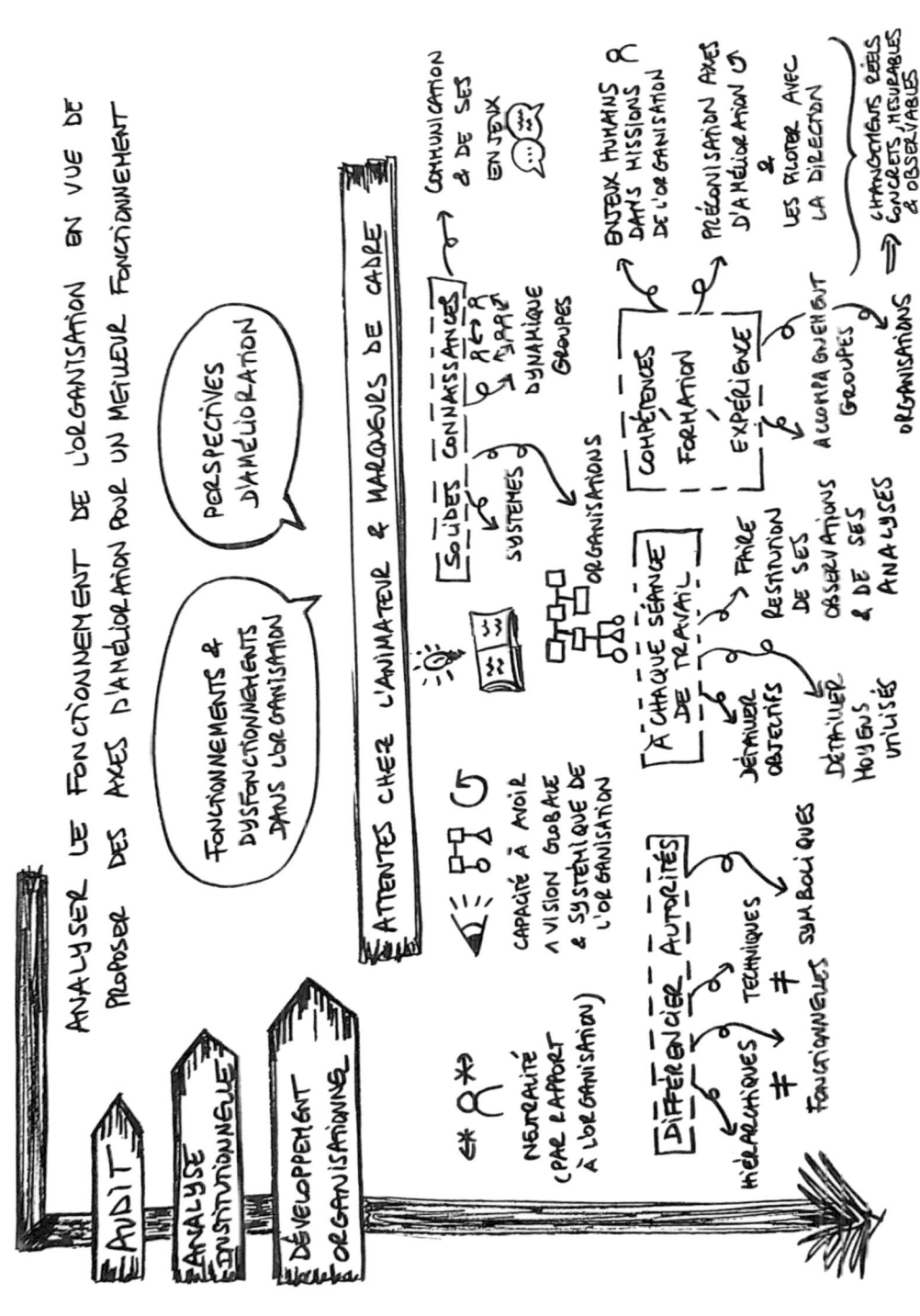

*Figure 7 : synthèse AUDIT / DÉVELOPPEMENT ORGANISATIONNEL / ANALYSE INSTI-TUTIONNELLE*

## 3.2. Différences d'objectifs entre AP/REGULATION/SUPERVISION RELATIONNELLE/SUPERVISION TECHNIQUE/ETUDE DE SITUATION/AUDIT

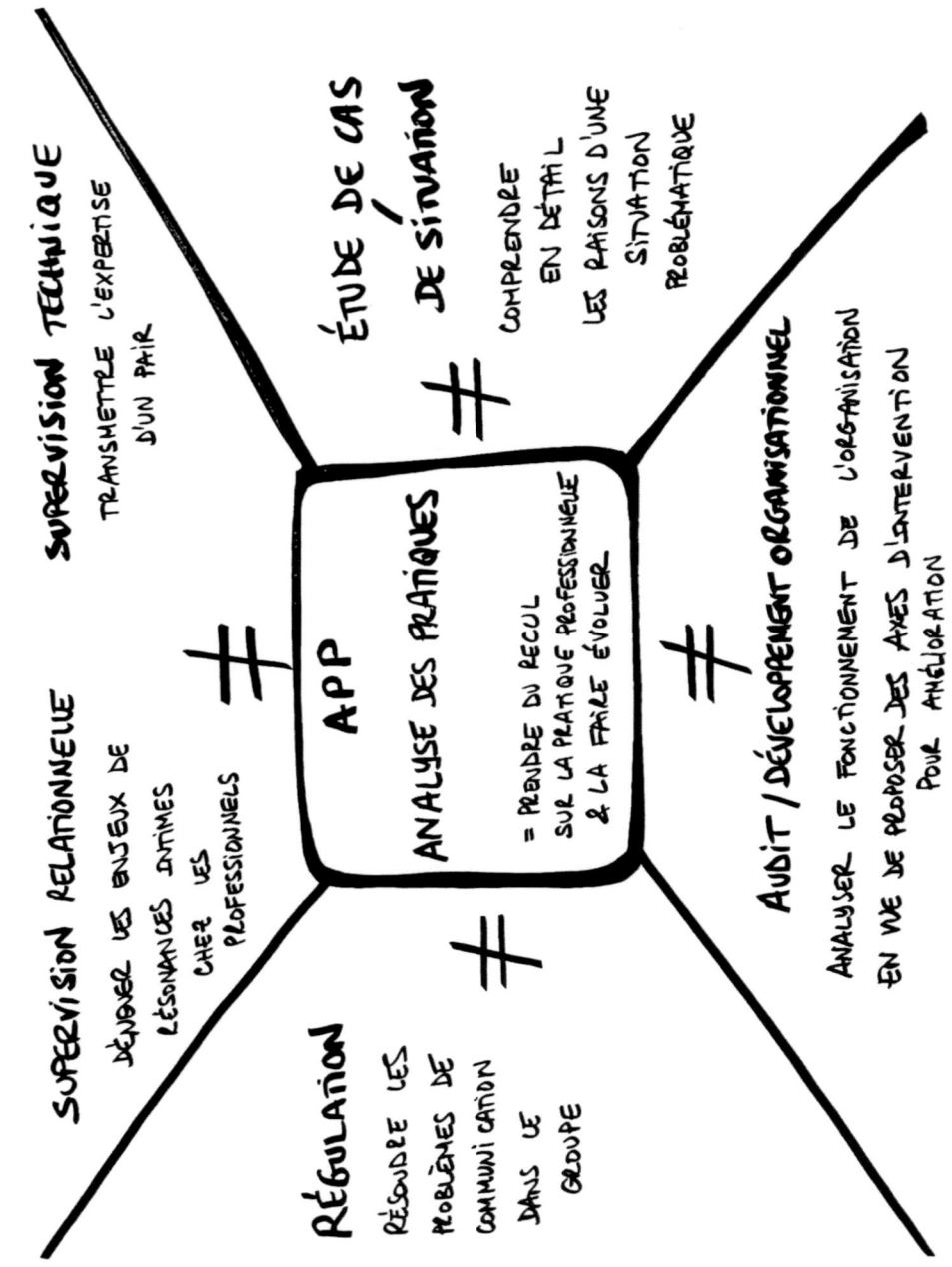

*Figure 8 : synthèse des objectifs entre les dispositifs à risque de GLISSEMENT MAJEUR.*

# TÂCHES D'ENTRAINEMENT N° 2

→ Je prends le temps de comprendre puis d'apprendre par cœur ces courtes définitions afin d'être à l'aise oralement auprès des directions comme des équipes que je serai amené à rencontrer.

→ Je photocopie le tableau vierge présenté en annexe n°6 et je m'entraîne à le compléter.

→ J'emporte avec moi cette synthèse et la garde en support d'animation pour ma séance d'Analyse de la Pratique à venir.

→ Je relis régulièrement l'encadré suivant :

**L'objectif des Analyses de la Pratique est de permettre à un groupe de participants de prendre du recul sur sa pratique professionnelle, de la questionner et de la faire évoluer.**

**Cela est différent de :**

- **la RÉGULATION** où l'objectif est de résoudre les problèmes de communication dans le groupe ;
- **la SUPERVISION RELATIONNELLE** où l'objectif est de dénouer les enjeux de résonances intimes des professionnels ;
- **la SUPERVISION TECHNIQUE** où un pair pourra transmettre son expertise pour aider au développement de compétences ;
- **l'ÉTUDE DE SITUATION** où l'objectif est de comprendre en détail les raisons et le déroulement d'une situation problématique ;
- **l'AUDIT** où l'objectif est d'analyser le fonctionnement de l'organisation en vue de proposer des axes d'amélioration pour un meilleur fonctionnement.

 **PAUSE RÉFLEXIVE N° 8**

→ Est-ce que je peux lire l'encadré précédent en sentant que je comprends clairement les distinctions mentionnées ?

→ En tant que participant à des séances d'Analyse de la Pratique et après relecture de cette partie du livre : quels sont les différents dispositifs auxquels j'ai participé : Analyse des Pratiques, Régulation, Supervision Relationnelle, Supervision Technique, Audit ?

→ En tant qu'Intervenant en Analyse de la Pratique, y a-t-il des glissements dans lesquels je me laisse facilement « embarquer » ? Puis-je identifier les raisons qui expliquent mes glissements ?

→ Qu'est-ce que ces éclaircissements me conduisent à changer concrètement dans ma pratique d'intervenant en Analyse de la Pratique, à partir de maintenant ?

## 3.3. Partage d'expériences et conseils pratiques face aux glissements de cadre dans les séances d'Analyse de Pratiques

Les glissements de cadre dans le travail d'Analyse des Pratiques sont plus que fréquents, ils sont systématiques. Connaissez-vous l'art du lâcher-prise ?

Il serait irrationnel de s'attendre à ce que le cadre posé dans les séances d'AP soit épuré au point de ne pas être éprouvé régulièrement par le groupe des participants. Et ce, même si vous avez pris soin, en tant qu'intervenant en Analyse de la Pratique de travailler la construction et la pose du cadre dans une réelle coopération avec les participants et l'institution. Restez calme et soyez attentif…

Mon expérience m'a appris que :

→ les Analyses de la Pratique reposent sur une dynamique de groupe qui est souvent exigeante et vive (voire violente quelques fois) ;

→ vous êtes en tant qu'Intervenant en Analyse des Pratiques, extérieur au système et pourtant vous venez « à l'intérieur » : ce qui vous expose de fait à de fortes turbulences ;

→ Vous venez rappeler en tant qu'Intervenant en Analyse des Pratiques, les questions qui dérangent, les équilibres précaires, les zones de malaise et de tension dans le travail des participants : ça aussi, ça implique des résistances voire des confrontations.

 **PAUSE EMPATHIQUE N° 1**

Prenez quelques minutes pour installer sincèrement en vous ce constat que soutenir un groupe dans l'analyse de ses propres pratiques est en soi un exercice très exigeant.

Il est donc normal que vous puissiez vivre cette expérience avec des difficultés, des doutes, de la démotivation et même un certain découragement. Il est également normal que la question de la légitimité se pose.

## 3.4. Points de vigilance et conseils

Attention à ne pas vous laisser envahir par votre propre anxiété face à ce défi et à basculer dans des projections du type « tout ou rien ».

→ Non, ce n'est pas forcément vous qui êtes nul.

→ Non, ce ne sont pas forcément les participants qui font de l'antijeu.

Soyez plutôt réaliste : oui, l'exercice de mener des séances d'Analyse de la Pratique est vraiment difficile ; et il est aussi passionnant et incroyablement épanouissant lorsqu'on accède à l'utilisation de certains réflexes pour tenir le cadre. Alors n'oubliez pas de garder le sourire et votre capacité à prendre du recul envers vous-même. Et ayez à l'esprit qu'il est essentiel de ne pas rester isolé avec ses difficultés : venez en formation, inscrivez-vous dans des dispositifs de supervision, rapprochez-vous de collègues et partagez vos pratiques...Vous constaterez rapidement que nombreuses de vos problématiques et difficultés d'intervenant AP sont partagées et que votre expérience vous a déjà permis de capitaliser un certain savoir.

*Allez, on respire et on continue de progresser ensemble.*

## Prêt ?

Si oui, on continue, sinon faites une pause.

Pour apprendre, il est essentiel de rester concentré. Et quelquefois, nous ne sommes plus disponibles pour l'apprentissage. Le dire est preuve de sagesse (*sourire*).

&#9633; Je choisis de continuer la lecture

&#9633; Je choisis de faire une pause pour le moment

## 3.5. Un outil de recadrage : V.É.N.R.R.

Alors comment concrètement recadrer un participant face à un glissement de cadre ? J'ai l'honneur de vous présenter un outil dont je suis sûre que le nom vous marquera. Il est d'ailleurs nommé pour que pour que vous puissiez vous en rappeler.

Être « vénère », ça vous parle[22] ? Chacune de ces étapes est importante et l'ordre de ces dernières est essentiel. Cet outil présenté ici pourra être utilisé pour l'ensemble des glissements de cadre (MAJEURS comme mineurs).

### L'outil **V.É.N.R.R**

1. **V**alider l'importance et le contenu du message abordé par le(s) participant(s) ;

2. Valider l'**É**motion (professionnelle) ressentie ;

3. **N**ommer le glissement de cadre repéré ;

4. **R**ecadrer en repréciant les objectifs de l'Analyse de la Pratique ;

5. **R**elancer les échanges avec une question ouvrant sur la dimension des pratiques (professionnelles).

**<u>Exemple appliqué n°1 à la suite d'un glissement de cadre de l'Analyse des Pratiques vers la Supervision Relationnelle :</u>**

- Participant(e) : « *ça me touche beaucoup trop personnellement cette situation, d'ailleurs je me revois petite face à mon père si sévère.* »
- Intervenant AP : « *J'entends que vous déposez une certaine résonance personnelle concernant la situation professionnelle de Mr Ludo[23]. Cela relèverait plutôt d'un travail de Supervision Relationnelle que de poursuivre. Je vais vous inviter à revenir dans l'exercice d'Analyse des Pratiques Professionnelles et je vous propose de reprendre ce que nous disions précédemment concernant Mr Ludo et la difficulté professionnelle concrète à l'accompagner aux rdvs avec son père. Pouvez-vous nous partager ce qui vous a marqué lors du dernier rdv auquel vous avez assisté justement ?* »

---

[22] « Énervé » en verlan
[23] Les noms des usagers ont été modifiés pour des raisons de confidentialité.

82

**Exemple appliqué n°2 à la suite d'un glissement de cadre de l'Analyse des Pratiques vers l'Étude de Situation :**

- Participant(e) : *« moi je n'arrive pas à garder mon autorité avec le petit Guillaume, il faut dire qu'avec la mère qu'il a, sachant qu'en plus elle attend un deuxième enfant... »*

- Intervenant AP : *« J'entends que vous vous questionnez beaucoup sur le contexte de vie du petit Guillaume et très certainement qu'il y aurait des éléments intéressants à creuser. Pour autant, je vais vous demander de revenir dans l'espace d'Analyse de la Pratique Professionnelle car l'objectif aujourd'hui est de prendre davantage de recul et de nous questionner sur la problématique professionnelle de tenir sa position d'autorité face à Guillaume. Puis-je d'ailleurs vous demander si vous avez déjà rencontré cette problématique de difficulté d'autorité avec d'autres enfants que Guillaume ? »*

Cette technique de recadrage peut être utilisée systématiquement, dès que vous repérez un glissement de cadre important dans le discours d'un des participants. Avec le temps, vous constaterez que le groupe intériorise de plus en plus les contours de cadre que vous lui aurez posé et il sera bientôt à vos côtés pour le tenir.

Ne craignez pas d'être rabat-joie en rappelant le cadre, surtout dans les premières séances : au contraire, en restant centré sur cette mission d'assurer le cadre opportun pour effectuer le travail d'Analyse des Pratiques, vous témoignerez de votre fiabilité, de votre stabilité. Ensuite, vous verrez que vous pourrez être bien plus détendu car vous pourrez également compter sur le groupe pour participer à la veille du cadre. Souvent, par crainte d'affaiblir la qualité du lien avec le groupe, les intervenants en Analyse de la Pratique se montrent « plus cool » au démarrage. Je vous assure que c'est l'inverse qui donnera les meilleurs résultats : concentré au début, et cool ensuite *(sourire)*.

 **PAUSE RÉFLEXIVE N° 9**

→ Puis-je prendre le temps de bien comprendre le déroulement de cette technique de recadrage et saisir quelle est la fonction de chacune des étapes ?

→ Puis-je apprendre par cœur les 5 étapes afin d'être à l'aise oralement et l'utiliser lors de mon prochain groupe d'Analyse de la Pratique par exemple ?

→ Puis-je me représenter facilement le déroulement de cette technique de recadrage pour tous les glissements de cadre possibles ?

→ Puis-je faire facilement le lien entre recadrer rapidement et éviter au travail d'Analyse de la Pratique d'être dévié ?

→ Puis-je comprendre que l'outil VÉNRR me fournit une trame et que l'important est de m'approprier cet outil jusqu'à ce que je me sente à l'aise avec mes propres tournures ?

# TÂCHES D'ENTRAINEMENT N° 3

→ Je m'entraîne à retrouver de mémoire les 5 étapes de la technique de recadrage. En utilisant l'acronyme, cela peut m'aider et me permettre de rester souriant durant cet exercice délicat. (*sourire*)

→ Je m'entraîne oralement, en imaginant des glissements de cadre que certains participants pourraient aborder.

→ J'invente des nouvelles phrases correspondantes à chacune des étapes de l'outil.

→ Je relis régulièrement l'encadré suivant :

> ### Je recadre « sans être » V.É.N.R.R.
>
> 1. je **V**alide le message (importance, contenu)
> 2. + **É**motion
> 3. je **N**omme le glissement
> 4. je **R**ecadre
> 5. je **R**elance

**Les Analyses de Pratiques, nous l'avons vu, ont un risque de glissement MAJEUR avec la RÉGULATION, la SUPERVISION RELATIONNELLE, la SUPERVISION TECHNIQUE, L'ÉTUDE DE SITUATION et l'AUDIT.**

**Aussi, elles peuvent entretenir d'autres zones de confusion avec d'autres types de dispositifs à glissement mineur. Ces 6 autres dispositifs restent pertinents à connaître afin de border avec davantage de précision les contours des interventions de type Analyse de la Pratique. Nous allons les voir chacun en détail dans la partie suivante (3.6).**

## 3.6. Les autres dispositifs à risque de glissement mineur[24]

Les confusions étant à moindre risque, ces dispositifs seront présentés de façon plus synthétique que ceux à risque de GLISSEMENT MAJEUR. Ils seront présentés et illustrés un à un avant d'être synthétisés dans leurs objectifs par la figure 15.

### 3.6.1. L'Analyse des Pratiques n'est pas une réunion thématique

---

**À RETENIR**

**Les réunions thématiques ont pour objectif d'actualiser et de faire évoluer les connaissances sur un thème précis de terrain, en partageant des données objectives et en amenant à faire coexister les différences représentations et connaissances au sein d'une même équipe.**

---

Mots-clés réunion thématique :
Actualisation de connaissances, partage de données objectives, connaissances et représentations

Voici des exemples de thématiques pour les réunions thématiques ou cliniques :

→ dans le secteur de l'accompagnement de la personne : les addictions, le traumatisme, le trouble dépressif, les conduites à risque à l'adolescence, le développement psychomoteur chez les 0-3 ans, les besoins affectifs et sexuels des personnes en situation en handicap... ;

→ dans le secteur de l'entreprise : le choix des priorités, l'accueil des nouveaux clients, la visite du site, l'actualisation des supports de diffusion...

→ ...

---

[24] Les 6 dispositifs à risque de glissement mineur seront écrits avec des minuscules pour faciliter leur mémorisation distinctement des dispositifs à risque de glissement MAJEUR.

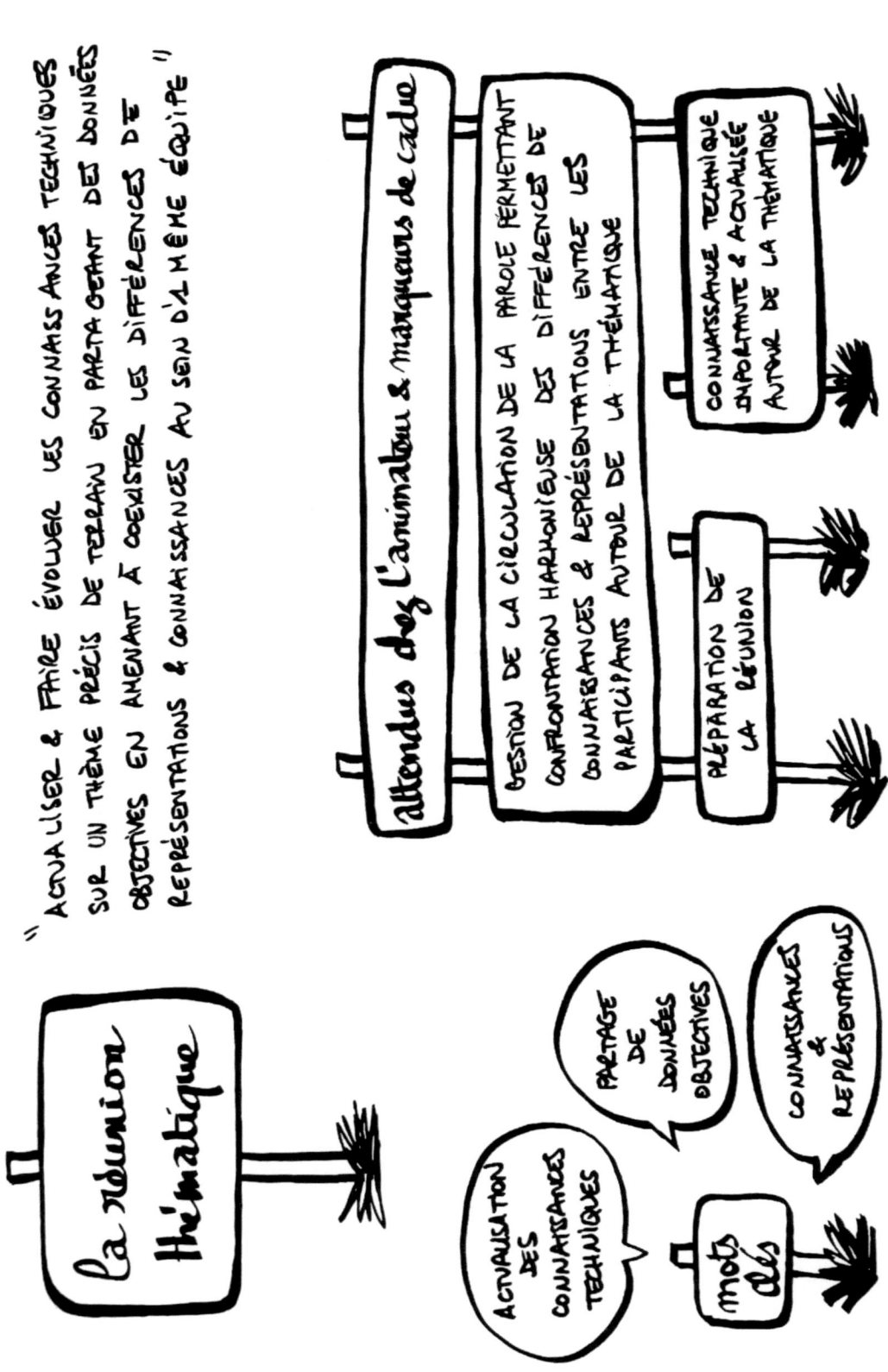

*Figure 9 : synthèse réunion thématique*

### 3.6.2. L'Analyse des Pratiques n'est pas une réunion clinique

Il est à noter que dans les services de soin, la présence d'un psychologue clinicien ou d'un médecin psychiatre ajoute aux réunions thématiques une dimension clinique : on parle alors de réunion clinique. L'intérêt des réunions cliniques est de venir ajouter aux données cliniques (médicales comme psychologiques) l'explicitation des résonances personnelles relatives à la thématique étudiée.

On y entendra parler de symptomatologie, épidémiologie, thérapeutiques cliniques et modèles psychopathologiques, permettant de modéliser les thématiques interrogées. Et seront également abordées les réactions psychologiques, affectives, émotionnelles pouvant découler d'être au contact de la thématique en question. Les réunions cliniques ont pour objectif d'actualiser et de faire évoluer les connaissances sur un thème de terrain précis en partageant des données objectives communes et en faisant se confronter les différences de perceptions/représentations/connaissances au sein d'une même équipe tout en prenant appui sur les enjeux de résonances personnelles des professionnels confrontés à cette thématique.

---

**À RETENIR**

**Les réunions cliniques ont pour objectif d'actualiser et de faire évoluer les connaissances cliniques sur un thème de terrain précis, en mettant en lumière les enjeux relationnels et psychologiques associés à ce thème.**

---

Mots-clés réunion clinique :
Actualisation de connaissances cliniques, expression enjeux relationnels et psychologiques

---

**Concrètement, comment se déroulent ces réunions thématiques et cliniques ?**
Les réunions thématiques (ou cliniques) sont programmées et préparées dans un service par le cadre intermédiaire (ou par un psychologue, ou par un médecin psychiatre s'il s'agit d'une réunion clinique). Le rythme proposé pour les réunions thématiques est généralement celui d'une fois tous les 2 à 3 mois. C'est un rythme moins soutenu que celui des réunions de service : cela s'expliquant par le fait que le besoin d'augmenter les connaissances théoriques est perçu comme appartenant à une temporalité plus éloignée du terrain et donc moins nécessaire pour le bon fonctionnement du service.
Ces instances plus intellectuelles régies par des hypothèses, peuvent conduire le service à y accoler une participation volontaire des professionnels, même si ces dernières restent comptabilisées sur le temps de travail. L'ensemble des professionnels peut y être

convié. Il arrive effectivement que certains professionnels comme les veilleurs de nuit, les cuisiniers, l'homme d'entretien, la maîtresse de maison, les secrétaires (...) soient invités dans ces dispositifs alors qu'ils ne le sont pas dans les réunions de service par exemple. Nous revenons là sur l'importance de questionner l'équipe, dès la Rencontre, sur les différents espaces de travail qu'elle côtoie et quels sont les fonctions et objectifs perçus pour l'ensemble de ces espaces.

### Quand il est question de réunions thématiques ou cliniques, vous entendrez parler de :

Topo, connaissances objectives, synthèse, savoirs techniques, épidémiologie, statistiques, études.

### S'il s'agit de réunion clinique, alors s'ajouteront les termes :

Connaissances cliniques, données médicales, psychologiques et psychopathologiques, enjeux affectifs et relationnels, réactions de soignant...

### Marqueurs de cadre d'une réunion thématique ou clinique :

L'intervenant menant la réunion thématique (ou clinique) est attendu dans :

→ une connaissance technique (et clinique) importante et actualisée de la thématique choisie ;

→ un travail en amont de préparation effectué (recherche de définitions, apport de données objectives telles qu'épidémiologie, pourcentage de réussite thérapeutique, topo des différentes approches sur le sujet, récentes études et statistiques...) ;

→ une gestion active de la circulation de la parole afin de maximiser les échanges, chercher les points de convergence et de divergence au sein des participants autour de la thématique en question. Ainsi l'intervenant conduira les individus à rectifier les différences de connaissances et représentations (et ressentis, perceptions) pour en extraire une richesse de groupe ;

→ si réunion clinique : une formation en psychologie clinique ou médecine y compris psychiatrique.

### Partage d'expérience et conseils pour ne pas être un intervenant AP qui dévie de son cadre et finit par animer une réunion thématique ou clinique :

Les thématiques professionnelles sont souvent exprimées lors des séances d'Analyse de la Pratique, notamment au démarrage de séance. Plutôt que de les rejeter, cela peut être pertinent de les utiliser en accompagnant les participants à les transformer en problématique professionnelle opératoire[25]. En effet, d'après mon expérience, rien n'est plus ennuyeux pour les équipes qu'un intervenant en Analyse des Pratiques restant au niveau conceptuel et théorique de thématiques abordées. C'est à l'intervenant en Analyse des Pratiques de bien rester en cohérence avec son dispositif. **Il est donc judicieux d'utiliser les thématiques professionnelles comme des portes d'entrée sur la Pratique.** Un des outils les plus efficients que je puisse vous conseiller, si les

---

[25] cf. 5.3 - Points d'appui APEOS® n°3 : formuler une problématique individuelle et opératoire

participants amènent essentiellement des thématiques professionnelles, est de leur poser à chacun, individuellement, ces 2 questions :

- Comment cette thématique vous traverse, vous, par votre fonction, dans vos actions professionnelles du quotidien ?
- À quels moments professionnels êtes-vous le plus confronté à cette thématique ?

**En effet, si en tant qu'animateur de séances d'Analyse de la Pratique, vous permettez à chacun des professionnels présents d'entendre comment chacun est traversé par la thématique citée, alors vous permettrez une importante prise de recul sur la pratique professionnelle tout en assurant une forte mutualisation au sein du groupe.**

**Il sera alors d'autant plus facile de relancer les échanges autour de problématiques plutôt que de thématiques.**

# PAUSE RÉFLEXIVE N° 10

→ Ai-je participé à des séances d'Analyse de la Pratique qui ont dérivé en réunions thématiques ou cliniques ? Ces dérives étaient-elles ponctuelles ou régulières ? Quels effets cela a-t-il produit sur le groupe ? Et pour moi-même ?

→ Ai-je déjà connu en tant que participant des réunions thématiques ou cliniques ? Si oui, étaient-elles nommées comme telles ? Ai-je ressenti, lors de réunions thématiques, que les participants faisaient une sorte de synthèse pour actualiser les données sur un sujet précis ? Ai-je observé, lors de réunions cliniques, que les enjeux de résonances personnelles des professionnels associés à cette thématique étaient abordés ? Si oui, quels effets cela a-t-il produit sur le groupe ? Et pour moi-même ?

→ En tant qu'intervenant en Analyse de la Pratique, me suis-je laissé « embarquer » dans une dynamique de type réunion thématique ou clinique ? Ces dérives étaient-elles ponctuelles ou régulières ? Quels effets cela a-t-il produit sur le groupe ? Et pour moi-même ? Puis-je identifier la raison de mon glissement de cadre ?

→ Puis-je plus facilement faire un lien entre partager des données, amener des éléments issus des dynamiques relationnelles avec un thème de terrain, et réunion thématique ou clinique après lecture de cette partie du livre ?

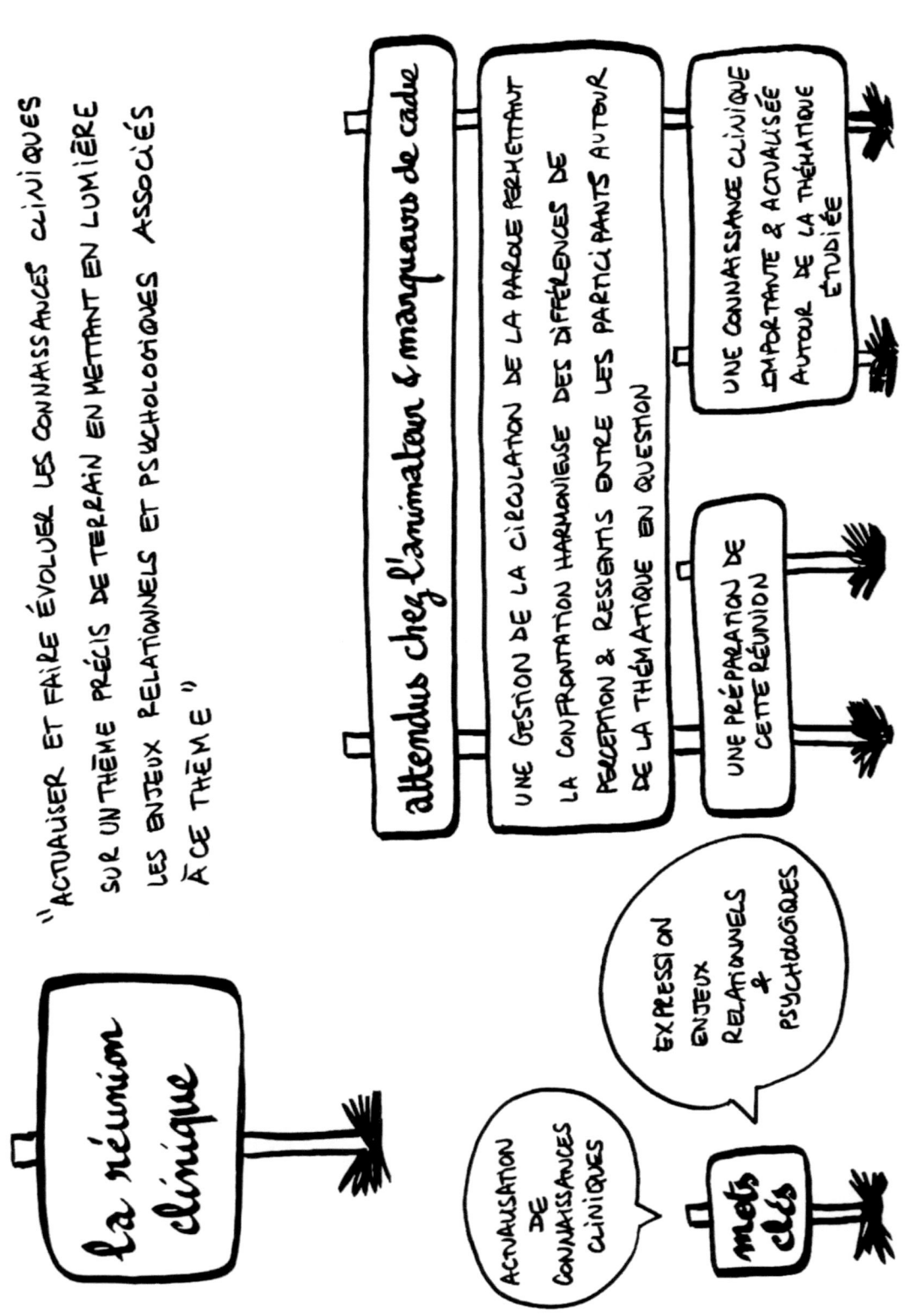

*Figure 10 : synthèse réunion clinique*

### 3.6.3.  L'Analyse des Pratiques n'est pas une réunion de service

Normalement la différence entre réunion de service et Analyse des Pratiques est flagrante. Il arrive, pourtant, que des équipes témoignent de confusions rencontrées chez des Intervenants en Analyse des Pratiques.

Deux points importants avant de proposer la définition de ces instances spécifiques :

- la présence des cadres (de service) animant la réunion de service légitime l'autorité relative aux composantes organisationnelles et décisionnelles de l'organisation ;
- sur le plan de la dynamique des groupes, les réunions de service permettent de tonifier et de renforcer la fonction instituante de l'établissement.

---

**À RETENIR**

**Les réunions de service ont pour objectif d'organiser le service et de décider de l'affectation des moyens pour viser une stratégie de service cohérente et efficiente.**

---

Mots-clés réunion de service :
Décision, organisation des moyens, fonctionnement, stratégie de service

**Concrètement, comment se déroulent ces réunions de service ?**
Les réunions de service sont organisées régulièrement et de façon stable (même créneau, fréquence rapprochée : hebdomadaire ou mensuelle). Elles réunissent les membres de l'équipe de proximité, cadres et non cadres, y incluant même quelques fois certains postes plus périphériques (homme d'entretien, maîtresse de maison, secrétaires...). Dans les réunions de services, est souvent établi un ordre du jour, décidé en amont par les cadres (notamment ceux qui mènent la réunion) et la possibilité pour les membres de l'équipe d'y faire ajouter des sujets au besoin. Ce sont dans ces réunions où l'esprit d'équipe est nourri, puisque les informations y sont centralisées, partagées, débattues et validées collectivement par l'autorité hiérarchique présente. Tout ceci participe à déployer en chacun le sentiment d'appartenance à un service et le respect de la fonction institutionnelle.

**Quand il est question de réunions de service, vous entendrez parler de :**
Questionnements de la part des professionnels émettant le souhait de réfléchir et de s'accorder sur une stratégie de service, besoin ressenti d'une position commune, demande de clarification et souhait d'une meilleure articulation entre les fonctions de chacun, recherche d'une meilleure efficience collective.

## Marqueurs de cadre d'une réunion de service :
Celui qui mène les réunions de service est attendu dans :

→ un rôle d'organisateur et de facilitateur des missions du service. Il doit pour cela maîtriser les objectifs du service, avoir une formation ou une expérience légitimant le pilotage organisationnel du service ainsi qu'une connaissance des différentes fonctions composant l'équipe ;

→ un rôle d'animateur afin de favoriser la participation de l'ensemble des professionnels présents ;

→ une capacité à harmoniser les pratiques professionnelles et à rendre lisible la stratégie de service choisie pour témoigner de son autorité.

## Partage d'expérience et conseils pour ne pas être un intervenant AP qui dévie de son cadre et finit par animer une réunion de service :
Il peut arriver que des équipes perçoivent une mauvaise gestion des réunions de service par leurs cadres, y décrivant désintérêt et ennui, avec des informations uniquement descendantes leur donnant l'impression d'être attendues dans un rôle d'exécutant silencieux. Ce phénomène nécessite une haute vigilance de la part de l'intervenant en Analyse des Pratiques afin de ne pas se laisser aspirer par les besoins de l'équipe, certes légitimes, en termes de fonctionnement. <u>Car en aucun cas, en Analyse de la Pratique, vous ne devez vous retrouver à valider une modification objective des façons de travailler des participants au sein de la structure.</u> Je le répète : **vous ne devez pas toucher à la composante organisationnelle ou décisionnelle de l'établissement.** Cela serait vécu comme très insécurisant finalement pour l'équipe elle-même, comme par la direction (qui pourrait tout à fait l'apprendre). **Même si vous avez l'impression d'aider une équipe en l'accompagnant à réorienter certains de ses process, je vous conseille plutôt de l'encourager à déposer ses interrogations et idées dans les espaces dédiés** tels que les réunions d'équipe et de rester centré sur vos objectifs d'Intervenant en Analyse de la Pratique.

Il peut arriver que ce constat partagé de « réunions de services dysfonctionnelles » au sein du groupe de participants les empêche littéralement d'être disponibles à l'exercice de l'Analyse des Pratiques. Dans ce cas, il faudra redoubler de patience et d'énergie pour accompagner le groupe à se recentrer sur les objectifs du dispositif d'Analyse de la Pratique, quitte à proposer des médiations (photolangage, exercices de coopération...) pour « amorcer le dispositif ». Parfois, il vous semblera préférable de suspendre les séances en Analyse de la Pratique quelques mois, le temps de laisser le service se retrouver autour de nouvelles modalités de fonctionnement. Il vous faudra alors très certainement faire remonter votre constat d'indisponibilité <u>du</u> groupe en vous montrant particulièrement précautionneux avec les formulations que vous utiliserez auprès de la direction. Voici à titre d'exemple, un feedback que j'ai pu faire à une direction :

*« J'observe en tant qu'intervenant en Analyse des Pratiques que le groupe ne semble pas suffisamment disponible pour se mettre en recul sur ses propres pratiques. Il semble que le cadre de fonctionnement ne soit pas suffisamment perçu avec clarté et cohérence par la majorité des participants. Il me semble préférable de vous conseiller de d'abord travailler en interne, éventuellement, certains points d'organisation afin que dans un second temps je puisse reprendre l'animation des séances d'Analyse de la Pratique ».*

Croyez-moi, ça fait son effet... et dans l'ensemble du système !

 **PAUSE RÉFLEXIVE N° 11**

→ Ai-je participé à des séances Analyse de la Pratique qui ont dévié en réunion de service ? Ces dérives étaient-elles ponctuelles ou régulières ? Quels effets cela a-t-il produit sur le groupe ? Et pour moi-même ?

→ Ai-je déjà connu en tant que participant des réunions de service ? Si oui, étaient-elles nommées comme telles ? Ai-je ressenti que les participants faisaient une réunion pour se transmettre des informations et s'organiser au mieux dans leurs missions ? Si oui, quels effets cela a-t-il produit sur le groupe ? Et pour moi-même ?

→ En tant qu'intervenant en Analyse de la Pratique, me suis-je laissé « embarquer » dans une dynamique de type réunion de service ? Ces dérives étaient-elles ponctuelles ou régulières ? Quels effets cela a-t-il produit sur le groupe ? Et pour moi-même ? Puis-je identifier la raison de mon glissement de cadre ?

→ Puis-je plus facilement faire un lien entre partager des données fonctionnelles, proposer une réorganisation, questionner la stratégie de service et réunion de service après lecture de cette partie du livre ?

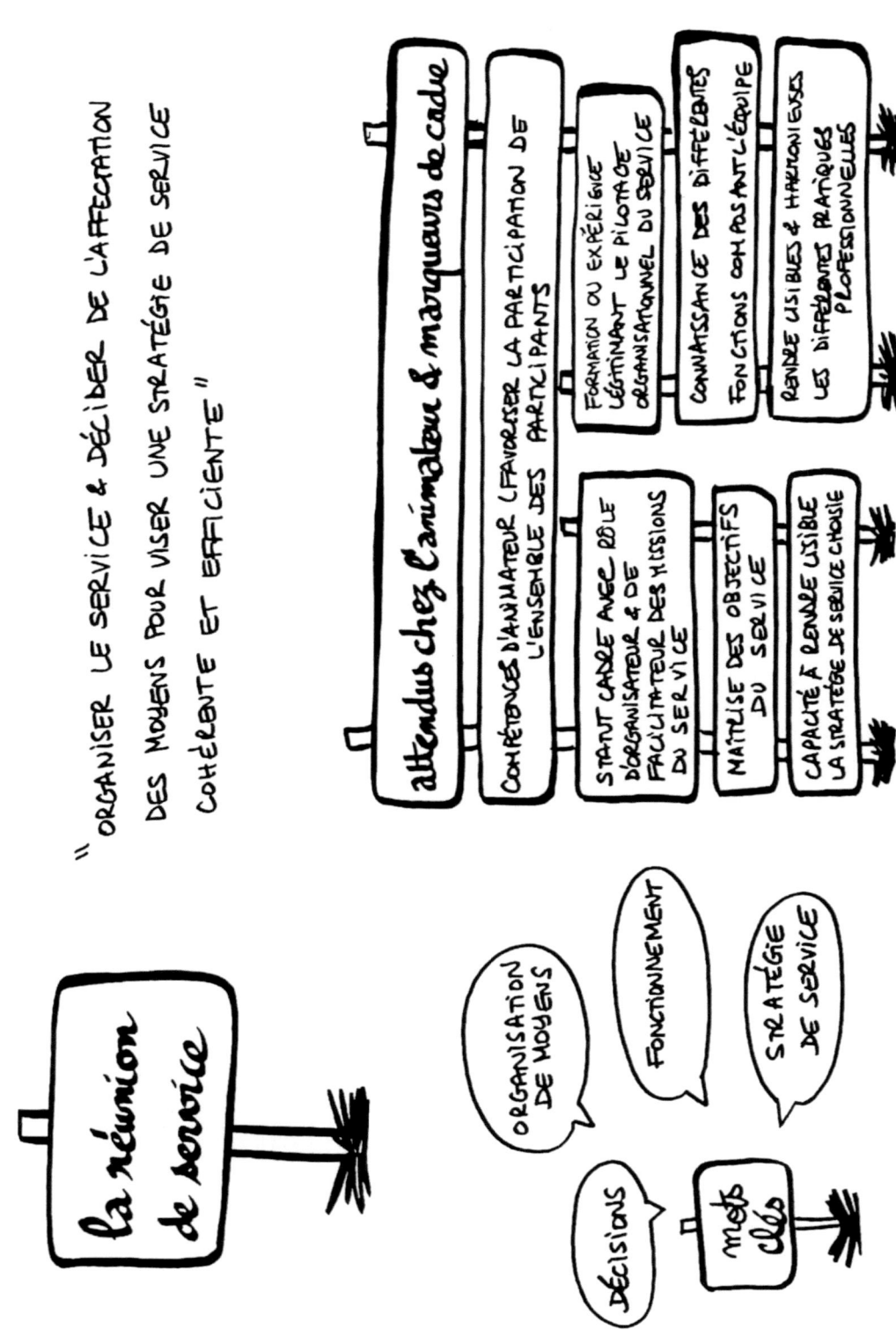

*Figure 11 : synthèse réunion de service*

### 3.6.4. L'Analyse des Pratiques n'est pas une réunion syndicale

On pourrait penser qu'il s'agit là d'un trait d'humour car bien évidemment, les Analyses de Pratiques ne sont pas des réunions syndicales. Pourtant, il semble que certains intervenants en Analyse des Pratiques se laissent déborder par ce type de glissement. Vu le risque que cette confusion représente pour le dispositif, ainsi que pour la direction, il me paraît important de revenir sur quelques points fondamentaux. Aussi, ne pas citer cette potentielle confusion serait dommageable pédagogiquement car en tant qu'Intervenant en Analyse des Pratiques, il est important que vous ayez connaissance d'un maximum de zones de glissements possibles.

> **À RETENIR**
>
> **Les réunions syndicales ont pour objectif de veiller / lutter pour le maintien de bonnes conditions de travail pour les salariés.**

Mots-clés réunion syndicale :
Défense des droits, lutte, conditions de travail

**Concrètement, comment se déroulent ces réunions ?**
Les syndicats sont un contre-pouvoir envers l'employeur afin d'éviter certains abus de la part de ce dernier. Les syndicats veillent donc au bon équilibre dans le rapport de force réciproque entre employeur et employés. Les réunions syndicales servent à organiser une stratégie commune pour conserver et actionner ce contre-pouvoir et visent toutes au maintien voire à l'amélioration des conditions de travail.

**Quand il est question de réunions syndicales, vous entendrez parler de :**
Plaintes, abus, lutte, souffrances au travail, procès, organisation collective, rapport de force, négociations.

**Marqueurs de cadre d'une réunion syndicale :**
Sont attendus chez le professionnel menant les réunions syndicales :
→ d'être un délégué (élu) ou un représentant syndical (dans le syndicat de son choix) ;
→ d'avoir de solides connaissances relatives au code du travail ;
→ de disposer de compétences diplomatiques ;
→ de pouvoir s'appuyer sur une affirmation de soi de qualité.

**Partage d'expérience et conseils pour ne pas être un intervenant AP qui dévie son cadre et finit par animer une réunion syndicale :**
**Cette composante de réunion syndicale n'a aucunement sa place dans les séances d'Analyse de Pratiques, ni même un peu.** Si en tant qu'intervenant en Analyse de la Pratique vous vous retrouvez à encourager des mouvements de rassemblement et de lutte contre la direction, même implicitement, c'est que vous avez perdu le

recul nécessaire au pilotage de l'outil d'Analyse des Pratiques Professionnelles. Oui, il arrive, que dans un contexte institutionnel dégradé, les professionnels aient besoin de se sentir entendus dans leurs difficultés, leur pénibilité et (osons le dire) leurs souffrances ; pour autant les séances d'Analyse de Pratiques ne doivent aucunement devenir des instances pour organiser une rébellion. Si tel est le cas, vous devez clarifier vos motivations, et très certainement travailler la consolidation de vos techniques de recadrage, ainsi que l'amélioration de la validation émotionnelle de vos retours (car elle a probablement dû manquer jusqu'à présent). Il semble également que vous ayez à renforcer votre style directif.

Si en parallèle, ces plaintes vous paraissent justifiées, alors peut-être est-il temps pour vous d'assumer une position de tiers auprès de la direction en lui faisant certains retours pouvant l'aider à cerner des points prioritaires à travailler en interne. Attention là encore aux formulations utilisées afin que le groupe de participants et aussi les cadres à qui vous ferez ce retour, soient bien en mesure de comprendre votre prise de position.

Autre point, il pourra arriver que certains professionnels présents dans le groupe d'Analyse des Pratiques soient délégués et représentants syndicaux : redoublez d'autant plus de vigilance afin d'éviter que les syndicats « utilisent » la libre expression permise dans les séances d'Analyse de Pratiques à des fins syndicales. Le mieux serait de questionner l'ensemble de l'équipe, lors de la présentation des différents participants (au moment de la Rencontre par exemple) sur les fonctions supplémentaires possibles autour de la table et de bien expliciter que la confidentialité autour des séances d'Analyse de la Pratique protège l'utilisation, quelle qu'elle soit, des propos tenus ici collectivement.

 **PAUSE RÉFLEXIVE N° 12**

→ Ai-je participé à des séances Analyse de la Pratique qui ont dévié en réunion syndicale ? Ces dérives étaient-elles ponctuelles ou régulières ? Quels effets cela a-t-il produit sur le groupe ? Et pour moi-même ?

→ Ai-je déjà connu en tant que participant des réunions syndicales ? Si oui, étaient-elles nommées comme telles ? Ai-je ressenti que les participants faisaient une réunion pour se transmettre des informations et s'organiser au mieux pour lutter contre une direction abusive et améliorer leurs conditions de travail ? Si oui, quels effets cela a-t-il produit sur le groupe ? Et pour moi-même ?

→ En tant qu'intervenant en Analyse de la Pratique, me suis-je laissé « embarquer » dans une dynamique de type réunion syndicale ? Ces dérives étaient-elles ponctuelles ou régulières ? Quels effets cela a-t-il produit sur le groupe ? Et pour moi-même ? Puis-je identifier la raison de mon glissement de cadre ?

→ Puis-je plus facilement faire un lien entre partager des informations sur les conditions de travail, s'organiser pour une lutte plus efficace contre l'employeur et réunion syndicale après lecture de cette partie du livre ?

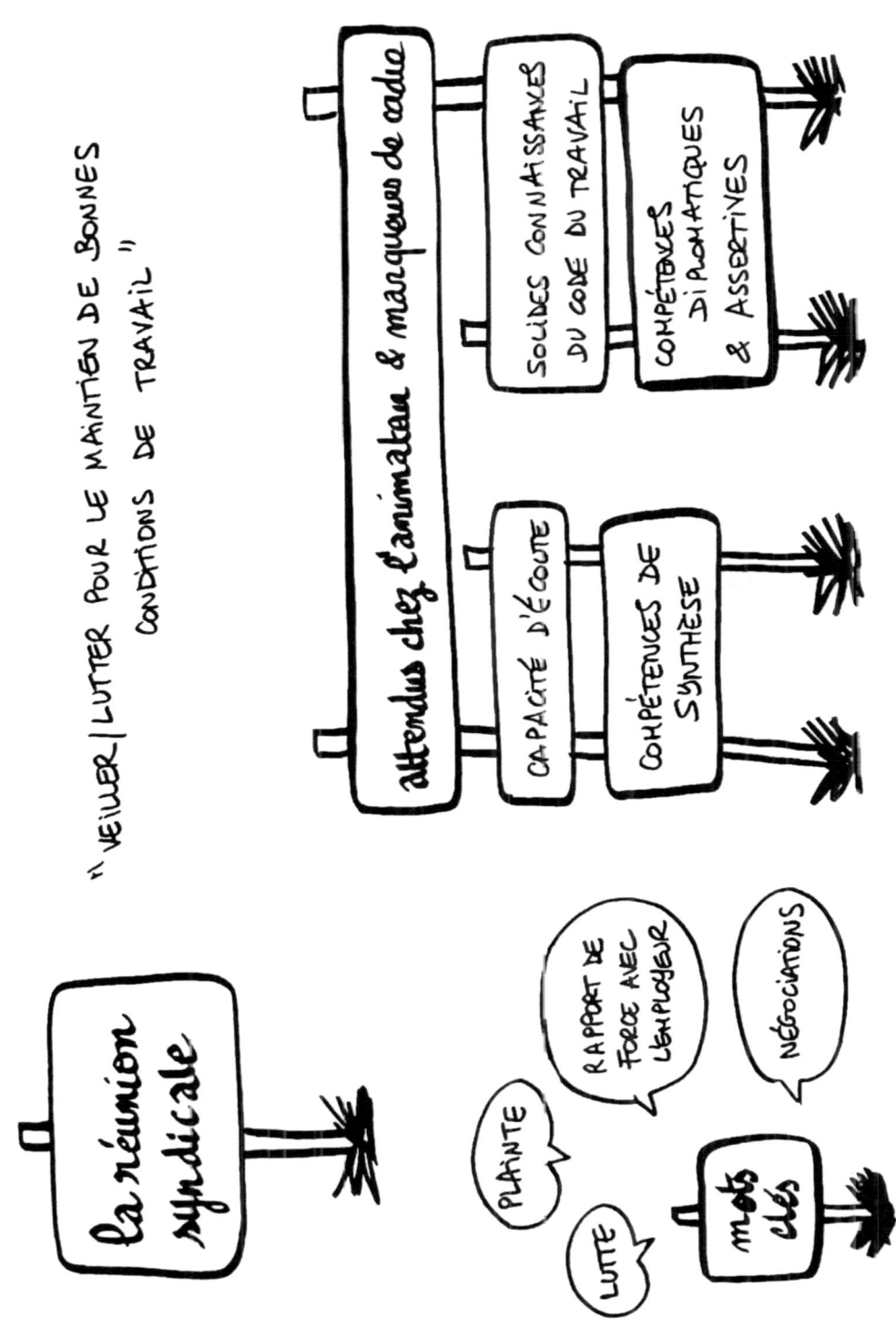

*Figure 12 : synthèse réurion syndicale*

### 3.6.5. L'Analyse des Pratiques n'est pas un groupe de parole

Cette dernière distinction a son importance car il arrive encore trop souvent que les séances d'Analyse de la Pratique soit considérées avec des objectifs similaires à ceux des groupes de parole. Il faut dire que durant de (trop) nombreuses années, ces deux dispositifs, notamment aux yeux des directions, ont entretenu une importante opacité du fait d'une confidentialité totale sur les propos échangés. Par cette précision, je viens donc affirmer que les dispositifs d'Analyse des Pratiques Professionnelles ne reposent pas uniquement sur la fonction d'abréaction[26] (comme on l'a longtemps sous-entendu). Non, les dispositifs d'Analyse des Pratiques sont au-delà du « défouloir » et il est important d'avoir bien en tête que même si cette dimension peut se jouer dans certaines de ces séances de travail, elle n'en est aucunement l'essence ou l'objectif premier.

---
**À RETENIR**

**Les groupes de parole ont pour objectif de permettre l'expression libre et authentique des participants sur un vécu qui les touche directement.**

---

Mots-clés Groupe de Parole :
Expression libre, vécu, abréaction

---

**Concrètement, comment se déroulent les groupes de parole ?**
Des professionnels, formés solidement à l'écoute active et thérapeutique, proposent directement ou par l'intermédiaire d'une organisation, des groupes de parole avec des thématiques précises pour lesquelles ils ont des connaissances spécialisées. Il peut s'agir de thématiques relatives à la profession des participants, à leur statut, ou à un évènement de vie spécifique qu'ils sont en train de vivre. En facilitant la circulation de la parole au sein du groupe, et en assurant que les échanges restent centrés sur l'expression authentique des émotions, les participants se sentent accompagnés et soutenus dans ce qu'ils traversent. **C'est donc bien l'expression du vécu qui est centrale dans ces groupes.** On peut d'ailleurs entendre parler de « groupe d'expression ». Quelques fois, les groupes de parole fonctionnent en préservant l'anonymat des participants de façon à davantage protéger l'identité des participants. Ce procédé est souvent connu dans les groupes d'Alcooliques Anonymes par exemple.

**Quand il est question de groupe de parole, vous entendrez parler de :**
Groupe thérapeutique, groupe d'expression, expression émotionnelle du vécu, communication authentique, pleurs et quelquefois anonymat des participants.

---

[26] Décharge libératrice.

**<u>Marqueurs de cadre d'un groupe de parole :</u>**

Sont attendues chez le professionnel menant les groupes de parole :

→ une solide formation en écoute active et thérapeutique pour permettre des échanges authentiques ;

→ une bonne gestion de la dynamique de groupe pour faciliter la circulation de la parole ;

→ une connaissance de la thématique annoncée.

**<u>Partage d'expérience et conseils pour ne pas être un intervenant AP qui dévie de son cadre et finit par animer un groupe de parole :</u>**

Cette composante de groupe de parole visant l'expression authentique du vécu a en partie sa place, dans les séances d'Analyse de Pratiques. Cependant, les objectifs diffèrent entre ces deux dispositifs et il est important de ne pas confondre le travail réalisé lors séances d'Analyse de la Pratique avec celui attendu dans un groupe d'expression. Si tel est le cas, vous devriez probablement clarifier vos motivations, car il est possible que vous soyez (consciemment ou non) guidé par un désir de réparation : de vous-même au travers de l'autre. Ce désir n'est pas un problème en soi, à condition d'en prendre conscience et de ne pas le laisser vous piloter. Je ne peux que vous conseiller d'en prendre soin dans un lieu approprié (supervision relationnelle, thérapie…) de façon à pouvoir « revenir autrement » dans votre posture d'Intervenant en APP. Restez donc bien en recul de façon à éviter l'enlisement du dispositif d'AP dans des objectifs de type thérapeutiques[27].

 # PAUSE RÉFLEXIVE N° 13

→ Ai-je participé à des séances Analyse de la Pratique qui ont dévié en groupe de parole ? Ces dérives étaient-elles ponctuelles ou régulières ? Quels effets cela a-t-il produit sur le groupe ? Et pour moi-même ?

→ Ai-je déjà connu en tant que participant des groupes de parole ? Si oui, étaient-ils nommés comme tels ? Ai-je ressenti que les participants partageaient leurs vécus d'une situation similaire ? Et qu'en partageant ainsi à plusieurs, ils pouvaient sortir d'un isolement souffrant ? Si oui, quels effets cela a-t-il produit sur le groupe ? Et pour moi-même ?

→ En tant qu'intervenant en Analyse de la Pratique, me suis-je laissé « embarquer » dans une dynamique de type groupe de parole ? Ces dérives étaient-elles ponctuelles ou régulières ? Quels effets cela a-t-il produit sur le groupe ? Et pour moi-même ? Puis-je identifier la raison de mon glissement de cadre ?

→ Puis-je plus facilement faire un lien entre exprimer son vécu de façon authentique, se sentir moins seul et faire partie d'un groupe de parole après lecture de cette partie du livre ?

---

[27] Au besoin, je vous invite à relire la distinction entre AP et SUPERVISION RELATIONNELLE.

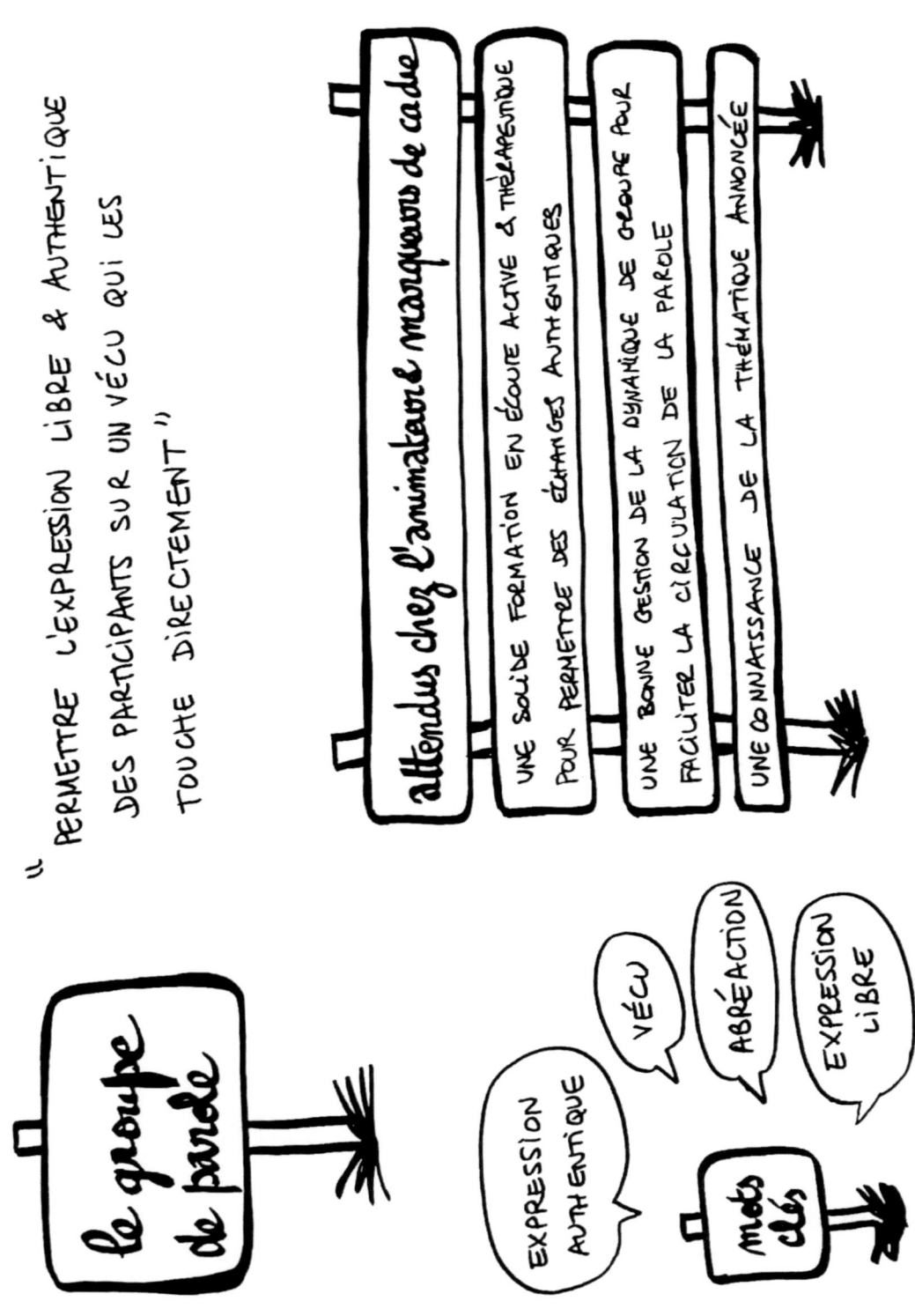

*Figure 13 : synthèse groupe de parole*

### 3.6.6. L'Analyse des Pratiques n'est pas une discussion ou un débat

On pourrait penser qu'il s'agit là encore d'un trait d'humour car bien évidemment : les Analyses de Pratiques ne sont pas des discussions. Pourtant il semble que certains intervenants en Analyse de la Pratique se laissent déborder par ce type de glissement. Et j'ai constaté encore récemment que certaines directions peuvent se représenter le travail d'Analyse de la Pratique comme étant simplement un temps de discussion. J'apporte de fait quelques points de repère. Les discussions entre professionnels ont pour objectif d'échanger sur la vie professionnelle (ou personnelle), de déverser les affects en échangeant des idées et des avis  Cette composante de discussion a quelquefois sa place dans les séances d'Analyse des Pratiques, afin de permettre aux équipes de reprendre confiance dans la légèreté possible du « être ensemble » et du « faire équipe ». Pour autant, cette dimension superficielle ne doit pas devenir centrale sous peine de démotiver les participants à s'investir dans les séances convenues d'Analyse de la Pratique.

---

**À RETENIR**

**La discussion et le débat ont pour objectif d'évoquer son avis de façon superficielle en cherchant globalement à vouloir convaincre son interlocuteur de l'adopter.**

---

Mots-clés discussion - débat :
Évocation superficielle, avis, vouloir convaincre

## PAUSE RÉFLEXIVE N° 14

→ Ai-je participé à des séances d'Analyse de la Pratique qui ont dévié en discussion et débat ? Ces dérives étaient-elles ponctuelles ou régulières ? Quels effets cela a-t-il produit sur le groupe ? Et pour moi-même ?

→ Ai-je déjà discuté dans ma vie ?! (*sourire*) Si oui, les discussions et les débats auxquels je participe sont-ils nommés comme tels ? Pourquoi ? Quels effets les discussions et les débats produisent dans un groupe ? Et pour moi-même ?

→ En tant qu'Intervenant en Analyse de la Pratique, me suis-je laissé « embarquer » dans une dynamique de discussion ou de débat ? Ces dérives étaient-elles ponctuelles ou régulières ? Quels effets cela a-t-il produit sur le groupe ? Et pour moi-même ? Puis-je identifier la raison de mon glissement de cadre ?

→ Puis-je plus facilement faire un lien entre donner son avis, questionner des idées, discuter et vouloir convaincre après lecture de cette partie du livre ?

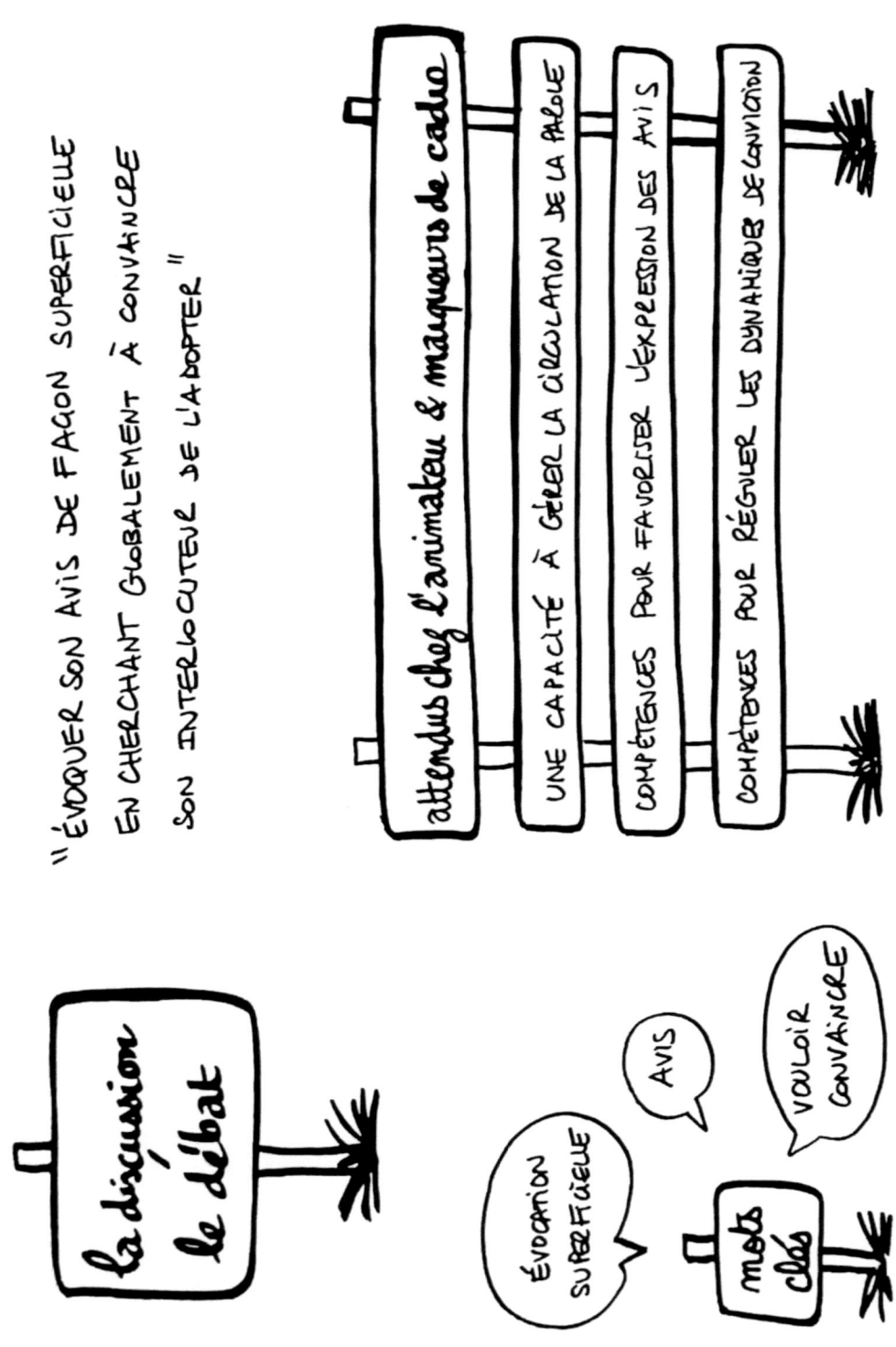

*Figure 14 : synthèse discussion - débat*

## 3.7. Différences d'objectifs entre AP/réunion thématique / réunion clinique / réunion de service / réunion syndicale/groupe de parole/discussion-débat

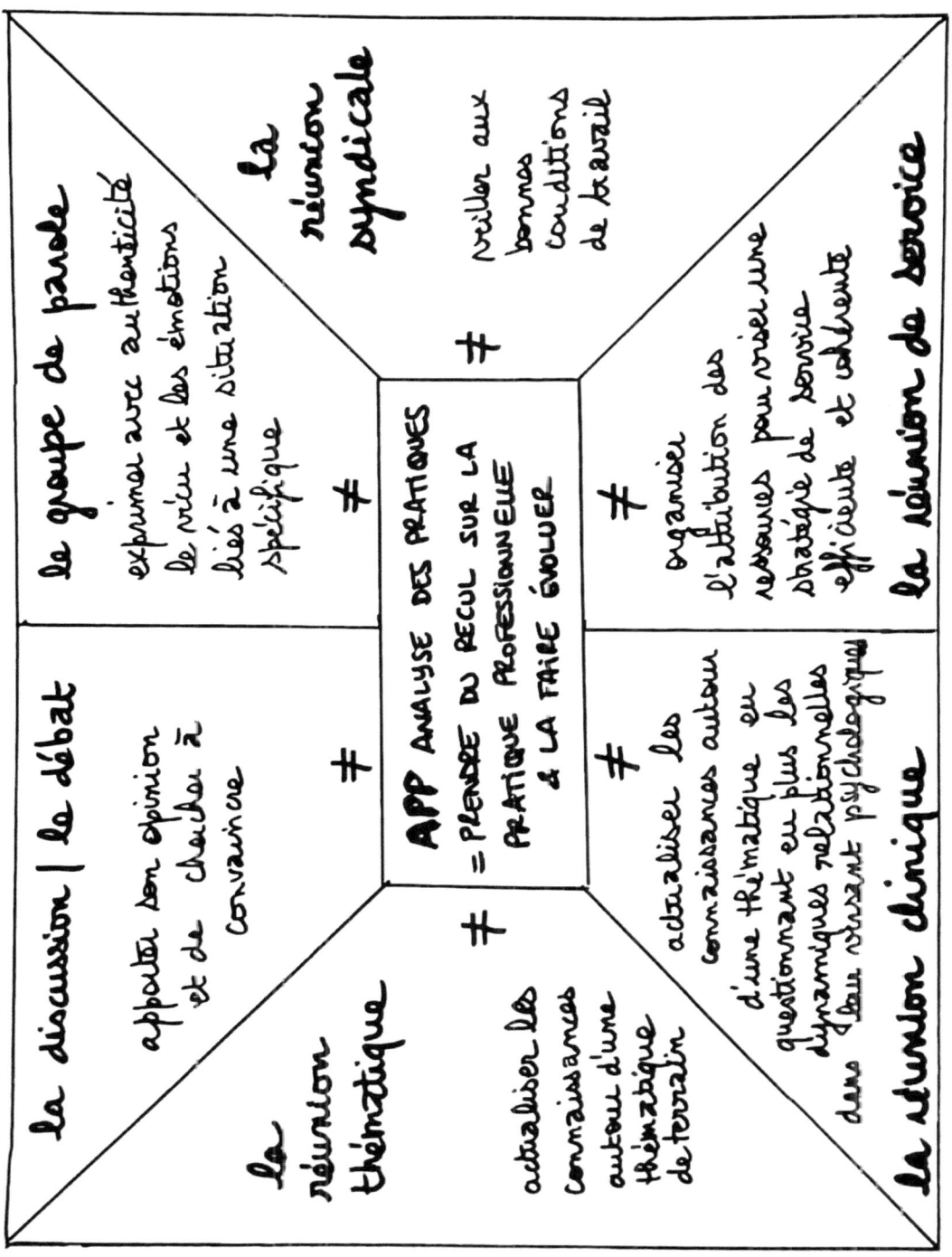

*Figure 15 : synthèse des objectifs entre les dispositifs à risque de glissement mineur*

# TÂCHES D'ENTRAINEMENT N° 4

→ Apprenez à maîtriser les deux tableaux de synthèse qui suivent pour consolider votre connaissance de <u>ce que sont les AP</u>, de ce <u>qu'elles ne sont pas</u> et <u>pourquoi</u>.

→ Utilisez le contenu de ces tableaux dès vos Rencontres d'équipes et de direction, et même en support de vos séances d'Analyse des Pratiques.

→ Photocopiez le tableau vierge présenté en annexe n°7 et entraînez-vous à le compléter.

→ Relisez régulièrement l'encadré suivant :

**L'objectif des Analyses de la Pratique est de permettre à un groupe de participants de prendre du recul sur sa pratique professionnelle, de la questionner et de la faire évoluer.**

**Cela est différent de :**

- **la réunion thématique où l'objectif est d'actualiser les connaissances autour d'une thématique de terrain ;**
- **la réunion clinique où l'objectif est d'actualiser les connaissances autour d'une thématique en questionnant en plus les dynamiques relationnelles dans leur versant psychologique ;**
- **la réunion de service où l'objectif est d'organiser l'attribution des ressources pour viser une stratégie de service efficiente et cohérente ;**
- **la réunion syndicale où l'objectif est de veiller aux bonnes conditions de travail ;**
- **le groupe de parole où l'objectif est d'exprimer avec authenticité le vécu et les émotions liés à une situation spécifique ;**
- **la discussion/débat où l'objectif est d'apporter son opinion et de chercher à convaincre.**

Tableau 1 (sur 2 pages) : récapitulatif des points clés concernant les 5 dispositifs à risque de GLISSEMENT MAJEUR

| DISPOSITIFS | OBJECTIFS PRINCIPAUX | MOTS-CLÉS |
|---|---|---|
| **ANALYSE DES PRATIQUES** | **Aider les professionnels à prendre du recul et à modifier concrètement leurs pratiques** | **RECUL, SENS** |
| ≠ RÉGULATION | Aider les professionnels à retrouver une communication fonctionnelle | PROBLÈMES COMMUNICATION ÉQUIPE - ENTRAVE FONCTIONNEMENT |
| ≠ SUPERVISION RELATIONNELLE | Aider les professionnels à décrypter les résonances intimes et personnelles activées dans leurs travail | DÉCRYPTER RÉSONANCES INTIMES - BESOINS THÉRAPEUTIQUES |
| ≠ SUPERVISION TECHNIQUE | Transmettre aux professionnels des savoirs experts | TRANSMISSION DE SAVOIRS - PAIR / EXPERT |
| ≠ ÉTUDE DE SITUATION/CAS | Détailler et analyser les variables en jeu dans une situation donnée afin de mieux la comprendre | LE POURQUOI DU COMMENT (POURQUOI LA SITUATION/ L'USAGER EST COMME ÇA) |
| ≠AUDIT | Analyser le fonctionnement de l'organisation en vue de proposer des axes d'amélioration pour un meilleur fonctionnement | FONCTIONNEMENTS ET DYSFONCTIONNEMENTS DANS L'ORGANISATION - PERSPECTIVE D'AMÉLIORATION |

| ATTENDUS CHEZ L'ANIMATEUR ET MARQUEURS DE CADRE | p. |
|---|---|
| **Neutralité, style semi-directif, capacités d'écoute empathique, esprit constructiviste, solides connaissances sur la communication et la dynamique des groupes.** | **41** |
| Neutralité totale notamment par rapport à la direction, position d'expert en termes de communication et de compréhension des systèmes, style directif, outils clés en main, définition du nombre de séances en amont avec détail des objectifs et moyens utilisés, implication de l'ensemble des salariés dans le dispositif. Caractère de participation nécessairement obligatoire. | 53 |
| Neutralité totale par rapport aux participants, une formation validée et reconnue pour savoir décrypter les enjeux relationnels dans leurs composantes psychologiques et affectives y compris inconscientes, et des compétences d'écoute avec une dimension thérapeutique (Gestalt thérapie, Analyse Transactionnelle, Thérapies familiales ou d'inspiration psychanalytique...), un style non directif (ou semi-directif), un contrat précisant le nombre de séances de supervision, avec conditions clarifiées pour la reconduction ou non et évocation des méthodes d'analyse choisies. Caractère de participation nécessairement volontaire. | 59 |
| Expertise du même métier que ceux des participants ou expérience conséquente dans le même domaine d'intervention, une posture assertive et un style directif pour guider dans les bonnes pratiques, la capacité pédagogique à expliciter les finesses du métier afin de les rendre lisibles et accessibles en termes de compréhension. Caractère de participation plutôt obligatoire. | 65 |
| Si l'étude de situation est menée en externe : une expertise du même métier que ceux des participants ou expérience conséquente dans le même domaine d'intervention.<br><br>Si l'étude de situation est menée en interne : la personne disposant de la fonction de cadre avec une autorité fonctionnelle, technique et hiérarchique.<br><br>Les situations étudiées sont mises à l'ordre du jour par jugement de pertinence de l'équipe et/ou du cadre fonctionnel, ou technique ou hiérarchique.<br><br>Présence du cadre hiérarchique souhaitable lors de ces études de situation/ de cas pour permettre la validation d'orientations stratégiques et techniques de l'équipe et ne pas concurrencer l'autorité de l'organisation. Caractère de participation plutôt obligatoire. | 69 |
| Neutralité par rapport à l'organisation, capacité à avoir une vision globale et systémique de l'organisation, solide connaissance des systèmes, organisations, dynamiques de groupe , connaissance experte dans la communication et ses enjeux, capacité à différencier les autorités (hiérarchiques, techniques, fonctionnelles, symboliques), compétence pour détailler les objectifs et moyens utilisés à chacune des séances de travail et à faire restitution de ses observations et analyses, compétences d'accompagnement des groupes avec éventuelle formation à l'appui voire une expérience dans l'accompagnement des organisations, si possible (cela étant une plus-value hautement qualitative), une connaissance des enjeux humains spécifiquement liée aux missions de l'organisation. On pourra également attendre de l'intervenant en audit qu'il soit en mesure de préconiser des axes d'amélioration voire de les piloter par la suite aux côtés de la direction pour ainsi garantir la mise en œuvre de changements réels, concrètement observables et mesurables au sein de l'organisation. On parlera alors d'accompagnement au changement ou de développement organisationnel. | 73 |

Tableau 2 (sur 2 pages) : récapitulatif des points clés concernant les 6 dispositifs à risque de glissement mineur

| Dispositifs | OBJECTIFS PRINCIPAUX | MOTS-CLÉS |
|---|---|---|
| **ANALYSE DES PRATIQUES** | **Aider les professionnels à prendre du recul, et à modifier concrètement leurs pratiques** | **RECUL, SENS** |
| ≠ La réunion thématique | Actualiser et faire évoluer les connaissances techniques sur un thème précis de terrain en partageant des données objectives, en amenant à faire coexister les différences de représentations, et connaissances au sein d'une même équipe | ACTUALISATION DE CONNAISSANCES TECHNIQUES, PARTAGE DE DONNÉES, OBJECTIVES, CONNAISSANCES ET REPRÉSENTATIONS |
| ≠ La réunion clinique | Actualiser et faire évoluer les connaissances cliniques sur un thème de terrain précis en mettant en lumière les enjeux relationnels et psychologiques associés à ce thème | ACTUALISATION DE CONNAISSANCES CLINIQUES, EXPRESSION ENJEUX RELATIONNELS ET PSYCHOLOGIQUES |
| ≠ La réunion de service | Organiser le service, et décider de l'affectation des moyens pour viser une stratégie de service cohérente et efficiente | DÉCISIONS, ORGANISATION DES MOYENS, FONCTIONNEMENT, STRATÉGIE DE SERVICE |
| ≠ La réunion syndicale | Veiller / lutter pour le maintien de bonnes conditions de travail | DÉFENSE DES DROITS, LUTTE, PLAINTE, RAPPORT DE FORCE AVEC L'EMPLOYEUR, NÉGOCIATIONS |
| ≠ Le groupe de parole | Permettre l'expression libre et authentique des participants sur un vécu qui les touche directement | EXPRESSION AUTHENTIQUE, LIBRE, VÉCU, ABRÉACTION |
| ≠ La discussion, le débat | Évoquer son avis de façon superficielle en cherchant globalement à convaincre son interlocuteur de l'adopter | ÉVOCATION SUPERFICIELLE, AVIS, VOULOIR CONVAINCRE |

| ATTENDUS CHEZ L'ANIMATEUR ET MARQUEURS DE CADRE | p. |
|---|---|
| **Neutralité, style semi-directif, capacités d'écoute empathique, esprit constructiviste, solides connaissances sur la communication et la dynamique des groupes.** | 41 |
| Une connaissance technique importante et actualisée autour de la thématique étudiée, une préparation de cette réunion, une gestion de la circulation de la parole permettant la confrontation harmonieuse des différences de connaissances et représentations entre les participants autour de la thématique en question. | 85 |
| Une connaissance clinique importante et actualisée autour de la thématique étudiée, une préparation de cette réunion, une gestion de la circulation de la parole permettant la confrontation harmonieuse des différences de perceptions et ressentis entre les participants autour de la thématique en question | 87 |
| Statut cadre avec rôle d'organisateur et de facilitateur des missions du service, maîtrise des objectifs du service, capacité à rendre lisible la stratégie de service choisie, formation ou expérience légitimant le pilotage organisationnel du service, connaissance des différentes fonctions composant l'équipe, compétences d'animateur (favoriser la participation de l'ensemble des participants, rendre lisibles et harmonieuses les différentes pratiques professionnelles. | 91 |
| Capacité d'écoute, compétences de synthèse, solides connaissances du code du travail, compétences diplomatiques et assertives. | 95 |
| Une solide formation en écoute active et thérapeutique pour permettre des échanges authentiques, une bonne gestion de la dynamique de groupe pour faciliter la circulation de la parole, une connaissance de la thématique annoncée. | 98 |
| Une capacité à gérer la circulation de la parole et des compétences pour favoriser l'expression des avis, voire pour réguler les dynamiques de conviction. | 101 |

 **PAUSE EMPATHIQUE N° 2**

Bravo pour votre attention car cette PARTIE 1 du livre est particulièrement dense.

Si vous observez qu'à la relecture de ces deux tableaux (pages précédentes), certaines limites techniques se sont clarifiées, alors c'est que vous avez gagné en précision dans votre compréhension du dispositif d'Analyse de la Pratique et de tous les autres cités également. Et cela en fait 12 tout de même !

Soyez confiant : votre cerveau a encodé de nombreuses informations et même si vous pouvez encore douter de vous-même, lui, il apprend. A chacune de vos lectures : laissez-le faire, relisez ce chapitre plusieurs fois en débutant par des sous-parties différentes. Au-delà de votre éventuelle anxiété de performance, vous vous observerez gagner en précision.

Pensez aussi, même si cela peut vous paraître anxiogène, à demander aux équipes de vous faire des feedbacks sur votre méthode d'animation en fin de séances (ce que j'ai fait réellement et sérieusement pendant 10 ans). Les participants sont vraiment les mieux placés pour évaluer la pertinence d'un dispositif. Si en fin de séance l'équipe exprime avoir pris du recul, se sentir davantage outillée pour pouvoir faire autrement sur le terrain, c'est que c'était bien de l'Analyse des Pratiques.

Et si ce n'est pas le cas, alors restez humble et confiant : vous avez peut-être besoin de clarifier encore votre connaissance des différents dispositifs ou alors d'augmenter votre capacité à tenir le cadre. Bonne nouvelle : ça se travaille ! Y compris avec la PARTIE 2 du livre que vous avez entre les mains.

Continuez à développer votre discernement en repérant les glissements de cadre (vus en détail tout au long de la partie 1). En effet, tant que vous intervenez pour recentrer les échanges autour des objectifs de l'Analyse des Pratiques, alors vous pouvez considérer que vous respectez les objectifs de l'intervenant en Analyse des Pratiques.

Ça va aller…

    …vous n'êtes pas tout seul...

        …je suis un peu dans ce livre, si si *(sourire)*.

# PARTIE 2

## STRUCTURER ET ANIMER LES SÉANCES D'ANALYSE DE LA PRATIQUE AVEC LES POINTS D'APPUI ET REPÈRES DE LA MÉTHODE APEOS®

Dans cette seconde partie, je vais vous parler de **structure**, pour attirer votre attention sur le fait qu'une animation de groupe présentant une « ossature » sera vécue comme plus contenante et davantage intéressante par les participants.
**Avoir des points d'appui et des repères fiables pour pouvoir vérifier de vous-même la bonne progression de votre animation de séance est capital. En effet, cela vous permettra de renforcer votre sentiment de légitimité et de gagner en autonomie.**

L'intention de cette 2nde partie est de vous faire découvrir l'Esprit de la Méthode d'animation APEOS®. Je vous la présente d'abord conceptuellement (4.1), avant de vous permettre de la situer dans le paysage des autres approches de l'Analyse des Pratiques (4.2, 4.3 et 4.4). Enfin, ce sont les chapitres 5 et 6 qui me permettront de vous la présenter très concrètement : au travers de ses points d'appuis et repères. Aussi, je vous partagerai la trame d'une séance d'Analyse de la Pratique menée avec cette démarche APEOS® pour mieux pouvoir vous la représenter. Enfin je vous proposerai un Mémento de la Méthode.

# CHAPITRE 4

## PRÉSENTATION ET SITUATION DE LA MÉTHODE APEOS®

### 4.1.  Présentation générale de la méthode

La Méthode APEOS® est née d'une pratique en recherche empirique que j'ai initiée en 2006. Depuis cette date, j'ai mené plus de 250 contrats en Analyse des Pratiques, et animé plus de 3200 heures au sein de 90 organisations et types de services différents, et ce, dans des secteurs variés (médico-social, hospitalier, éducatif, social, sportif, humanitaire, religieux…).

Cette pratique en recherche empirique réalisée dans une démarche qualitative a permis un recueil important de données, notamment les discours :

→ des participants : interlocuteurs pleinement impliqués dans les dispositifs d'Analyse de la Pratique étudiés et menés ;

→ des cadres hiérarchiques intermédiaires et généraux de ces mêmes participants (les cadres sont donc des interlocuteurs non directement impliqués dans le dispositif et ayant des attentes spécifiques sur le dispositif d'Analyse de la Pratique mené) ;

→ des participants en Analyse des Pratiques issus d'autres groupes que ceux menés par moi-même : propos rapportés par les intervenants en Analyse des Pratiques supervisés avec et sans utilisation de la Méthode APEOS® ;

→ des cadres intermédiaires et généraux issus des groupes menés par des Intervenants en Analyse de la Pratique utilisant la Méthode APEOS®.

Cette action-recherche entreprise depuis 2006 a permis de :

✓ cerner les objectifs attendus de ces dispositifs d'Analyse des Pratiques par les participants eux-mêmes et les cadres intermédiaires et généraux encadrant ces participants (donnant lieu à la définition dynamique APEOS®[28]) ;

✓ étudier les conséquences relatives à l'animation des séances d'Analyse de la Pratique selon différents paramètres : taille du groupe, composition, degré de pluridisciplinarité, présence de fonctions de coordination, d'encadrement, de représentants syndicaux, nombre d'années d'accompagnement, type de secteur... ;

✓ observer spécifiquement les phénomènes inhérents à un travail d'Analyse de la Pratique mené sur plusieurs années (entre 1 et 5 années d'accompagnement pour chacun des groupes) ;

---

[28] Cf. chapitre 2

✓ isoler certaines variables pouvant expliquer la plus ou moins grande efficience des séances d'Analyse des Pratiques (hétérogénéité du groupe, climat relationnel, cohérence perçue par les participants du cadre organisationnel...) ;

✓ recueillir une importante masse de données afin de favoriser le partage de connaissances et d'un savoir technique relatif aux Analyses de la Pratique.

Cette pratique en recherche empirique est toujours en cours et continue d'être ajustée par les retours « du terrain » que me rapportent les professionnels certifiés APEOS® engagés dans une démarche continue de supervision technique. Il s'agit d'intervenants débutants dans l'animation de groupe d'Analyse de la Pratique ou en ayant une pratique conséquente de 4 à 10 ans, venus se former à la Méthode, au cours de leur carrière déjà amorcée.

Dans un objectif de recherche complémentaire, je procède actuellement à une confrontation des données recueillies par mon expérience avec plusieurs spécialistes de ces dispositifs en Analyse des Pratiques des pays francophones (Suisse, Canada, Belgique, Afrique) afin de chercher à isoler d'éventuels facteurs de type culturels. Je reprécise ici que même si les appellations (intervenant en Analyse de la Pratique, superviseur professionnel, animateur de GAP...), peuvent différer suivants les pays, l'important est de pouvoir partager et échanger autour des pratiques.

---

**La Méthode APEOS®, c'est quoi concrètement ?**

C'est une méthode systémique pour animer et structurer des séances d'Analyse de la Pratique.
Son acronyme précise qu'il s'agit de la Méthode d'Analyse de la Pratique par l'Éthique et l'Opératoire des Systèmes.

---

## 4.1.1.   APEOS® : une dimension Éthique[29]

Dans le modèle APEOS®, l'Éthique est une dimension transversale permettant de démultiplier les zones d'échanges possibles entre les participants afin qu'ils consolident leurs éthiques individuelles et collectives suivant les problématiques exprimées. L'Éthique est à considérer comme une démarche permettant une réflexion active et facilitant un discernement supplémentaire concernant les actions, positionnements et logiques professionnelles. Cette dimension Éthique permet à elle seule, en conduisant les participants à s'y référer, de limiter certains effets structurels d'organisation pouvant favoriser des négligences humaines, notamment dans les secteurs de l'accompagnement.

---

[29] Cf. Glossaire

### 4.1.2. APEOS® : une visée Opératoire

La Méthode APEOS® replace au centre de son objectif une visée Opératoire, c'est-à-dire un objectif de changement concret concernant les actes et positionnements professionnels : dans leur matérialisation réelle de l'ici et du maintenant. Autrement dit, les Analyses de Pratiques menées avec la méthode APEOS® visent des évolutions visibles. Ce critère d'opérationnalité encourage le transfert et la mutualisation de compétences entre participants, et offre une efficience considérable en termes de cohérence globale de fonctionnement ainsi qu'une aide réelle pour les participants à dépasser les problématiques évoquées.

### 4.1.3. APEOS® : une approche Systémique

La modélisation de la Méthode APEOS® est issue de la théorie systémique. Les notions de complexité, globalité, interaction, et organisation sont centrales dans ce modèle et se retrouvent, de fait, transversales dans l'ensemble de l'ouvrage, notamment dans les points d'appuis mis en exergue en fin de cette partie 2. Elles sont chacune définies dans le glossaire de l'auteur en début d'ouvrage.

L'approche systémique, au travers de la Méthode APEOS®, conduit l'intervenant en Analyse des Pratiques à :

✓ savoir implanter son dispositif au sein de l'organisation ;
✓ lire les dynamiques relationnelles au sein du groupe de participants ;
✓ entendre la complexité des problématiques professionnelles exprimées en tenant compte des différents contextes intriqués et de leurs dynamiques associées.

Les contextes intriqués sont définis par l'existence de sous-systèmes. Les sous-systèmes pouvant être distingués sont nombreux. La liste ici n'est pas exhaustive ; elle est uniquement citée à titre d'exemples pour que le lecteur puisse cerner la complexité interactionnelle proposée dans cet ouvrage :

- le groupe de participants sans l'intervenant en Analyse de la Pratique ;
- le groupe de participants avec l'intervenant en Analyse de la Pratique ;
- les autres professionnels de la structure (non participants) ;
- les cadres intermédiaires (non participants) ;
- les cadres généraux (non participants) ;
- les participants ayant de l'ancienneté ;
- les participants étant en contrat de travail indéterminé ;
- les participants ayant la même fonction ;
- …

## 4.2. Situation de la méthode APEOS® dans le paysage des Analyses de Pratiques

Depuis les années 2010, au niveau francophone, les spécialistes en Analyse des Pratiques formalisent des approches selon des grilles de lecture qui leurs sont propres. De nombreux articles et ouvrages paraissent : la communauté augmente l'intelligibilité de sa propre pratique et certains consensus, de définition notamment, se dessinent. Certains auteurs ont justement eu envie d'étudier les différences entre les méthodes d'animation d'Analyse de la Pratique formalisées. Ils ont proposé différents classements et inventaires en mettant le focus sur certaines variables. Tous s'accordent à dire qu'il n'existe pas encore de réelle vision globale des Analyses de Pratiques du fait que la définition même du dispositif n'est pas consensuelle et que les savoir-faire utilisés pour l'animation des séances d'Analyse des Pratiques restent encore, à ce jour, essentiellement empiriques. Autre point intéressant, tous ces auteurs témoignent en parallèle d'un développement fort des Analyses de la Pratique, avec une extension ces dernières années dans de nombreux secteurs.

Durant la rédaction de cet ouvrage, j'ai demandé conseil à certains auteurs dans l'étude de ces « inventaires » proposés. Il me semble intéressant de vous recommander certaines références si vous avez le souhait d'approfondir le sujet des différentes méthodes à ce jour publiées :

- les fiches méthodes utilisées dans le Chapitre 7 de l'ouvrage *L'analyse des pratiques professionnelles*, sous la direction de P. VIOLLET, 2013, qui différencient les méthodes à visée d'élucidation (GEASE, GAPP, Entretiens d'explications), de celles visant, la remédiation, l'optimisation ou la symbolisation ;
- l'article *« Les pratiques comme objet d'analyse »*, de J.F. MARCEL et *al.* (2002), proposant une grille d'exploration composée de 4 axes de questionnement : finalités, paradigmes de référence, objets des pratiques et méthodologies utilisées ;
- *la note de synthèse* de J. CHAMI, 2020, notamment la partie 2, traitant du champ de l'Analyse des Pratiques avec un focus sur les fonctions, les outils et les acteurs de l'Analyse des Pratiques ;
- le chapitre 1 de l'ouvrage *Comment accompagner avec l'analyse des pratiques professionnelles*, de S. BOUCENNA, M. THIÉBAUD, Y. VACHER, (2022) qui, au-delà de venir questionner l'articulation entre Analyse des Pratiques et développement du pouvoir d'agir des participants, propose un récapitulatif de la diversité des visées des Analyses de Pratiques, ainsi qu'une lecture de l'implication des différents acteurs en fonction d statut (exposant, analyseur, animateur, observateur).

Souhaitant apporter une pierre supplémentaire à l'édifice, je propose ici une grille de mise en perspective permettant de vous repérer autrement dans la diversité du paysage relatif aux Analyses de la Pratique.

Les variables que j'ai choisies pour cette grille de mise en perceptive sont les suivantes :

- objectif général du dispositif d'Analyse de la Pratique ;
- axes d'intérêts en focus ;
- référentiel ;
- type d'utilisation de la dynamique de groupe ;
- savoir principal de l'intervenant en analyse de la pratique ;
- spécificités.

## 4.3. Proposition d'une grille de mise en perspective des différentes approches en Analyses de Pratiques

Il me paraît opportun de vous partager tout d'abord que l'intention première de cette grille est de situer la Méthode APEOS® dans le paysage des Analyses des Pratiques. L'intention secondaire est de vous rendre davantage autonome en vous donnant les moyens d'ordonner, de discriminer et d'organiser par vous-même la cartographie du territoire actuel relatif aux différentes approches d'animation de séances d'Analyse de la Pratique. En vous proposant cette grille, je cherche à contribuer, à proposer. Je ne recherche pas l'exhaustivité. En effet, la grille que je vous propose est multidimensionnelle. Vous pourrez trouver que de nombreux points se confondent voire se juxtaposent car effectivement les catégories ne sont pas exclusives. En novembre 2023, j'ai découvert la pensée de Jacques ARDOINO[30] et je m'appuierai d'ailleurs sur ses mots pour décrire au mieux cette notion de multi-dimensionnalité qui caractérise l'esprit de la grille que je vous propose ici.

" *Reconnaître la complexité comme fondamentale dans un domaine de connaissance donné, c'est donc, tout à la fois, postuler le caractère « molaire », holistique, de la réalité étudiée et l'impossibilité de sa réduction par découpage, par décomposition en éléments plus simples. Toutefois cette impossibilité de séparer ou de décomposer les « constituants » d'une réalité complexe n'interdit nullement le repérage ou la distinction, effectués par l'intelligence, au sein de tels ensembles, à partir de méthodes appropriées. Cela suppose une « vision », tout à la fois « systémique », compréhensive et herméneutique des choses, pour laquelle les phénomènes de relations, d'interdépendance, d'altération, de récurrence, fondant éventuellement des propriétés quasi-holographiques, deviennent prééminentes pour l'intelligibilité. Reconnaître et postuler la complexité d'une réalité, c'est, en outre, admettre sa nature, à la fois homogène et hétérogène, son opacité, sa multi-dimensionnalité, exigeant, alors, pour une compréhension plus fine, une « multi-référentialité ».* "

---

[30] ARDOINO, J. (1993). *L'approche multi référentielle (plurielle) des situations éducatives et formatives*. Pratiques de formation-analyses.

| | **GRILLE DE MISE EN PERSPECTIVE DES DIFFÉRENTES APPROCHES EN ANALYSE DE LA PRATIQUE** |
|---|---|
| Objectifs (= visées) | - Démarche de recherche (1)<br>- Démarche didactique (2)<br>- Démarche d'innovation (3)<br>- Démarche d'amélioration (4)<br>- Démarche de soutien, d'accompagnement (5)<br>- Démarche de compréhension (6)<br>- Démarche de prise de conscience de l'éprouvé (7)<br>- ...[31] |
| Axes d'intérêts en focus (=objets d'analyse) | - Le problème rencontré sur le terrain (la logique de l'action)<br>- La personne qui expose (la logique de l'acteur)<br>- L'éventuel bénéficiaire concerné (patient, élève, client...)<br>- Le contexte (la logique des systèmes)<br>- La composante opératoire des pratiques professionnelles<br>- ... |
| Référentiel (= ou paradigme) | - Inspiration psychanalytique<br>- Approche systémique<br>- Multi-référentialité<br>- … |
| Dynamique de groupe | - Non prise en compte<br>- Prise en compte et utilisée dans un rapport participatif<br>- Prise en compte et utilisée dans un rapport coopératif<br>- .... |
| Savoir principal de l'intervenant en AP | - Il sait surtout analyser la pratique professionnelle, il connaît des solutions et il transmet son savoir au groupe<br>- Il sait surtout animer le groupe à savoir par lui-même et pour lui-même (8)<br>- .... |
| Spécificités | - Favorisation du pouvoir d'agir individuel et collectif[32]<br>- Soutien de la démarche réflexive[33]<br>- Développement de l'Éthique en tant que démarche active<br>- ... |

---

[31] Bien sûr, vous pourriez avoir d'autres idées...

[32] APPPA : Analyse des Pratiques Professionnelles visant le Pouvoir d'Agir des Acteurs, S.BOUCENNA, M. THIÉBAUD, Y. VACHER.

[33] BOUCENNA et al., (2020). *Comment soutenir la démarche réflexive*, De Boeck Supérieur

*(1) Démarche de recherche* : ayant pour but de repérer un problème, et d'élaborer une stratégie de recueil de données pour tenter de répondre à une problématique précisément formulée.

*(2) Démarche didactique* : ayant pour but d'enseigner des connaissances lors de la session d'Analyse de la Pratique pour une applicabilité sur « le terrain ».

*(3) Démarche d'innovation* : ayant pour but d'élaborer des réponses nouvelles en encourageant la créativité.

*(4) Démarche d'amélioration* : ayant pour but de viser un meilleur fonctionnement par le changement de procédures, de nouvelles pistes, interventions et solutions.

*(5) Démarche de soutien, d'accompagnement* : ayant pour but d'apporter un appui professionnel, et de soutenir voire renforcer l'identité professionnelle. Attention il ne s'agit pas de confondre avec une démarche thérapeutique dont l'objectif serait d'apporter un soin psychique. Intégrer une démarche de thérapie, au sein d'un groupe de professionnels exerçant ensemble dans un quotidien professionnel est même, selon moi, une véritable erreur déontologique tant le risque d'encombrement fonctionnel risque d'être important au sein d'une même équipe de travail. Mon positionnement considère cependant tout à fait la réalité d'effets thérapeutiques liés à un travail d'Analyse de la Pratique.

*(6) Démarche de compréhension* : ayant pour but de comprendre la situation.

*(7) Démarche de prise de conscience de l'éprouvé* : ayant pour but de permettre l'expression par la centration sur l'éprouvé et le vécu (émotionnel, corporel, sensoriel…). Il ne s'agit pas pour autant, selon moi, d'exprimer les motifs inconscients sous-jacents ; ce qui relèverait d'une démarche de thérapie. De ce fait, cette démarche de prise de conscience de l'éprouvé ne correspond à la visée de symbolisation citée dans l'ouvrage de P. VIOLLET.

*(8) Il sait surtout animer le groupe à savoir par lui-même et pour lui-même* : c'est ce qui explique qu'un intervenant en Analyse de la Pratique puisse justement travailler dans un milieu qu'il ne connaît pas. Son absence de connaissance du milieu génèrera de la naïveté et lui sera un atout pour mettre en mouvement le processus d'AP.

Cette grille, je la propose pour que vous la mettiez à l'épreuve et la fassiez vôtre. Vous pouvez donc la reprendre en l'améliorant de vos observations, et même en créer une autre. Tant que cela vous aide à davantage clarifier votre positionnement d'Intervenant en Analyse de la Pratique et préciser le travail que vous proposez aux équipes rencontrées, vous pouvez considérer sincèrement que je suis à vos côtés. *(sourire)*

A titre d'exemple d'utilisation, et aussi par souci d'implication et d'honnêteté, je livre maintenant l'application de cette grille proposée au modèle APEOS®.

## 4.4. Grille de mise en perspective appliquée au Modèle APEOS®[34]

| GRILLE DE MISE EN PERSPECTIVE : LE MODÈLE APEOS® | |
|---|---|
| Objectif(s) | - Démarche didactique<br>- Démarche d'amélioration (subjective, uniquement en terme de sens retrouvé)<br>- Démarche de soutien, d'accompagnement<br>- Démarche de compréhension (de la problématique professionnelle et non d'une situation[35])<br>- Démarche de prise de conscience de l'éprouvé |
| Axes d'intérêts en focus<br>(= objet d'analyse) | - Le problème rencontré sur le terrain (la logique de l'action)<br>- La personne qui expose (la logique de l'acteur)<br>- L'éventuel bénéficiaire concerné (patient, élève, client...)<br>- Le contexte (la logique des systèmes)<br>- + Les interactions systémiques entre ces 4 logiques précédemment mentionnées<br>- La dimension éthique<br>- La composante opératoire des pratiques |
| Référentiel<br>(= paradigme) | - Approche systémique<br>- Multi-référentialité : l'exposant est entendu dans ses logiques intellectuelle, émotionnelle, de questionnements existentiels, de système de valeurs, d'appartenance à son statut (salarié/bénévole) (...), de processus motivationnels, de contrainte à participer à la séance...et de tout autre élément qui semblerait opportun. |
| Utilisation de la dynamique de groupe | - Prise en compte et utilisée dans un rapport coopératif |
| Savoir principal de l'intervenant en AP | - Il sait surtout animer le groupe à savoir par lui-même et pour lui-même |
| Spécificités | - Référentiel systémique sous-tendant le modèle<br>- Forte composante éthique<br>- Considération multiréférentielle de l'exposant et des participants<br>- Forte clarification conceptuelle et technique du cadre d'AP<br>- Méthodologie d'intervention pour structurer les séances d'animation<br>- Renfort de la légitimité de l'intervenant en Analyse de Pratiques |

---

[34] Ayant fondé la Méthode APEOS®, il est évident que je manque de recul pour pouvoir évaluer ses spécificités, j'invite donc les professionnels intéressés à poursuivre ce travail vers plus d'exhaustivité et à me communiquer leurs observations

[35] J'apporte la précision que la Méthode APEOS® n'entre que peu dans une démarche de compréhension intellectuelle de la problématique exprimée par les participants. En effet, les professionnels de terrain que j'ai rencontrés n'ont que peu exprimé ce besoin de compréhension intellectuelle. La Méthode APEOS® s'appuie plutôt sur une démarche de conscientisation afin de permettre une réelle transformation de l'expérience et donc une modification concrète de la pratique. Ce point est extrêmement important et à vrai dire, ce n'est qu'au travers des jeux de rôles que je me sens le plus capable de vous le démontrer. Rien ne remplace non plus le fait de mener réellement une séance d'APP avec cette méthode pour justement la tester dans son opérationnalité.

# TÂCHES D'ENTRAINEMENT N° 5

→ Pour faire progresser votre capacité à vous repérer dans le paysage des Analyses de Pratiques, essayez de remplir pour chaque auteur lu et formateur rencontré, la grille de mise en perspective proposée[36]. Vous pourrez ainsi faire un choix plus éclairé sur la démarche qui semble le mieux correspondre à votre élan d'animateur en Analyse des Pratiques.

→ Faites évoluer cette grille au besoin, voire inventez votre propre grille pour différencier les auteurs et leurs méthodes proposées. Ce travail d'appréhension des différentes approches présentes aujourd'hui dans le domaine des Analyses de Pratiques Professionnelles attend notre communauté de spécialistes. Il en est à ses débuts et vous pouvez tout à fait y participer, à votre échelle, par vos écrits et nos échanges. Cette communauté c'est vous, c'est nous : intervenants débutants ou expérimentés, formateurs et auteurs *(sourire)*.

---

[36] Certaines variables vous paraîtront plus faciles à reperer que d'autres suivant les auteurs, il est vrai.

# CHAPITRE 5

## LES POINTS D'APPUIS ET
## REPÈRES APEOS®

En préambule, sachez que ce livre vous partage les repères issus de la Méthode APEOS® afin d'animer et structurer vos séances d'Analyse de Pratiques. Il ne peut prétendre vous former à la Méthode APEOS® comme le font les sessions de formation dispensées en pédagogie expérientiel en présentiel. Pour autant, il vous fournit, en tant qu'intervenant en Analyse de la Pratique débutant, des repères fiables pour démarrer et ainsi vérifier par vous-même l'ajustement de votre posture. Aussi en tant qu'intervenant plus expérimenté, il vous permet de repasser au tamis les « réflexes » que vous avez commencé à installer dans votre pratique et remettre du questionnement là où l'habitude aurait pu venir créer des points de fixité inopportuns.

Place maintenant aux 5 points d'appui proposés par la Méthode APEOS®, afin que vous puissiez vous la représenter beaucoup plus concrètement en tant que lecteur. Suivront ensuite la trame d'une séance-type réalisée avec la Méthode APEOS® ainsi qu'un Mémento général.

Commençons donc par les 5 points d'appui qui résument l'ossature de la Méthode APEOS®.

---

Inscrire le dispositif d'Analyse des Pratiques avec une vision systémique

Prendre soin de la dimension collective et être en posture facilitatrice

Formuler une problématique individuelle et opératoire à chaque séance (problématisation APEOS®)

Recentrer régulièrement les échanges sur la dimension opératoire de la pratique

Utiliser les 4 axes de dynamisation pour relancer les échanges

---

*Figure 16 : les 5 points d'appui de la Méthode APEOS®*

Tous visent à permettre à l'intervenant en Analyse de la Pratique de :

✓ préparer et faciliter l'intégration du dispositif d'analyse de la pratique au sein de l'organisation ;
✓ structurer davantage sa méthode d'intervention ;
✓ mobiliser au maximum l'intérêt des participants ;
✓ développer les capacités coopératives au sein du groupe ;
✓ renforcer son sentiment de légitimité.

Ces 5 points d'appui de la Méthode APEOS® vont maintenant être explicités un à un.

## 5.1. Point d'Appui APEOS® n°1 : inscrire le dispositif d'Analyse des Pratiques avec une vision systémique

**Utiliser une logique systémique pour inscrire le dispositif d'Analyse des Pratiques est véritablement une sécurité pour en assurer sa pérennité.** Quand il s'agit d'interventions de type « one shot[37] », cela est un souci moindre j'en conviens ; quoique pour refaire appel à vos services, le commanditaire pourra apprécier cette démarche ultra qualitative réalisée envers son organisation.

Dans la réalité, puisque les contrats d'Analyse de la Pratique concernent souvent plusieurs séances s'étalant sur une période de plusieurs mois, je prendrai le temps d'expliciter comment il est possible de veiller systémiquement à l'intégration du dispositif.

 **Au fait, combien de temps ça dure des interventions en Analyse de la Pratique ?**

La temporalité relative aux interventions de type Analyse de la Pratique est souvent de plusieurs mois et peut aller jusqu'à plusieurs années. En effet, quand une institution est satisfaite du choix de son intervenant en Analyse de la Pratique, elle reconduit très souvent le contrat d'année en année. Il me paraît alors important de profiter de l'occasion pour attirer votre attention, par souci déontologique, sur la durée maximum.

**Théoriquement, il importe surtout de veiller à la neutralité conservée de votre statut d'animateur :**
→ La neutralité que vous continuez de ressentir dans l'animation du groupe en tant qu'intervenant en Analyse des Pratiques : vous sentez-vous libre de poser toutes les questions souhaitables pour continuer de développer la réflexivité du groupe ? Vous sentez-vous dans un lien de sympathie avec certains participants au point d'être gêné de les confronter par vos questions ?

---

[37] C'est-à-dire ayant lieu 1 à 2 fois dans l'année, comme cela peut-être le cas dans le milieu sportif, de l'animation ou entreprenarial par exemple.

→ La neutralité perçue par le groupe de participants concernant votre animation : les participants continuent-ils de vous considérer comme un élément extérieur à leur organisation ? Se sentent-ils libres de s'appuyer sur la « fonction-tiers » de votre positionnement d'animateur ?

En pratique, à mon sens, la durée d'interventions en Analyse de la Pratique par un même animateur ne devrait excéder 3 à 4 années faute de quoi le risque de perdre la neutralité peut entraver la qualité du travail proposé. Il ne s'agit pas d'un calcul mathématique évidemment : plutôt d'un partage empirique, croisé aux observations des nombreux stagiaires et professionnels dont j'ai assuré la formation et la supervision.

Ayez également en tête que les équipes « s'attachent » à leur intervenant, surtout si les séances leurs sont efficientes et agréables. Car bien que le cadre soit posé pour permettre aux participants de rester centré sur des objectifs techniques, l'Analyse de la Pratique reste une histoire groupale avec toute la dimension affective qui lui est associée.

Soyez vigilant à ne pas faire reposer le poids de la question de votre départ à l'équipe elle-même. Ces quelques enjeux précisés, je vous laisse apprécier par vous-même le maximum d'années qu'il vous paraîtra opportun d'encourager pour chacun de vos contrats en cours.

 **Et le caractère de participation des participants ? Obligatoire ou volontaire : qu'est -ce que ça change ?**

En France par exemple, notamment dans les métiers de l'accompagnement, il est extrêmement fréquent que les dirigeants (qu'il s'agisse d'établissements publics, privés, ou associatifs), considèrent les séances d'Analyse de la Pratique comme obligatoires pour leurs salariés. Ce choix posé par l'organisation est souvent très pertinent au final puisqu'il donne la possibilité au dispositif d'Analyse de la Pratique de travailler la cohésion d'équipe. En contrepartie, les séances rendues obligatoires peuvent également générer un vécu de contrainte pour certains participants. Et dans ce cas-là, l'animation du dispositif en est souvent impactée, notamment au démarrage. L'expérience m'a montré que plus cette participation est perçue comme une contrainte, plus cela génère de résistances d'ailleurs[38] *(rire)*.

Gardez en tête qu'il est préférable que le caractère de participation soit obligatoire pour les participants : cela évitera de polémiquer inutilement sur la pertinence des séances d'Analyse de la Pratique, qui sont de véritables réunions techniques.

---

[38] J'ai eu pour ma part, à animer bien plus de contrats avec un caractère obligatoire de participation, que volontaire ; j'ai donc appris à renconnaître ces résistances, à les considérer, et à les conduire à se tranformer pour rester au service du dispositif d'Analyse de la Pratique.

Cela évitera également de renforcer certains clivages, déjà existants le plus souvent au sein d'une même équipe.

Ces 2 questions traitées, revenons au Point d'Appui APEOS® n°1 : inscrire le dispositif d'Analyse des Pratiques avec une vision systémique.

## ENJEUX À L'INSCRIPTION SYSTÉMIQUE DU DISPOSITIF D'AP :

L'inscription systémique correspond à l'action de faire débuter le travail d'Analyse de la Pratique au sein de l'organisation en ayant en tête la vision systémique de cette dernière (sous-systèmes, inter-relations…). Cette inscription systémique se joue à plusieurs niveaux dans la démarche APEOS® : 3 sont donnés ici à titre d'exemple.

→ En inscrivant le travail d'Analyse de la Pratique de façon systémique au sein de l'organisation, vous <u>augmenterez le soutien institutionnel</u> autour du dispositif ; c'est-à-dire que concrètement l'organisation sera dans un lien de coopération avec vous pour permettre la bonne tenue des séances : discours de considération professionnelle autour de vos interventions, ajustement du planning pour faciliter la présence des participants, anticipation d'une salle disponible, bon règlement de vos factures, facilité à reconduire le contrat et à être recommandé….Vous pourrez également compter sur le soutien de l'institution en cas de besoin de réajustement de votre dispositif (modification de la composition, de la fréquence, des dates...). Cela vous permettra d'exister <u>aux côtés</u> de l'institution plutôt que d'être à son encontre : pour un intervenant en Analyse des Pratiques souhaitant « durer dans le métier » cela fait une nette différence.

→ Aussi en augmentant la compréhension pour l'institution du dispositif (ce qu'il est, à quoi il sert et ne sert pas), cette dernière pourra <u>démultiplier les effets et retombées de vos séances</u>. En effet, en inscrivant le dispositif d'Analyse de la Pratique de façon systémique dans l'institution, les participants sentiront une cohérence entre la dynamique institutionnelle et celle insufflée par vos séances d'Analyse des Pratiques. Ils ne se retrouveront donc pas dans un conflit de loyauté. <u>Ce point mérite d'être souligné car dans la pratique, il est plutôt rare de voir des intervenants en Analyse de la Pratique soucieux d'autant de cohérence systémique ; et pourtant la recherche de cette ligne de cohérence permet une véritable potentialisation de l'outil pour l'institution dans son fonctionnement global.</u>

→ Enfin, inscrire le dispositif d'Analyse de la Pratique dans une logique systémique contient l'idée d'entendre les problématiques exprimées par les participants dans une logique systémique : c'est-à-dire les entendre dans leur multi-dimensionnalité. Nous approfondirons cela dans les points d'appuis 3, 4 et 5 avec la problématisation et les axes de dynamisation.

**EXPLICATIONS :**

- Dans la théorie systémique, pour faire simple : tout est lié. Comment imaginer qu'en inscrivant un dispositif de groupe au sein d'une organisation, il n'y ait pas d'effet dans l'ensemble du système et de ses sous-systèmes ? Il est incontestable que le fait même d'envisager la mise en place de ce type de dispositif déclenche déjà ces effets dans le système (principes de bases de la cybernétique). L'idée d'inscrire avec une vision systémique le dispositif d'analyse des pratiques a pour objectif de tenir compte d'une vue globale et de la complexité du système. L'intérêt est d'accompagner les effets d'interactions, qui ne manqueront pas de se manifester dès le démarrage des interventions, plutôt que d'en subir les conséquences.

- Dans la théorie systémique, on parle plutôt de systèmes au pluriel et de sous-systèmes pour insister sur la complexité interactionnelle d'une situation. En p. 115, je proposais une liste non exhaustive de plusieurs sous-systèmes. Parmi eux : le groupe des participants. Considérer le groupe comme un sous-système reprécise les enjeux complexes qui le traversent et qui l'entourent. <u>Il sera donc opportun de lire avec la grille systémique l'ensemble des dynamiques relationnelles au sein du groupe lui-même, pour mieux cerner les enjeux individuels et collectifs à cette prise de recul professionnelle.</u> Aussi, il sera opportun de saisir les dynamiques relationnelles entretenues avec les absents du groupe : les autres salariés, les cadres. Tentez de visualiser des « poupées russes » pour mieux vous familiariser avec la pensée systémique.

## COMMENT CONCRÈTEMENT ?

Avant toutes choses, il est important de se représenter de façon systémique cet espace d'Analyse des Pratiques au sein des différents systèmes <u>car, par le jeu des inter-relations, il les traverse et les impacte tous.</u> Je vous propose une modélisation afin de mettre plus de dynamisme dans votre représentation des Analyses de Pratiques. L'idée est que vous puissiez l'utiliser concrètement comme référentiel commun avec l'ensemble des protagonistes du système. Cette proposition pourra bousculer les représentations que vous avez de ces espaces en Analyse des Pratiques. Si vous réalisiez combien mettre du concret dans les mots « parle » aux participants. Si vous saviez combien aider des professionnels à traduire « dans la matière », leurs savoirs, leurs expériences, leurs expertises, leurs valeurs, leurs intentions, les soutient. Je le redis, <u>si vous souhaitez mener des Analyses de Pratiques qui visent une modification concrète des pratiques des participants, il est essentiel d'avoir une vision pragmatique de ces espaces que sont les Analyses de Pratiques.</u> Si vous pensez que les Analyses de la Pratique doivent rester conceptuelles et qu'elles consistent à aider les participants dans l'élaboration autour de notions, je pense que vous vous êtes trompés de livre...(*rire*)

Plus sérieusement, d'après mon expérience, sans un lien de qualité avec l'Institution, le dispositif d'Analyse des Pratiques démarre fortement affaibli.

```
┌─ MODÉLISATION DYNAMIQUE ─────────────────────────┐
│                                                   │
│  L'Analyse de la Pratique est un dispositif organisé et validé par l'institution, │
│  au service des objectifs premiers de cette dernière, et concrétisé par l'inves-  │
│  tissement des participants.                       │
│                                                   │
└───────────────────────────────────────────────────┘
```

 ## PAUSE RÉFLEXIVE N° 15

→ Comment cette modélisation résonne-t-elle dans votre représentation des Analyses de Pratiques ?

→ En tant que participant à des séances d'Analyse des Pratiques, quels liens pouvez-vous faire avec cette modélisation proposée ?

→ Quels avantages voyez-vous à une modélisation de ce type ?

→ Pouvez-vous transformer cette modélisation écrite en un dessin ou schéma, pour mieux vous l'approprier ?

### EXEMPLE APPLIQUÉ :

Contexte : séances d'Analyse de la Pratique mises en place auprès d'un groupe d'enseignants.

Modélisation contextualisée : les séances d'Analyse de la Pratique sont un dispositif organisé et validé par la direction de l'établissement scolaire, au service des élèves et de leur apprentissage, et concrétisé par l'investissement des enseignants.
De cette modélisation, peuvent être extraites de nombreuses informations rappelant la complexité du système et des sous-systèmes. Ces informations pourront être utilisées pour renforcer l'inscription systémique des Analyses de Pratiques au sein de l'organisation.

- Les séances d'Analyse de la Pratique, la Direction de l'établissement scolaire, et les enseignants sont au service des élèves
- Les séances d'Analyse de la Pratique et la Direction de l'établissement scolaire travaillent ensemble indirectement, par l'intermédiaire du groupe des enseignants participants.
- La Direction de l'établissement scolaire et les enseignants participants utilisent les séances d'Analyse de la Pratique pour atteindre leurs objectifs communs auprès des élèves.
- ...

En vous entraînant à cette vision systémique, vous gagnerez en aisance dans votre positionnement d'intervenant en Analyse de la Pratique. Pourquoi ? Parce que cela signifie que vous allez devenir porteur de cette vision dynamique des Analyses de Pratiques et que vous pourrez davantage utiliser l'énergie institutionnelle comme soutien à vos interventions. **Il sera donc particulièrement dynamisant pour le système (ensemble des acteurs : présents comme absents du dispositif) de lui proposer, dès les premiers échanges, cette modélisation dynamique des Analyses de Pratiques de façon à renforcer l'inscription systémique du dispositif d'Analyse de la Pratique dans l'organisation.**

Concrètement, il peut être pertinent avant de démarrer un dispositif d'Analyse de la Pratique dans un service, de communiquer aux futurs participants et à leurs cadres une brève présentation des Analyses de Pratiques. Il m'arrive fréquemment de proposer aux directions une note d'information, qu'elles pourront utiliser dans leurs réflexions et même diffuser aux équipes dans le but de clarifier l'outil d'Analyse de la Pratique avant sa mise en œuvre effective. Ainsi vous préparez la Rencontre des participants en accompagnant la direction à soutenir le dispositif d'Analyse des Pratiques prochainement mis en place. **Il s'agit là d'une véritable intervention systémique de votre place d'Intervenant en Analyse de la Pratique**.

Je vous partage avec confiance une note d'information que j'ai adressée à plusieurs institutions œuvrant dans l'accompagnement de personnes en situation de vulnérabilité. Cette note est à destination de la direction et peut être également diffusée aux participants dans un objectif de présentation de l'outil d'Analyse des Pratiques, en amont de sa mise en place prochaine. S'il peut vous aider à assainir les rencontres d'établissements et d'équipes à venir, j'en serai ravie. Vous avez l'autorisation pleine et entière de la reprendre telle quelle en remplaçant mon nom par le vôtre à condition de mentionner, par respect pour la propriété intellectuelle, qu'il s'agit d'un extrait du guide APEOS®. Aussi il sera important que vous réalisiez bien les objectifs que cette note d'information poursuit et l'exigence de cohérence qu'elle implique bien évidemment : entre ce que vous annoncez du dispositif et ce que vous ferez réellement. *(sourire)*.

Vous retrouverez cette note d'information également en annexe 5.

NOTE D'INFORMATION – ANALYSE DES PRATIQUES

Les Analyses de Pratiques Professionnelles sont des temps de réunion entre professionnels permettant de prendre du recul sur la pratique quotidienne auprès des usagers.
L'objectif est d'ouvrir la réflexion, pour chaque participant, de permettre une mutualisation des compétences et une aide au déblocage des situations de travail considérées comme difficiles et problématiques.

Les Analyses des Pratiques Professionnelles doivent être un lieu d'expression libre des pratiques professionnelles et pour des raisons de neutralité il est important que ces réunions soient menées par un professionnel extérieur à l'établissement s'engageant à la confidentialité des propos tenus dans ces moments, y compris envers la direction.

L'Analyse des Pratiques Professionnelles est un outil spécifique, précis, pouvant être très performant pour les participants en termes de retombées sur le terrain.

Il ne s'agit pas de confondre l'analyse des pratiques professionnelles avec d'autres types de réunions telles que :

- l'analyse institutionnelle dont l'objectif serait d'analyser comment l'institution est organisée, comment elle fonctionne et dysfonctionne ;

- la régulation d'équipe dont l'objectif serait de principalement régler les conflits et tensions entre professionnels ;

- la supervision relationnelle dont l'objectif serait que chaque participant analyse psychologiquement ce qu'il rejoue de sa vie personnelle dans son lien au public accueilli ;

- la supervision technique dont l'objectif serait de m'adresser à vous avec une expertise métier afin de vous aider à progresser dans votre pratique ;

- une étude de situation dont l'objectif serait de mieux comprendre intellectuellement les raisons du comportement d'un usager en analysant son histoire de vie et celle du développement de ses troubles et difficultés ;

- un temps de discussion dont l'objectif serait un temps de débat d'idées.

À bientôt pour une Rencontre,

Anne CHIMCHIRIAN,
Intervenante en Analyse des pratiques

Texte extrait du guide pratique à la Méthode APEOS®

> **Après avoir été en lien avec la direction d'un service souhaitant la mise en place de séances d'Analyse de la Pratique, demandez à Rencontrer le groupe avant la contractualisation.**

Lors de ce temps précieux, puisqu'il s'agit de votre premier contact avec ce groupe, vous aurez l'occasion de :

✓ vous présenter en tant qu'intervenant en analyse de la pratique. Pensez à mettre en avant le fait que vous avez suivi une formation spécifique à l'animation de ces groupes (si tel est le cas bien sûr), et n'hésitez pas à mettre en avant les éventuelles expériences professionnelles qui vous sembleraient pertinentes compte tenu du type d'organisation, service, public accueilli… ;

✓ cerner le profil des participants en vous intéressant particulièrement à leur fonction, et rôles spécifiques dans l'institution. Pensez également à leur demander leur date d'arrivée dans l'organisation, ainsi que leurs attentes, craintes et représentations autour des séances d'Analyse de la Pratique. Évitez de leur demander de témoigner de leurs expériences antérieures, faute de quoi ils pourraient se sentir en difficulté de les exprimer devant leurs collègues ;

✓ vérifier la bonne adéquation entre votre démarche d'intervenant en analyse des pratiques et la demande des participants. Et n'hésitez pas à générer des échanges de façon à viser la création d'un sens partagé commun ;

✓ recueillir aussi les questionnements et souhaits des participants concernant la composition du groupe de travail, le créneau, la fréquence et la durée des séances d'analyse de la pratique. N'hésitez pas à croiser leurs projections à votre avis technique en leur mentionnant les enjeux qu'il pourrait y avoir à être un groupe de 5 ou de 15, en pluridisciplinarité ou non, sur un temps d'1h ou 2h etc…, n'oubliez pas qu'il n'est pas question ici de valider quoi que ce soit du dispositif par respect pour l'autorité hiérarchique qui, généralement n'est pas présente lors de cette Rencontre.

---

**Je peux vous assurer que les directions sont très favorables à cette démarche de Rencontre car elles tiennent, elles-aussi à mettre en place un dispositif qui soit pérenne et adapté aux besoins des professionnels concernés. Il conviendra alors de demander à la direction d'organiser cette Rencontre afin de favoriser le nombre de professionnels présents.**

**— PARTAGE D'EXPÉRIENCE —**

Ce conseil d'effectuer une Rencontre avant toute contractualisation est évidemment applicable pour tout consultant me direz-vous. Tant mieux s'il peut vous servir concernant d'autres pans de votre pratique. Ce conseil est précisé ici car, très souvent, les conventions en Analyse des Pratiques sont signées sans cette vérification préalable de bonne compatibilité avec les participants. Cela ne fait que générer des résistances supplémentaires pour le dispositif.

**Appliqué aux métiers de l'accompagnement, qui par définition, engagent une forte composante humaine chez les professionnels, ne pas prendre soin de la rencontre est un contre-sens systémique.** Alors, oui, ce conseil d'effectuer une Rencontre des participants avant toute contractualisation n'est pas des moindres. **Il incarne concrètement l'inscription systémique du dispositif.**

 **Comment évaluer une éventuelle différence entre ce que les participants attendent et ce que demande le commanditaire ?**

En effectuant la Rencontre des participants pour calibrer les demandes et attentes de ces derniers autour du dispositif d'Analyse des Pratiques, vous vérifierez la demande réelle des participants, vous harmoniserez les différences individuelles relatives aux attentes envers le dispositif, et favoriserez une alliance de qualité pour le travail à venir avec le groupe.

Vérifier la réelle demande du groupe de participants est essentielle car elle peut nettement différer de ce que vous auront transmis les directions, et services des ressources humaines. Sans vérification de cette réelle demande, vous vous exposez en tant qu'intervenant en Analyse de la Pratique à une potentielle violence groupale et à juste titre. En effet, pour rappel, une rencontre ne se fait pas par l'intermédiaire d'un tiers : elle se fait directement. D'un point de vue de la dynamique affective du groupe, il serait violent de s'introduire dans un système sans s'être présenté à lui. Cela reviendrait à utiliser l'autorité pour s'imposer : ce qui est de l'autoritarisme[39].

---

[39] Cf. BILHERAN (2009), *L'autorité*, Collection 128. Dunod

 **Comment harmoniser la demande au sein d'un même groupe de participants ?**

L'idée principale est de permettre à toutes les résistances (individuelles et groupales) d'avoir un espace de libre expression au lieu de venir se jouer et se rejouer à chacune des séances de travail une fois le contrat signé. Croyez-moi, ce point vous donnera énormément de confort dans l'animation de vos séances à venir. Et cette harmonisation gagne à se faire lors de la Rencontre.

 **Comment amener la mise en place d'un dispositif d'Analyse de la Pratique si les expériences précédentes du groupe ont été négatives ?**

Sonder et drainer l'éventuel passif de l'outil Analyse des Pratiques pour le groupe a vraiment son importance. En effet, il arrive que certaines interventions en Analyse des Pratiques précédentes aient laissé « des traces plutôt négatives » auprès des participants et cela peut générer d'importantes résistances et craintes. Il sera vraiment facilitant pour le dispositif d'échanger avec l'ensemble des participants pour capter, comme mentionné précédemment, leurs représentations, attentes et craintes autour du dispositif que vous proposez.

Aussi, en termes de dynamique des groupes : une position basse par l'Intervenant en Analyse des Pratiques, actée par sa proposition d'une Rencontre préalable voire gracieuse, permettra d'apaiser les éventuelles dynamiques relationnelles d'adversité voire même de les transformer pour les remettre au service des objectifs premiers. Et cela, d'autant plus, si le caractère de participation envisagée par l'institution est obligatoire. Enfin, avec ce conseil appliqué, vous permettrez au groupe de se mettre dans une posture active de choix de son intervenant pour animer les séances d'Analyse de la Pratique à venir, et participerez au renforcement de son pouvoir d'agir.

## 5.2. Point d'Appui APEOS® n°2 : prendre soin de la dimension collective et être en posture facilitatrice

**ENJEUX À PRENDRE SOIN DE LA DIMENSION COLLECTIVE :**
Les Analyses de Pratiques sont majoritairement réalisées en groupe et souvent au sein d'une organisation. On ne le répète pas assez souvent à mon sens : **le groupe est bien plus que la somme des individus.** En effet toutes les personnes ayant eu des expériences de groupe le savent, et vous pouvez même, uniquement d'après votre expérience personnelle (en famille notamment), le sentir et le savoir intuitivement. La dynamique d'un groupe est puissante et elle peut, avec guidance, être véritablement mise au service pour faciliter l'atteinte d'objectifs. A contrario, une dynamique de groupe laissée

sans contenance pourra affaiblir voire empêcher complètement un dispositif de fonctionner. En prenant soin de la dimension groupale, vous donnerez une réelle chance à l'outil d'Analyse des Pratiques de s'installer de façon pérenne dans son nouveau contexte.

Mon expérience m'a montré que souvent les contrats d'Analyse de la Pratique s'arrêtent pour les intervenants qui n'ont pas su prendre suffisamment soin de cette dimension collective. Ce conseil est donc à prendre au sérieux. Et pour soigner une dynamique de groupe, alors il vous faut des connaissances, et des compétences car c'est bien de leadership dont il s'agit : de votre leadership. Aussi, l'adoption d'une posture facilitatrice sera un essentiel pour équilibrer votre rôle au sein du collectif et faciliter la démarche d'Analyse de la Pratique.

**EXPLICATIONS :**
Il paraît important de préciser en termes de dynamique des groupes, que **plus un groupe est au clair avec son contrat d'existence[40], plus il sera en capacité de co-porter et de co-veiller le cadre aux côtés de l'intervenant.** Pour ma part, je ne peux que vous conseiller de vous montrer lisible envers les participants : en méta-communiquant[41] régulièrement, en explicitant simplement vos interventions, points d'attention, relances et recadrages. Aussi il sera opportun de proposer des moments « méta » au groupe pour qu'il puisse renforcer sa capacité à observer son propre fonctionnement. Il pourra ainsi méta-analyser[42] sur la progression de la séance, les étapes franchies, les moments de transformation traversés, la veille à l'intégration de chacun des membres…

Cette lisibilité que vous rendrez transparente permettra au groupe de se saisir au mieux de votre style de leadership.

**En faisant ce choix de partager, plutôt que de masquer, vous montrerez votre capacité à utiliser l'autorité, comme énergie structurante et rassurante, et vous permettrez aux participants de faire davantage confiance au dispositif et de l'investir d'autant plus.**

Aussi, il me semble utile de rappeler qu'un leader est attendu dans sa cohérence : il est important qu'il incarne les principes et les règles qu'il a énoncés. Incarner avec cohérence le cadre de travail que vous proposez sera de loin plus efficient que tous les mots que vous pourriez trouver pour les énoncer ou les expliquer. Enfin, pensez à ne pas vous donner trop d'importance ☺ : vous êtes là pour faciliter les échanges et les processus…et non pas pour prendre une place de calife…(*sourire*)

---

[40] C'est-à-dire ce qui le lie ici et maintenant et justifie sa raison d'être.
[41] Communiquer sur la communication au sein du groupe (celle entre les participants eux-mêmes et celle entre eux et vous).
[42] Réfléchir à ses analyses

Lors de chacune des séances d'Analyse de la Pratique, il est judicieux de repréciser les objectifs, pour le groupe, (vus et convenus lors de la Rencontre réalisée auparavant), afin d'inscrire de la continuité dans cette vie nouvelle de groupe. D'autant plus au démarrage.

## COMMENT CONCRÈTEMENT ?

Si de nouveaux participants arrivent en cours de dispositif (ayant donc été absents lors de la Rencontre, car recrutés depuis peu par exemple), il est important de veiller à leur bonne intégration.

Je vous invite à considérer qu'**à chaque nouveau visage, c'est un nouveau groupe qui naît**. Autrement dit, il suffit d'une nouvelle arrivée dans un groupe pour devoir reprendre le processus d'accueil d'un nouveau groupe. Si cela vous étonne, alors essayez d'imaginer que vous êtes une personne qui vient d'arriver dans un groupe déjà constitué et dont l'animateur ne prend pas soin de vous intégrer spécialement…

Ensuite, lors de la première séance d'AP, il sera opportun de définir et de faire valider individuellement et collectivement les règles de fonctionnement.

Les expériences professionnelles que j'ai eues, m'ont montré que les groupes d'Analyse des Pratiques ne sont majoritairement pas dans l'attente de passer du temps à coconstruire la définition des règles. Ils placent souvent plus leur intérêt à entrer dans l'exercice en préférant s'assurer simplement que les règles sont en cohérence avec les objectifs énoncés. Cependant si une équipe a connu des expériences négatives voire violentes avec ce dispositif, il peut être opportun de consacrer un temps plus important (1h voire 2h) à la pose du cadre de fonctionnement. Peut-être aurez-vous d'autres expériences ; celle énoncée reste la mienne bien évidemment.

Concrètement, pour animer des groupes d'Analyse de la Pratique, dont l'objectif est de « permettre un temps d'échange entre professionnels pour prendre du recul, mutualiser les compétences, diminuer le sentiment d'isolement et modifier concrètement la pratique », vous avez plusieurs règles possibles.

Avec humour, je me permettrai de dire qu'ayant beaucoup travaillé auprès d'éducateurs, j'ai appris à éviter l'utilisation du mot « règle » tout comme les listes injonctives afin d'éviter des résistances voire « placages de rugby » désagréables *(rire)*... Plus sérieusement et étant fondamentalement humaniste, je crois réellement à l'intelligence et à la bienveillance humaine. **De ce fait, je préfère m'adresser à un groupe en lui proposant des « principes » pour mieux fonctionner ensemble que de lui adresser une liste de règles à suivre. Aussi, je veille à lui donner une définition opératoire de ces principes de façon que les mots illustrant les principes se traduisent dans la matière et puissent être compris concrètement.** Il conviendra évidemment, après explicitation de ces derniers, d'aller rechercher la validation de ces principes par le groupe et donc auprès de chaque membre du groupe. Dans ce livre, je vous partage les principes que j'utilise depuis de nombreuses années maintenant, je les ai d'ailleurs nommés, avec le temps « principes-piliers ». L'ordre d'apparition dans lequel je vous les présente a son importance :

## 5.2.1. Principe-pilier n° 1 : la confidentialité
### *« Ce qui se dit en Analyse des Pratiques reste dans la séance »*

Souvent contenu synthétiquement dans la phrase « ce qui se dit ici reste ici », ce principe est extrêmement important en termes de sécurité pour la parole déposée des participants. N'hésitez pas à souligner le caractère de responsabilité individuelle impliqué dans le respect de ce principe. Aussi, vous pourrez préciser au groupe un principe phare de communication en systémie : *« À partir du moment où des propos sont sortis de leur contexte, ils sont déformés »*. Il vous sera ainsi facile de justifier de façon sensée ce principe-pilier de confidentialité auprès des participants. Il m'arrive de parfaire l'explication de ce principe en précisant que si une personne n'est pas là pour la séance d'Analyse des Pratiques, il est normal qu'elle n'ait pas accès au contenu de la séance et qu'il est donc inutile de venir demander aux collègues ce qui s'y passe ; les rassurant souvent avec humour : *« Ne vous inquiétez pas, on survit tout à fait, même si on rate une séance d'Analyse des Pratiques ! »*.

Pensez à évoquer la réciproque : vous aussi, en tant qu'intervenant AP, êtes concerné par la confidentialité des propos tenus lors des séances, y compris envers la direction. Aussi, n'hésitez pas à rappeler aux participants, qu'ils peuvent utiliser les noms et prénoms des personnes au travers desquelles ils amènent les problématiques puisque vous tous êtes tenus à la confidentialité. En effet, permettre aux professionnels de nommer les personnes qu'ils accompagnent vous donnera une véritable matière pour enrichir les séances d'Analyse de la Pratique : aussi bien dans la phase de formulation de la problématique que dans celle d'exploration (nous le verrons dans le chapitre 5.5).

> **Pensez à vérifier la bonne compréhension de ce principe par le groupe et à le faire valider. La validation pourra se faire oralement ou par écrit (au paperboard par exemple, avec une feuille que vous pourriez ramener chaque fois).**

## 5.2.2. Principe-pilier n° 2 : l'humilité
### *« Ce qui se dit en APP m'apprend »*

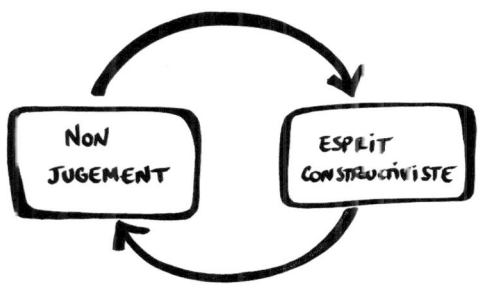

Vous verrez que ce second principe-pilier de l'Humilité est assez intriqué avec le troisième relatif à la Subjectivité qui suit. Pour moi, ils sont liés au point que je puisse dire que l'un est la réciproque vertueuse de l'autre. En effet, il ne peut, selon moi, y avoir d'humilité sans subjectivité et inversement.

Humilité vient du latin « humus » signifiant la terre et rappelant par là même l'importance de ne pas avoir une attitude se plaçant au-dessus des choses, dans un sens de supériorité ou de volonté de domination. Ce principe d'Humilité, énoncé dans un groupe d'Analyse de Pratiques permet de rappeler l'importance pour chacun des participants de se placer en position d'apprenant dans ces séances. Ce principe peut également agir comme un rappel si certains pensaient qu'avec le temps, la vérité universelle se découvre et que les années passant, il n'y aurait plus rien à questionner...(*sourire*).

Ce principe est fondamental par exemple pour permettre à de jeunes professionnels de prendre la parole avec autant de légitimité que le font leurs homologues plus anciens dans la profession, au cours d'une séance d'AP.

Ce principe est également essentiel pour vous donner, en tant qu'intervenant en Analyse des Pratiques, de la latitude dans la conduite de vos séances. <u>En effet, en Analyse des Pratiques on ne cherche pas uniquement à rendre lisible les pratiques déjà existantes, on cherche également à remettre de la perspective voire à en générer de nouvelles du fait des échanges partagés autour des problématiques professionnelles travaillées.</u>

Concrètement, il s'agit d'expliciter aux participants que ce principe-pilier d'Humilité les engage à se rappeler les 3 mentions suivantes :
- j'apprends continuellement concernant la pratique de mon métier ;
- j'apprends continuellement de la pratique de mes collègues ;
- j'apprends continuellement des situations professionnelles que je rencontre.

Pour mieux saisir l'esprit de ce principe que je vous nomme là, je peux vous renvoyer vers la notion « d'humilité vertueuse » citée par DESCARTES dans son ouvrage les Passions de l'Âme. Je pourrai vous orienter également vers SPINOZA. J'ai été particulièrement sensible à cette définition que donne ce philosophe pour illustrer l'humilité. Selon lui, l'humilité découlerait de *« la tristesse née de ce que l'homme considère être son impuissance ou sa faiblesse[43] »*. À voir si ces mots vous parlent...moi, ils m'ont profondément touchée. De façon très concrète, vous pouvez décliner facilement auprès des participants ce principe-pilier de l'Humilité par le discours opératoire suivant : *« quand on est réellement dans une posture humble, alors le respect de l'autre est évident. On cherche à l'écouter, sans jugement, sans lui couper la parole et sans chercher à le convaincre »*. Là est l'intérêt de présenter l'accord sur des règles de fonctionnement par l'intermédiaire de principes. Ainsi en parlant d'humilité, il me semble que les règles du type : ne pas se couper la parole, ne pas se juger, se parler avec bienveillance, éteindre son téléphone portable...sont implicitement contenues. À l'évidence, ce principe d'Humilité est également valable pour l'intervenant en Analyse de la Pratique sous peine de générer une importance incohérence dans le dispositif. A l'intervenant lui-même donc d'incarner son humilité en prenant soin de questionner les participants sur leur pratique au-delà de ses propres représentations, voire réflexes professionnels.

Il s'agira aussi de préciser régulièrement au groupe qu'en tant qu'animateur il connaît une méthode qui va les aider ensemble à cheminer et qu'il ne se place aucunement comme connaisseur de la finalité des échanges.

En mots simples, pour que cela parle facilement aux groupes accompagnés, vous pouvez utiliser les mots suivants : *« je ne sais pas tout »*, *« je ne connais pas l'autre »*, *« il n'existe pas de vérité unique »*.

---

> **Pensez à vérifier la bonne compréhension de ce principe par le groupe et à le faire valider.**

---

## 5.2.3. Principe-pilier n° 3 : la subjectivité
### *« De ma place je pense que..., je vois que... et je le dis en Analyse des Pratiques »*

Ce principe permet de repréciser le caractère subjectif du vécu et des observations, réflexions et questionnements exprimés. Il permet par là-même, d'asseoir le postulat

---

[43] SPINOZA, B. (1994). *L'éthique*. Gallimard, Folio Essais

138

constructiviste si essentiel pour un groupe d'Analyse de la Pratique : *« autour de cette table, il y a autant de façons de voir les choses que de participants »*. En encourageant les participants à prendre la responsabilité individuelle de leurs propos et observations, en leur indiquant concrètement qu'utiliser le « Moi je » est, dans cet espace, parfaitement indiqué pour répondre aux objectifs du dispositif, vous permettez véritablement aux participants d'investir ces temps dédiés à leur pratique car vous sécurisez la dynamique communicationnelle en réduisant les possibilités d'adversité, et de conflit. En effet, vous favorisez l'écoute du groupe dans ses différences inter-individuelles, et mieux que ça : vous lui apprendrez à s'en enrichir. Ainsi le principe-pilier relatif à l'Humilité est bien intriqué à celui de la Subjectivité. En effet, le travail d'Analyse de la Pratique permet de mettre en relief les vérités subjectives au sein d'un groupe et un des exercices centraux pour l'intervenant est justement d'arriver à intégrer l'existence concomitante de toutes ces « vérités individuelles ». Nous retrouvons là le postulat fondamental du constructivisme.

---

**Pensez à vérifier la bonne compréhension de ce principe par le groupe et à le faire valider.**

---

## 5.2.4. Principe-pilier n° 4 : la disponibilité
### *« En APP, je suis pleinement là »*

L'intention de ce principe est de venir encourager l'investissement des séances par les participants en leur rappelant concrètement l'importance de <u>leur présence consciente et posture active</u> durant ces temps spécifiques que sont les Analyses de Pratiques. Je vous conseille, comme pour les principes-piliers précédents, de repréciser aux participants la dimension opératoire de la disponibilité, c'est-à-dire comment elle se traduit concrètement et quel intérêt elle a pour le fonctionnement du groupe :

- L'importance de la ponctualité énoncée par exemple comme suit : *« Les séances que j'anime débuteront, une fois par mois, le jeudi de 9h30 à 11h30. C'est important pour moi que nous commencions à l'heure et je m'engage également à ce que nous terminions à l'heure, car, en termes d'investissement, un espace-temps respecté a toute son importance pour venir structurer l'attention nécessaire à l'exercice de recul que je vous demande. Il s'agira aussi du respect de votre travail tout simplement, car je sais bien que vous devez reprendre vos activités à l'heure convenue ».*

- L'importance d'une présence pleine et entière durant la séance énoncée par exemple comme telle : *« Je vous demanderai pendant ces temps d'Analyse de la Pratique d'être véritablement à l'écoute, concentré sur ce qui se dit, dans les mots et entre les lignes peut-être. Je compte sur vous pour ramener vos présences si vous sentez votre attention qui s'égare, pour enrichir les échanges, partager vos expériences pour aider les collègues. De mon côté, je ferai au mieux pour assurer une séance intéressante ».*

---

**Pensez à vérifier la bonne compréhension de ce principe par le groupe et à le faire valider.**

---

N'hésitez pas si certains visages grimacent à l'évocation de ce principe, d'expliciter qu'il s'agit là d'une tendance vers laquelle vous conduirez le groupe et que même s'il peut arriver quelques fois humainement qu'il nous soit difficile de centrer notre attention de façon constante, il est important d'en avoir conscience et de faire au mieux pour ramener son esprit et être présent. Cela a d'autant plus de sens si les Analyses de Pratiques se déroulent dans des secteurs de l'accompagnement. En effet les participants pourront facilement saisir qu'il s'agit là de la même présence qu'ils ont l'habitude d'accorder à ceux qu'ils accompagnent au quotidien et qu'ils ont ainsi, tout intérêt à développer cette compétence pour la rendre davantage forte et constante.

**Ces principes énoncés sous forme de piliers vous permettront d'être synthétique auprès du groupe et d'éviter de lister des règles qui pourraient conduire à des résistances supplémentaires du fait de leur nombre et finalement s'avérer confuses dans leur degré d'importance.** L'important, rappelez-vous, n'est pas de passer une heure (ou plus) sur la pose du cadre. Il s'agit plutôt de l'incarner avec cohérence après l'avoir explicité *(sourire)*… Et honnêtement, cela peut vraiment prendre moins de 3 minutes. Mes stagiaires m'ont vu organiser des tâches d'entrainement, avec un « chrono en main » *(rires)*.

 ## Et le Respect ou la Bienveillance ?

En prenant soin d'expliquer et surtout d'incarner une posture humble et engagée auprès d'un groupe de professionnels, tournée vers le sens premier de leur travail, le respect et la bienveillance seront implicitement intégrés dans les dynamiques relationnelles au sein du groupe et vous n'aurez aucunement besoin de les préciser oralement. C'est le constat que je fais depuis plusieurs années maintenant. Et puisque nous en sommes à partager des pépites de terrain entre intervenants APP, sachez que j'utilise rarement le Principepilier n°4 ; il semblerait que les 3 premiers soient suffisants pour « faire la job » *(dédicace à mes homologues québécois)*.

 ## Et les téléphones ? on n'en parle pas ?

Décidément vous êtes des passionnés ! Figurez-vous que j'ai appris avec les années à vraiment faire confiance au <u>cadre implicite.</u> Quelques fois, à mon sens, il faut savoir ne pas donner trop d'importance aux choses dont justement on souhaiterait qu'elles prennent moins de place (*sourire*). Pour ma part, vous comprendrez que je choisis plutôt d'insister sur les principes-piliers cités pour conduire implicitement à ce que les participants saisissent d'eux-mêmes tous les comportements attendus qui en découlent. Bien sûr chaque groupe a son histoire et nécessitera un ajustement unique pour le conduire. Toutefois, il me semble important de reconnaître que les téléphones, notamment portables, ont pris une place considérable ces dernières années. C'est une réalité. De plus en plus de professionnels et même de bénévoles disposent de téléphone portable de service, en plus de leur portable personnel.

J'attire donc votre attention sur votre bon sens avant tout. S'il s'agit d'un portable personnel, le recadrage à mon sens devra être différent de s'il s'agit du téléphone professionnel. Je crois sincèrement que le plus simple est de rappeler les principes-piliers et si cela ne vous semble pas suffire, alors je vous encourage sincèrement à en parler directement avec le groupe. Directement veut dire là : sans intermédiaire. Et pour moi, il signifie aussi : sans animosité. Il sera bienvenu d'exprimer vos interrogations concernant la présence forte des téléphones lors des temps d'Analyse de la Pratique et de rester dans un lien de co-construction avec le groupe de façon à protéger les fonctions du dispositif d'Analyse de la Pratique dont vous restez le garant.

Il conviendra de respecter :

- la **réalité de disponibilité professionnelle** : quelles fonctions a ce téléphone pour le fonctionnement du service et les éventuels bénéficiaires ? Est-ce un téléphone d'astreinte ? Car suivant le type de service, certains téléphones doivent rester allumés, et ce, même dans les réunions, y compris les AP ;
  **ET**
- la **réalité de disponibilité personnelle :** une personne attendant des nouvelles importantes de type santé d'un proche par exemple aura sans doute besoin d'avoir accès à son téléphone. Et ce n'est pas grave puisqu'il s'agit d'un cas, à priori, exceptionnel.

**J'ai pour ma part, déjà demandé à plusieurs reprises à des infirmières, ayant le téléphone du service avec elles, de simplement le mettre sur vibreur et de s'asseoir près de la porte en cas de besoin de décrocher, afin de gêner le moins possible la séance. Et j'ai également laissé plusieurs professionnels et bénévoles avoir leur portable personnel sous les yeux car ils attendaient des nouvelles relatives à la situation d'un de leurs proche, en leur demandant de le mettre en silencieux et de le regarder uniquement s'il s'allume. Oui, quelques fois les gens ont besoin qu'on les accompagne jusque dans ce type de détail pour qu'ils puissent se rendre disponible. Dites-vous qu'ils manquent simplement de recul : d'une certaine façon vous êtes donc complètement dans votre fonction d'Intervenant en Analyse des Pratiques** (*sourire*).

**PARTAGE D'EXPÉRIENCE**

Prendre soin de la dimension groupale et ajuster son leadership d'intervenant, c'est :

Accompagner le processus de naissance du groupe

Veiller à la sécurité des participants pour qu'ils puissent développer et renforcer des liens de confiance

Garantir la bonne compréhension des règles de fonctionnement par tous les participants et veiller à leur application concrète

Garder en tête que ce groupe est unique et que son fonctionnement est intriqué à votre leadership

Se positionner à même distance de tous les membres

Être cohérent entre vos dires et vos actes

 **PAUSE RÉFLEXIVE N° 16**

→ Qu'ai-je fait concrètement pour accompagner la naissance de chacun des nouveaux groupes dont j'assure l'animation en Analyse de la Pratique ?

→ Comment est-ce que je prends soin de veiller à la sécurité de chacun dans le groupe ?

→ A quels moments suis-je intervenu dans le groupe ? Pourquoi ? Quels effets ai-je pu observer par la suite concernant la dynamique des participants ?

→ Suis-je à même distance de tous les participants ou bien ai-je tendance à me rapprocher de certains participants ? Si rapprochement : pour quelles raisons est-ce que je me rapproche de certains ? Qu'est-ce que cette équanimité rappelée dans ce livre peut apporter au groupe ? Suis-je à l'aise avec cette question de la même distance avec tous les participants ? Pourquoi ?

→ A quels moments, honnêtement, puis-je considérer que j'ai manqué de cohérence entre mes dires et mes actes ? Que puis-je faire concrètement pour améliorer cette cohérence ?

→ Suis-je capable de demander au groupe de débriefer mon positionnement d'animateur afin d'avoir leurs retours ?

## 5.3. Point d'Appui APEOS® n°3 : formuler une problématique individuelle et opératoire à chaque séance

Je vous souris. Vraiment. Vous savez pourquoi ? Parce que pour moi, ce point d'appui n°3, est le cœur de la Méthode APEOS®. C'est un peu comme si je vous ouvrais les portes de l'épicentre d'un phénomène que j'étudie depuis seize années. Je vous souris aussi parce que <u>ce point est assez technique</u>. Enfin, j'ai conscience que peu d'intervenants et auteurs défendent ce point de vue d'une problématique individuelle et opératoire par séance. **En effet, très souvent la dimension opératoire des pratiques est très peu explorée.** S'entraîner à acquérir cette formulation pourra vous paraitre fastidieux, c'est d'ailleurs dans les sessions de formation que j'anime, la séquence à laquelle je consacre le plus de temps avec les stagiaires. Elle est également au centre des dispositifs de perfectionnement que je propose. C'est dire. <u>A l'image d'un cap à passer, une fois cette capacité de reformulation acquise, elle vous donnera un important confort d'animation pour vos séances.</u> Les intervenants l'utilisant dans leur méthodologie d'intervention pour structurer leurs séances d'Analyse de la Pratique en font le constat et ont des feedbacks très positifs des équipes qu'ils accompagnent. Il est clair que ce point d'appui, mis en avant ici, vient poser assez frontalement la question du déroulement des séances d'Analyse des Pratiques, d'autant plus si vous en conduisez déjà. Il évoque les paramètres que vous retenez pour agencer les différentes séquences d'animation, le choix de vos étapes, les raisons qui vous poussent à les piloter ainsi... Aussi, à lui seul ce point d'appui rappelle comme un cliché réalisé en contre-plongée, le vertigineux de ces instances d'Analyse de la Pratique : <u>si précises à animer et si humaines à conduire</u>. Elles sont véritablement périlleuses mêlant complexité, subtilité, technicité et sensibilité. Bref, un domaine aussi exigeant que passionnant !

 **PAUSE RÉFLEXIVE N° 17**

→ Choisissez-vous une ou plusieurs problématiques par séance d'Analyse de la Pratique ? Pourquoi ?

→ Est-ce des problématiques ou des thèmes ?

→ Estimez-vous que ce soit à vous ou au groupe de choisir la/les problématique(s) de la séance ? Pourquoi ? Si c'est vous : Comment choisissez-vous la/les problématique(s) de la séance ? Sur quels critères ? Et si vous laissez le groupe choisir : comment le laissez-vous faire ce choix ?

→ Cette phase d'animation relative au choix de la problématique, vous est-elle désagréable ? Pourquoi ?

**Dans la Méthode APEOS® le travail sur la problématique individuelle et opératoire est central. Vous partager cela est un choix pédagogique et technique.** Il m'aura fallu du temps pour cerner les variables clés d'une problématique permettant un travail dynamique, approfondi et efficient en séances d'Analyse de la Pratique pour tous les participants : exposants comme écoutants. Ce sont évidemment les équipes qui m'ont guidée et permis de capter au travers de leurs retours ces points clés, quand je leur demandais de débriefer les techniques d'animation qui avaient été les miennes.

Malgré la diversité des secteurs dans lesquels j'ai pu accompagner des groupes sur des contrats d'Analyse de la Pratique, les participants se sont montrés unanimes sur deux constats :

→ Quand les séances d'Analyse de la Pratique se rapportent au concret et au pragmatique du terrain, les séances sont vécues comme intéressantes par les participants (exposant comme écoutants).

→ Travailler de façon approfondie sur une seule problématique individuelle et opératoire par séance permet une réelle modification de la pratique en après-coup pour l'ensemble des participants (exposant comme écoutants), par transposition à des situations vécues comme similaires.

 ## Qu'est-ce que ça veut dire concrètement une problématique individuelle et opératoire ?

Une problématique individuelle veut dire qu'elle est exprimée et portée par un seul participant et non pas par plusieurs. Elle est donc reformulée en intégrant les composantes uniques de l'individu l'ayant exprimée : les éléments objectifs à sa fonction et les éléments subjectifs issus de ses sensibilités professionnelles.
Une problématique opératoire veut dire qu'elle évoque la façon concrète de procéder. A l'inverse d'une problématique théorique qui repose sur des hypothèses, et des concepts.

144

Une problématique individuelle et opératoire signifie donc une problématique concrète de terrain, exprimée par un individu, comprenant aussi bien des éléments objectifs issus du contexte, de ses actions posées et de sa fonction, que des éléments subjectifs relatifs à ses propres sensibilités.

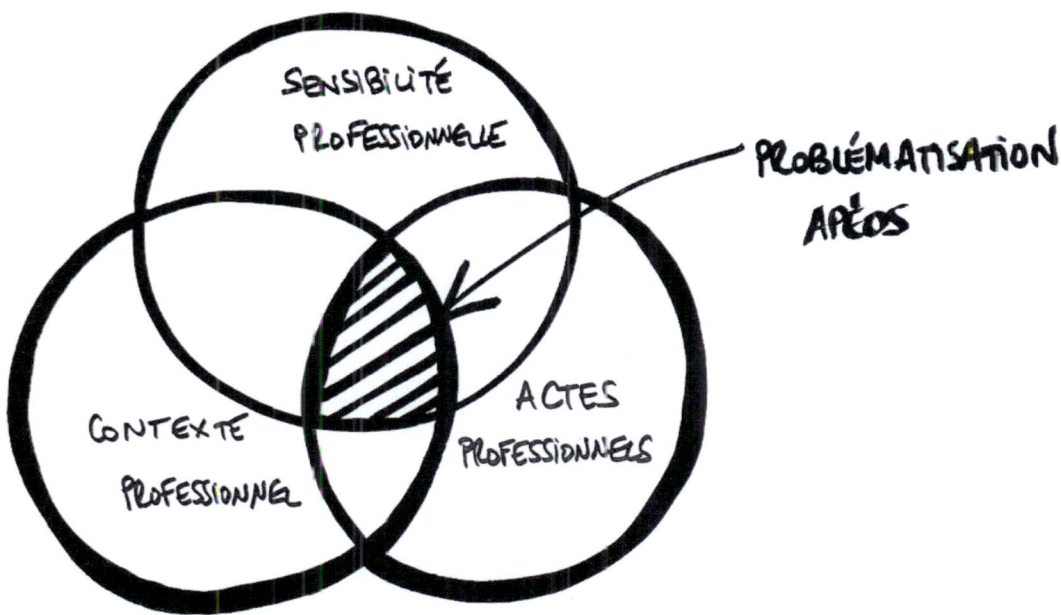

*Figure 17 : problématisation APEOS®*

Une autre façon de définir la problématisation APEOS®, en langage CNV (Communication Non Violente) d'après Marshall ROSENBERG[44] , serait de dire, que **la problématisation vise à permettre à l'exposant l'expression authentique de sa difficulté du moment, en lui donnant la possibilité de conscientiser les points de tensions et éventuels vécus d'ambivalence relatifs à la problématique qui le traverse ici et maintenant.**

 **Une problématique individuelle et opératoire au centre du travail d'Analyse des Pratiques : <u>quel intérêt</u> ?**

Cela signifie une problématique exploitable pour le travail en Analyse des Pratiques, permettant des relances dynamiques, un travail profond de questionnement et un véritable potentiel de modification des pratiques par la suite.

C'est donc une garantie d'efficience pour les participants et un véritable « filet de sécurité » pour l'intervenant en Analyse des Pratiques qui, en quelque sorte, bénéficie d'un portrait-robot d'une problématique « APPéable »[45].

---

[44] ROSENBERG.M (2016), *Les mots sont des fenêtres, ou bien ce sont des murs*, Editions La Découverte.
[45] À entendre comme permettant l'APP (*sourire*).

 # Une problématique individuelle et opératoire au centre du travail d'Analyse des Pratiques : <u>pourquoi ça fonctionne aussi bien</u> ?

Parce que « ça parle vraiment[46] » aux participants : exposant comme écoutants. En effet la dimension pragmatique des pratiques parle à tous, y compris les plus réservés et sceptiques, qui pourront se sentir rassurés sur le processus et s'impliquer ainsi à leur rythme. Ça vous parait trop simple ? Effectivement, c'est simple. Je n'ai pas dit que c'était facile à faire (*sourire*).

Je vous indique qu'en orientant chaque séance d'Analyse des pratiques sur une seule problématique professionnelle, en veillant bien à ce qu'elle soit individuelle et opératoire, vous proposerez un travail qui <u>intéressera</u> fortement les participants. A l'évidence, dans la logique d'éviter tout risque inutile de glissements de cadre, je me permets de vous conseiller, notamment lors de vos débuts, de ne <u>retenir que les problématiques étant en lien direct avec le cœur de métier des participants</u>. Il ne s'agit pas d'occulter les autres dimensions touchant à la situation bien sûr. Il s'agit plutôt de rester centré sur la mission première des organisations dans lesquelles vous intervenez.

Ainsi, dans le milieu de la petite enfance, je vous invite à sélectionner des problématiques préférentiellement en lien avec les usagers directs : c'est-à-dire les enfants plutôt que les parents. Autre exemple, dans le milieu de l'enseignement, il s'agira de relever les problématiques en lien avec les élèves ou adultes apprenants (et non pas celles avec les collègues enseignants ou la direction). En secteur hospitalier, il conviendra de retenir les problématiques évoquées par les participants en lien avec les patients (et non pas celles avec les collègues soignants ou la direction).

## ENJEUX À FORMULER UNE PROBLÉMATIQUE INDIVIDUELLE ET OPÉRATOIRE À CHAQUE SÉANCE :

→ vous allez potentialiser les effets de la séance d'Analyse de la Pratique pour l'ensemble des participants, exposant comme écoutants ;

→ vous vous offrez en tant qu'intervenant une véritable sécurité pour vous assurer que la problématique choisie permette bien d'animer des échanges approfondis tout au long de la séance. En assurant cette profondeur de travail en Analyse des Pratiques à chaque séance, vous pourrez plus facilement tenir avec aisance l'animation sur plusieurs années ;

→ vous allez maximiser l'intérêt des participants.

## EXPLICATIONS :

Les mécanismes identificatoires dans le groupe sont démultipliés lorsqu'on utilise des problématiques individuelles et opératoires. L'identification est en effet facilitée pour l'ensemble des participants puisque le dénominateur commun professionnel est utilisé

---

[46] Ce sont les mots utilisés par les participants dans leurs retours de dispositifs.

pour renforcer le lien. La récupération et la capitalisation d'éléments relatifs à la pratique sont augmentées pour tous : ils sont alors applicables pour chacun des participants, transférables à d'autres situations et ce, dès maintenant. La séance est vécue comme plus intéressante et à forte probabilité de modification de la pratique pour l'ensemble du groupe.

- Si la problématique est individuelle, elle permettra d'autant plus de précisions dans son expression par l'exposant, et facilitera pour l'intervenant sa reformulation.
- Si la problématique est formulée de façon opératoire par l'exposant, elle est plus proche du « terrain » et donc elle sera amenée avec plus de richesse (nombreux éléments) et de spontanéité car ce dernier n'aura pas à faire de travail de traduction ou de conceptualisation de sa pratique : il la questionnera dans ses enjeux les plus concrets, dans sa composante la plus « brute ».
- Si la problématique est individuelle et opératoire, à elle seule cette formulation de problématique viendra neutraliser d'éventuelles tensions relationnelles car la subjectivité affirmée par l'exposant absorbera tout risque de projection négative perçue par les écoutants.
- Si la problématique est individuelle et opératoire, à elle-seule cette formulation de problématique facilitera les échanges entre professionnels malgré des différences fortes en termes de capacités de conceptualisation et de prise de recul.

**Formuler une problématique individuelle et opératoire à partir du discours de l'exposant est un excellent levier pour diminuer le sentiment d'isolement** : pour l'exposant lui-même et aussi pour ceux qui, par identification, se reconnaîtront dans la problématique.

## COMMENT CONCRÈTEMENT ?

Questionner et valider en amont la composition du groupe d'Analyse de la Pratique que vous animez est à mon sens primordial. « Qui décide de la composition de ces groupes[47] ? » et « À quoi être vigilant pour la constitution de ces groupes[48] ? » sont des questions souvent posées lors des sessions de perfectionnement et de supervision technique que je dispense. Pour répondre de façon détaillée à ces questions, je vous propose d'étudier le contenu des 2 articles cités en notes de bas de page, que j'ai rédigés en mai et octobre 2022.

En effet, si le groupe est constitué de personnes (ou de professionnels) n'ayant que peu de dénominateurs communs entre eux, alors votre dispositif d'Analyse des Pratiques risque un flop. Il est très important de veiller à certains paramètres pour constituer le groupe de participants en Analyse de la Pratique.

---

[47] https://www.analysedespratiques.com/composition-des-groupes-danalyse-de-la-pratique-professionnelle-qui-decide

[48] https://www.analysedespratiques.com/composition-dun-groupe-danalyse-des-pratiques-professionnelles-a-quoi-etre-vigilant

Il est important que vous puissiez avoir confiance dans le fait qu'une problématique individuelle, clarifiée dans sa dimension opératoire intéressera tous les autres participants et que le choix de la problématique pour la séance ne sera en fait qu'une « porte d'entrée » pour faire travailler l'ensemble des participants. En effet, la problématique individuelle choisie pour la séance permet un point de fixation explicite pour le groupe. Et pendant que la pratique de l'exposant est exprimée, tous les participants entrent en résonance conduisant ainsi chaque participant à réfléchir à ses propres pratiques plus implicitement.

Soyez émerveillés de voir comment les écoutants, par le jeu des mécanismes identificatoires, partagent généreusement leurs expériences à l'exposant. Et regardez également combien ils sont eux-mêmes en pleine transformation de leurs pratiques.

J'ai pour ma part repéré, avec les années, certaines formulations de problématiques professionnelles facilitantes pour animer les séances d'Analyse de la Pratique. À l'image d'un « portrait-robot », la problématisation APEOS® vous permet, nous l'avons vu, de vérifier la validité d'une problématique (professionnelle) riche à exploiter pour l'entièreté du groupe et de faciliter une profondeur d'analyse.

Aussi, grâce à cette formulation de problématique, vous aurez accès aux 4 axes de dynamisation[49]. Évidemment, posée sur papier ainsi, elle pourra vous paraitre facile ou au contraire, assez énigmatique. Des exemples appliqués suivent pour vous aider à mieux comprendre concrètement cette proposition de formulation.

---

[49] Ces derniers seront détaillés dans la partie 5.5, et vous permettront d'effectuer des relances pertinentes au cours de votre séance d'Analyse de la Pratique.

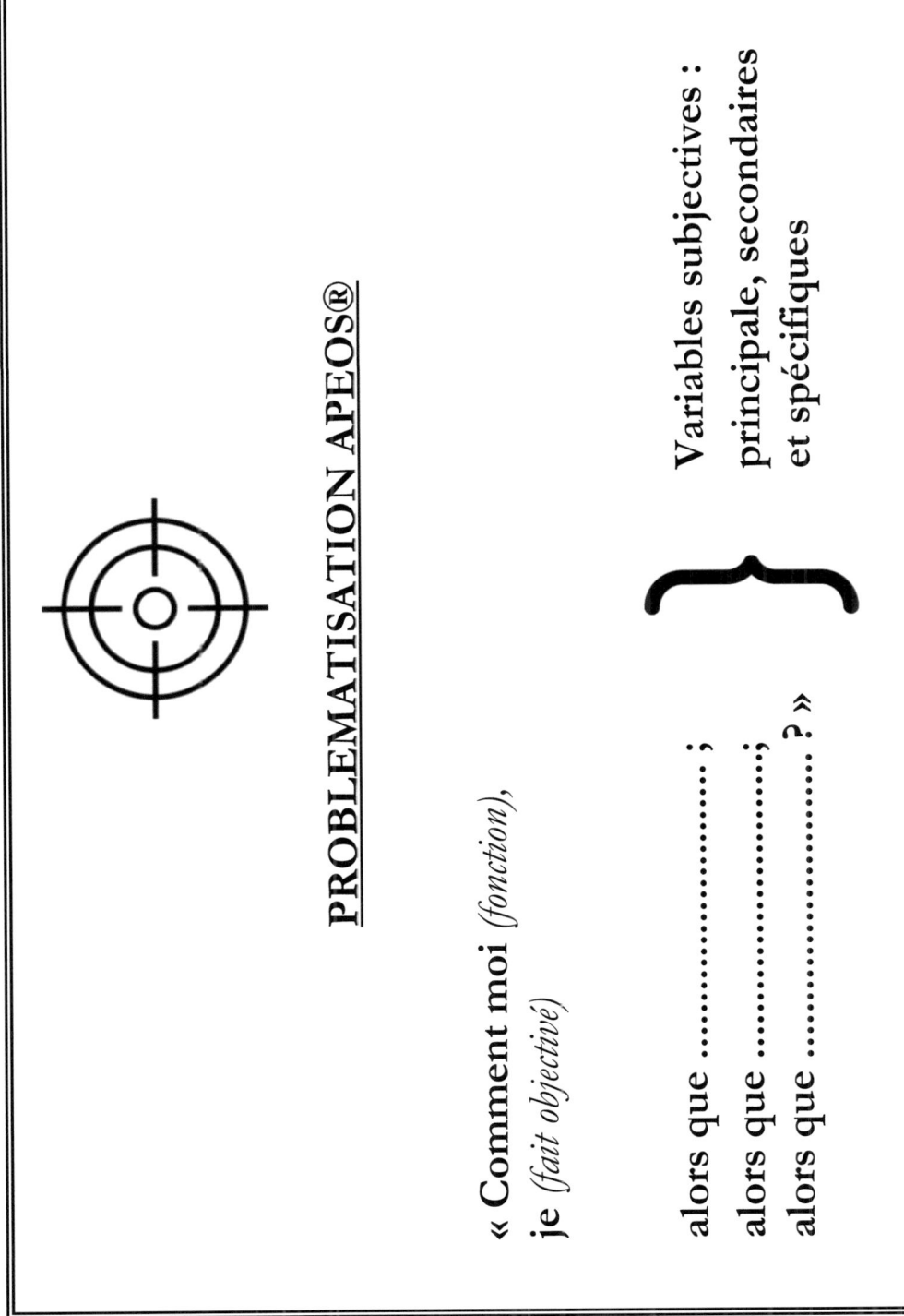

Figure 18 : formulation de la problématisation APEOS®

Cet agencement d'éléments vous aidera à **discerner** dans le discours de l'exposant, **la quintessence du questionnement** qui est le sien, **en dégageant les enjeux premiers** qu'il en perçoit ici et maintenant dans sa pratique.

---

**Le format de problématisation suggéré par la Méthode APEOS® évoque le contexte, les actions (professionnelles) tout en tenant compte de sensibilités pouvant être convoquées dans la situation. Il n'évoque aucunement les prénoms des professionnels (personnes) apportant leur problématique individuelle et opératoire. L'aviez-vous remarqué ?**
**Pour quelle raison est-il préférable de ne pas mentionner les prénoms ? Tout simplement pour éviter de cristalliser les problématiques sur des personnes. Le risque étant de convoquer un probable passif relationnel dont la problématique n'a aucun intérêt à se charger.**

**PARTAGE D'EXPÉRIENCE**

---

**EXEMPLES :**

Exemples de problématisations[50] APEOS® dont les noms des usagers ont été modifiés pour des raisons de confidentialité. Aussi, pour des raisons d'inclusions et d'accueil de la francophonie, les appellations d'établissements ne seront pas nommées telles qu'elles existent dans leur pays d'origine. Les établissements seront plutôt désignés globalement dans leurs missions et caractéristiques premières :

→ Comment moi, <u>soignante</u> en établissement de santé pour personnes âgées dépendantes, <u>je réveille Mme JOLIE à l'heure de repas</u>, alors que :

- je pense qu'elle est en fin de vie et qu'on devrait surtout la laisser tranquille ;
- alors que cette femme me touche particulièrement dans son histoire de vie ;
- et qu'en plus je trouve que personnellement, la nourriture servie n'est pas bonne ?

→ Comment moi, <u>moniteur en atelier protégé</u> pour personnes adultes en situation de handicap, <u>je reste à côté de Tristan</u> dans l'atelier bois alors que :

- il sent extrêmement mauvais et ça me gêne ;
- il ne semble pas du tout motivé par cette activité que je lui propose ;
- et que dès son arrivée le contact s'est mal passé entre lui et moi ?

---

[50] Formulées récemment dans des groupes d'AP.

→ Comment moi, <u>maîtresse de maison</u>/intendante de l'établissement, <u>je redis à Ma-</u><u>thilda</u>, adolescente accueillie, que je fais quand même partie de l'équipe des travailleurs sociaux / éducateurs alors que :

- elle pense que tout ce qu'elle me dit est secret ;
- elle semble avoir beaucoup de mal à accorder sa confiance ;
- je crains que cela abîme notre lien ?

→ Comment moi, <u>éducatrice de jeunes enfants</u> ou de la petite enfance/Assistante socio-éducative, <u>je lis l'histoire</u> à tout le groupe d'enfants avant la sieste alors que :
- Michel exprime un besoin de relation exclusive ;
- Michel peut faire des crises de colères très fortes avec les autres et je crains qu'il ne les blesse ;
- pour le moment je suis seule sur le groupe car ma collègue est absente pour encore deux semaines ?

<u>Les retours des équipes auprès desquelles cette méthode de travail est proposée sont</u> <u>positifs et témoignent d'une façon unanime des bénéfices à parler vraiment du terrain.</u> J'entends que formuler une problématique professionnelle sous ce format et avec autant de pragmatisme et de précision puisse dérouter.

**Mon intérêt est justement de vous faire explorer la richesse insoupçonnée de la dimension opératoire des pratiques professionnelles. Là est, à mon sens, la spécificité de la Méthode APEOS® car elle fournit, par sa modélisation, une multiplicité d'échanges profonds pour l'ensemble des participants.**

 **PAUSE RÉFLEXIVE N° 18**

→ Cette partie de l'ouvrage vous surprend-t-elle ? Pourquoi précisément ?
→ Après lecture de ces précisions sur la problématique, diriez-vous que vous proposez des problématiques ou des thèmes aux groupes que vous accompagnez en Analyse de la Pratique ?
→ Après lecture de cette partie du livre, diriez-vous que vous proposez des problématiques plutôt individuelles ou collectives ? Pourquoi ce choix de votre part ?
→ Exploitez-vous la dimension opératoire des pratiques ?
→ Plus globalement, quels moyens utilisez-vous pour évaluer la portée de votre dispositif sur le terrain des participants ?

 ## Une problématique individuelle et opératoire à <u>chaque séance</u> d'Analyse des Pratiques ?

**Suivant le rythme des séances proposées à l'organisation, il sera opportun d'ajuster la structuration des séances.** En effet, intervenir à un rythme soutenu ou distendu auprès d'un groupe, génère d'importants effets sur la dynamique d'animation des séances.

<u>Dans le cas de contrats d'AP permettant un rythme plutôt soutenu</u>[51] : avec une tendance à des rencontres régulières (tous les mois), séances de 2h, nombre de participants <12, alors vous aurez tout intérêt à **utiliser le plus systématiquement possible une problématique professionnelle individuelle et opératoire à chaque séance.** Oui, une seule problématique traitée à chaque séance : là est ma recommandation si vous souhaitez assurer un travail approfondi, « durer » dans l'animation de séances et reconduire des contrats d'années en années.
En effet, cela optimisera les effets pour l'ensemble des participants du travail proposé. Nous allons continuer de voir pourquoi, tout au long de ce chapitre.

<u>Dans le cas de contrats d'AP impliquant un rythme plutôt distendu</u> avec une tendance à des séances tous les 2 mois voire plus, et/ou durée des séances de 1h ou 1h30, et/ou un nombre important de participants (+ de 12), mon avis est un peu plus nuancé. Je me permettrai tout de même de vous conseiller de **rester prioritairement centré sur le niveau opératoire des pratiques (questionnement pragmatique et concret) et vous suggérerai d'orienter le plus possible chaque séance sur une problématique professionnelle individuelle et opératoire** de façon à assurer un travail profond de questionnement et ainsi maximiser les effets du travail en Analyse de la Pratique.

<u>Il n'y a que dans le cas d'interventions AP de type « one shot »</u>[52], c'est-à-dire ayant lieu 1 à 2 fois dans l'année et/ou avec un groupe de participants conséquent (>12) que je vous conseillerai d'adopter une tout autre structuration de séance. Il sera préférable, en effet, pour chaque séance, d'**intégrer plusieurs problématiques professionnelles, individuelles dans des reformulations de problématiques collectives. En les rendant les plus opératoires possibles, vous pourrez faire ressortir leurs points communs et leurs points de distinction.** Ainsi la dynamique de groupe sera utilisée de façon optimale pour l'exercice d'Analyse de la Pratiques tenant compte des conditions distendues d'intervention convenues avec le commanditaire. Et si vous arrivez, malgré ces conditions de distension, à faire travailler le groupe autour d'une problématique individuelle et opératoire, sans générer trop de frustrations du reste des participants, c'est à mon sens excellent en termes de retombées opératoires sur le terrain !

---

[51] Ce qui est souvent le cas dans les secteurs du social et du médico-social par exemple
[52] comme cela peut-être le cas dans le milieu sportif, de l'animation ou entrepreunarial

 ## Et si deux participants évoquent une <u>problématique proche voire identique</u> ?

Deux participants peuvent évoquer un même thème voire un même fait objectivé[53] lors d'une séance d'analyse de la Pratique. Cependant, une fois la problématique déclinée avec précision comme l'encourage le format de problématisation APEOS®, il sera impossible de constater deux problématiques individuelles identiques[54]. <u>En effet, dans la modélisation APEOS® proposée, les variables subjectives sont justement mises en perspective avec le fait objectivé, de façon à rendre unique la complexité des enjeux vécus par l'exposant.</u> Admettons que deux problématiques de deux exposants soient proches par un vécu relativement similaire, dans ce cas-là, <u>je vous conseillerai tout de même de choisir une seule problématique pour animer la séance.</u> En effet, comme décrit précédemment le procédé de faire focaliser l'attention du groupe explicitement sur une problématique individuelle et opératoire, permettra avec les 4 axes de dynamisation, d'accompagner implicitement les pratiques de l'ensemble des autres participants, notamment celles de l'exposant ayant exprimé une problématique assez similaire.

 ## Comment faciliter l'apparition d'une problématique individuelle et opératoire ?

Portez une attention spécifique à la façon dont vous formulez la consigne de démarrage de la séance d'Analyse de la Pratique, véritable connexion aux pratiques.
Plus vous poserez une consigne permettant de favoriser l'apparition d'une problématique individuelle et opératoire, plus vous donnerez de chance aux participants de vous exprimer des problématiques individuelles et opératoires, et moins vous aurez de glissements de cadre à gérer au cours de la séance.

**EXEMPLE DE CONSIGNE :**
*« Nous allons entrer dans l'espace d'Analyse de la Pratique et pour cela je vais demander à chacun d'entre vous de se centrer sur sa propre pratique de terrain et de laisser émerger ce qui par sa fonction, est ici et maintenant le plus interrogeant, ou le plus déroutant, ou peut-être le plus dérangeant... Soyez attentifs à la situation qui remonte spontanément et essayez d'en faire une question professionnelle. »*

---

[53] Pour reprendre le terme utilisé dans la problématisation APEOS®
[54] C'est là l'intérêt de la modélisation proposée d'ailleurs

Il existe évidemment bien d'autres consignes permettant de faciliter le démarrage d'une séance d'Analyse de la Pratique. Celle que je vous livre là, a l'intérêt de permettre très directement un recentrage individuel pour chacun des participants (« je vais demander à chacun d'entre vous ») et donc d'éviter la dilution de responsabilité et les effets d'inertie pouvant se traduire par un silence assez plombant en démarrage de séance. Aussi, cette consigne permet également d'orienter les participants vers un questionnement actuel « ici et maintenant » tout en préservant leur connexion à la dimension opératoire de leurs pratiques.

**Prenez deux minutes pour réaliser combien cette consigne de démarrage est stratégique au démarrage...**

Voici 2 contre-exemples classiquement utilisés dans le domaine, qui sont, de ma place de superviseur technique, responsable d'importants glissements de cadre au sein d'une séance d'Analyse de la Pratique.

### → CONTRE-EXEMPLE N°1

L'intervenant en Analyse des Pratiques arrive, s'installe et après quelques minutes d'accueil, donne aux participants la consigne suivante *« De quoi souhaitez-vous parler aujourd'hui ? »* .

Analyse technique : la consigne est adressée au groupe et en termes de contenu, cette consigne laisse à penser que les AP ont pour but de « parler » puisque c'est ce terme qui est employé.

Risque d'une consigne adressée au groupe : dilution de responsabilité, inertie des échanges.

Indicateurs : silence, notamment en démarrage, malaise, ambiance perçue comme lourde.

Risque d'une consigne indiquant que les AP sont faites pour « parler » : risque de glissement de cadre (vers la supervision relationnelle, l'audit, la discussion...), appel à l'expression collective et individuelle y compris dans le registre émotionnel.

Indicateurs : plaintes envers la structure, la direction, expression d'émotions fortes, et recherche d'un soutien psychologique ou thérapeutique.

### → CONTRE-EXEMPLE N° 2

L'intervenant en Analyse des Pratiques arrive, s'installe et après quelques minutes d'accueil donne la consigne suivante aux participants *« Quelle est la situation qui vous vient aujourd'hui ? »*.

Analyse technique : la consigne est adressée au groupe et la consigne laisse à penser que les AP ont pour but d'évoquer une « situation » puisque c'est ce terme qui est employé.

Risque d'une consigne adressée au groupe : dilution de responsabilité, inertie.

Indicateurs : silence, notamment en démarrage, malaise, ambiance perçue comme lourde.

Risque d'une consigne indiquant que les AP sont faites pour évoquer une situation : risque de glissement de cadre (vers l'étude de situation notamment et aussi la réunion de service), appel à l'abréaction chez les professionnels et à leur expression émotionnelle concernant l'usager (le patient, l'enfant, l'élève...) impliquant le risque de cristallisation accrue sur l'usager lui-même, et celui de mise à distance des professionnels envers leurs pratiques.

Indicateurs : plaintes envers l'usager et son comportement, expression d'émotions fortes relatives à cet usager (le patient, l'enfant, l'élève...), évocation du passé relatif à ce même usager, recherche de solution pour faire changer les comportements problèmes de l'usager.

---

**Si vous étiez en face de moi, je prendrais soin de vous apporter d'autres contre-exemples car très souvent, les intervenants en Analyse des Pratiques ne réalisent pas l'importance de la consigne de démarrage.**
**Mon expérience de superviseur m'a également montré que si les consignes sont données de cette façon par les intervenants AP c'est souvent par manque de maîtrise des cadres conceptuels et techniques relatifs aux Analyses de Pratiques. D'où mon conseil de débuter la lecture de cet ouvrage par la partie 1 intitulée « les incontournables de l'intervenant en Analyse des Pratiques pour une posture claire et maîtrisée ». Si vous êtes au clair avec ce que sont les AP et ce qu'elles ne sont pas, votre consigne vous « viendra » avec davantage de clarté et de concordance.**

**— PARTAGE D'EXPÉRIENCE —**

---

 **PAUSE RÉFLEXIVE N° 19**

→ Quelle(s) consigne(s) avez-vous tendance à utiliser pour débuter vos séances d'Analyse de la Pratique ?

→ Quels liens pouvez-vous faire entre les consignes que vous donnez habituellement et les réponses / comportements des participants ?

→ Cette étape de l'animation (lancer la séance) vous est-elle plutôt confortable ou inconfortable ? Pourquoi ?

## 5.4.  Point d'Appui APEOS® n°4 : recentrer régulièrement les échanges sur la dimension opératoire de la pratique

Ce point d'appui est dans le prolongement direct du précédent (point d'appui APEOS® n°3 : formuler une problématique individuelle et opératoire à chaque séance). En mots simples : les points d'appuis 3 et 4 forment un duo *(sourire)*. En effet, une fois la problématique professionnelle individuelle et opératoire sélectionnée pour la séance, il sera essentiel de veiller à ce que les échanges soient recentrés sur la dimension opératoire des pratiques de façon à bénéficier des nombreux avantages de cette dimension justement. Le plus grand avantage étant de démultiplier les mouvements identificatoires au sein du groupe…patience, nous allons y venir *(sourire)*.

### ENJEUX À RECENTRER RÉGULIEREMENT LES ÉCHANGES SUR LA DIMENSION OPÉRATOIRE DE LA PRATIQUE :

→ vous assurez un intérêt fort chez les participants et donc un plus grand investissement du dispositif ;

→ vous pouvez tenir avec plus d'aisance l'animation de la séance et proposer un travail des plus approfondis sur du plus long terme ;

→ vous potentialisez les effets de la séance d'Analyse des Pratiques pour l'ensemble des participants, exposant comme écoutants ;

→ vous évitez les risques de glissement de cadre.

### EXPLICATIONS :

<u>Plus ce qui est exprimé au cours d'une séance d'Analyse de la Pratique est « visible » et « reconnaissable » par les participants dans la vision qu'ils ont de leur « terrain », plus ils pourront s'identifier et entrer en résonance avec la problématique exprimée.</u> Tout l'art de l'intervenant en Analyse des Pratiques est à mon sens de **rester garant de cette juste distance entre les participants et leur pratique exprimée : pas trop près pour pouvoir prendre du recul et pas trop loin pour éviter de perdre la synergie des mécanismes identificatoires.**

Les explications sont de fait, assez similaires que celles exposées dans le point d'appui précédent.

- Si les échanges sont axés sur la dimension opératoire, ils permettront d'autant plus de labilité dans leur expression par l'ensemble des participants. Les discours étant orientés par l'intervenant pour rester proche du « terrain », ils seront amenés spontanément avec plus d'éléments faisant gagner en richesse et en précision. En effet, les participants n'ayant pas à faire de travail de traduction ou de conceptualisation de leur pratique, ils pourront échanger autour des enjeux concrets de leurs pratiques, dans leur composante la plus « brute ».
- Si les échanges intègrent la dimension opératoire, alors l'identification est facilitée pour l'ensemble des participants (exposant comme écoutants) puisque le dénominateur commun professionnel est utilisé comme un reliant dynamisant

le groupe. La récupération et la capitalisation d'éléments relatifs à la pratique sont augmentées pour tous : ils sont alors applicables pour chacun des participants, transférables à d'autres situations, et ce, dès maintenant. La séance est vécue comme plus intéressante et à forte probabilité de modification de la pratique pour l'ensemble du groupe.

- Si les échanges sont formulés de façon opératoire par le groupe de participants, ils permettront de neutraliser d'éventuelles tensions relationnelles car la subjectivité exprimée par les participants absorbera tout risque d'interprétation et de projection négative perçue.

- Si les échanges sont opératoires, ils faciliteront les échanges entre professionnels malgré des différences significatives entre eux en termes de capacités de conceptualisation et de prise de recul.

- En échangeant sur la dimension opératoire des pratiques, le sentiment d'isolement pourra être diminué pour l'ensemble des participants.

## COMMENT CONCRÈTEMENT ?

Dès qu'un participant fait référence à des concepts, des auteurs, il est judicieux que l'intervenant en Analyse des Pratiques lui permette au travers de <u>questions de clarification</u>, de reformuler ses idées avec davantage d'éléments concrets relatifs à sa pratique en lui demandant d'aller rechercher les indicateurs de terrain qu'il repère de lui-même, par exemple. Il pourra également être opportun de questionner et faire expliciter les constats exprimés comme des évidences par les participants, ainsi que leur expertise présentée comme du « feeling ». En leur faisant décrire avec précision des scènes marquantes et récentes, vous pourrez faire jaillir des « détails ». J'attire votre attention sur le fait que ces « détails » sont souvent des « pépites » car ils renferment très souvent des sensibilités, des réflexes et des craintes de l'exposant.

Aussi, dès qu'un participant évoquera des émotions ressenties dans son métier ou sa fonction, il pourra être opportun de le questionner pour l'inviter à formuler <u>comment ses émotions se traduisent sur le terrain</u>. Il sera intéressant de l'amener à se questionner sur les <u>conséquences de cet émotionnel</u> dans ses actions, ses positionnements, ses analyses... J'utilise régulièrement des termes tels que « émotions professionnelles » pour permettre à mes interlocuteurs de discerner davantage leur registre émotionnel selon le contexte dans lequel il s'active et réagit. Aussi, j'ai remarqué qu'en utilisant ce terme, cela semble apporter de la contenance aux participants des groupes que j'anime et limiter le risque d'effondrement émotionnel au cours d'une séance d'Analyse de la Pratique. Il s'agit là d'une technique visant à conduire l'interlocuteur à conscientiser ses ressentis en restant un observateur simple, sans analyse ou jugement[55].

---

[55] Application concrète des principes de pleine conscience.

**EXEMPLE :**

Intervenant APP : *« Vous parlez dans votre fonction d'aide-soignante de combien ce résident vous touche au travers de ses douleurs chroniques : pourriez-vous essayer d'exprimer les conséquences concrètes que cela engendre dans votre pratique de tous les jours ? »*

Réponse de l'aide-soignante : *« Eh bien, j'ai remarqué que je finis ma tournée par sa chambre pour éviter d'être avec les larmes aux yeux toute la matinée par exemple. »*

L'idée étant de reconnaître les émotions comme faisant partie intégrante de la pratique (surtout dans les métiers de l'accompagnement au service de personnes vulnérables) et de leur donner une place en les reconnaissant. Vigilance cependant à ce que les émotions ne se placent pas ensuite comme centrales et fassent dévier les objectifs premiers du dispositif d'Analyse de la Pratique proposé.

---

**Tout ce qui vous permettra de recentrer les échanges autour de la dimension opératoire de la pratique en rendant davantage lisible la pratique des participants et en restant au plus près du terrain dans les contenus échangés vous sera extrêmement aidant pour cadrer et dynamiser les séances d'Analyse de la Pratique.**

---

 **PAUSE RÉFLEXIVE N° 20**

→ Après lecture de cette partie, pouvez-vous vous représenter plus concrètement ce qu'est la dimension opératoire dans une séance d'Analyse de la Pratique ?

→ Diriez-vous que vous avez l'habitude d'animer les échanges avec cette dimension opératoire ?

→ Pouvez-vous voir plus clairement la synergie entre choisir une problématique individuelle et opératoire à chaque séance et recentrer régulièrement les échanges sur la dimension opératoire ?

## 5.5. Point d'Appui APEOS® n°5 : utiliser les 4 axes de dynamisation pour relancer les échanges

Mon expérience en formation et supervision m'a montré que **de nombreux intervenants en Analyse de la Pratique doutent de la profondeur qu'ils amènent auprès de leurs groupes en termes de questionnement et d'analyse. Il arrive fréquemment que la question de la légitimité se pose à la suite de ce doute.**

L'existence des axes de dynamisation APEOS® permet aux intervenants en Analyse de la Pratique de :
→ se repérer de façon autonome dans la progression de leur déroulement de séance ;
→ pouvoir compter sur des leviers techniques de relance des échanges ;
→ gagner en sérénité et performer dans leur pratique d'intervenant en Analyse des Pratiques ;
→ conduire le groupe de façon dynamique avec des angles de relance variés, permettant d'alterner focus individuels et collectifs.

**ENJEUX À UTILISER CES 4 AXES DE DYNAMISATION :**
Une séance d'Analyse des Pratiques, même reposant sur une problématique professionnelle formulée de façon individuelle et opératoire, risquerait de s'essouffler sans relance. Il est alors intéressant pour l'Intervenant en Analyse des Pratiques de disposer de plusieurs axes de dynamisation afin de <u>favoriser l'ouverture de nouvelles dimensions d'échanges tout en conservant une énergie d'attention concentrée sur la problématique individuelle choisie pour la séance.</u>

**EXPLICATIONS :**
En devenant superviseur et formatrice pour intervenants en Analyse de la Pratique, j'ai été amenée à modéliser les contenus pédagogiques de formation transmis et à structurer mes feedbacks aux stagiaires. Aussi, comme expliqué précédemment, durant 10 années, j'ai demandé aux groupes avec lesquels je menais des séances d'Analyse des Pratiques de débriefer ma méthode d'animation. J'ai eu le souhait constant de comprendre quelles étaient les techniques d'optimisation du travail d'Analyse des Pratiques. En cherchant à capter les avantages et inconvénients autour des différentes techniques de relances possibles, j'en ai reconnu 4 comme optimisantes. C'est la logique des systèmes[56] qui m'a permis de réaliser que **les axes de dynamisation sont en fait les axes de glissement des séances d'Analyse de la Pratique.** Là est le véritable secret que je peux vous partager au sujet de la démarche APEOS®. Nous referons un focus sur ce point précis, avec la figure 20.

Nous venons de franchir une grande étape ensemble : je vous propose une pause empathique.

---

[56] Ma formation théorique et appliquée à la systémie m'a, comme précisé en début d'ouvrage, soutenue dans la modélisation d'APEOS®.

 **PAUSE EMPATHIQUE N° 3**

Les derniers morceaux du puzzle se sont assemblés pour moi lorsque j'ai amplifié mes supervisions d'intervenants en Analyse des Pratiques. En réalisant que les axes de dynamisation sont également les risques de glissement, j'ai compris pourquoi le rôle d'animateur de séances d'APP pouvait autant donner cette sensation inconfortable d'être sur un fil. Oui, quand on mène beaucoup de séances d'Analyse de la Pratique, cette sensation de funambule est flagrante : exigence d'un équilibre précis et continuel entre le « trop », et le « pas assez ».

Il est temps de sourire, d'inspirer et d'expirer profondément et de réaliser l'exigence dans laquelle vous vous êtes engagé. Oui le positionnement d'Intervenant en Analyse de la Pratique est subtil et oui vous avez certainement à progresser pour gagner en justesse. Et je vous encourage à rester dans un lien honnête envers vous-même. Et si, à des moments, vous envisagez d'arrêter vos contrats d'AP parce que ce sentiment d'inconfort est trop important, alors j'espère que vous pourrez vous dire qu'au-delà de l'inconfort, il s'agit là d'une occasion incroyable d'apprendre et même de transcender. Car oui, vous pouvez vous offrir cela. Et c'est exactement dans cette intention que j'ai rédigé ce guide.

**J'utilise souvent le terme de dérapage contrôlé lors des sessions de formation que je donne, pour imager la pratique de l'intervenant en APP auprès des stagiaires. Il me paraît important de les aider à déconditionner cette sensation de lâcher-prise qui peut être déroutante et dérangeante. Certains stagiaires m'ont même vu arriver le dernier jour de formation avec des skis pour illustrer que l'APP était un sport de glisse ! Oui, mener des APP (et des groupes en général), je le crois sincèrement, conduit à l'acceptation d'une forte instabilité. On ne peut pas tout gérer (*rire*). Il est clair que mener régulièrement des séances d'APP m'a permis de travailler la patience, la constance et la précision. Et au vu de mon caractère d'origine, croyez-moi, cela a été fastidieux, frustrant et long... Pour autant, j'en garde un souvenir grisant et libérateur. Depuis 2009, il ne se passe pas une séance d'Analyse des Pratiques sans que je sois émerveillée de cette recherche continuelle d'ajustement. Sincèrement.**

**PARTAGE D'EXPÉRIENCE**

# CONCRÈTEMENT, COMMENT UTILISE-T-ON CES AXES DE DYNAMISATION ET QUELS SONT-ILS ?

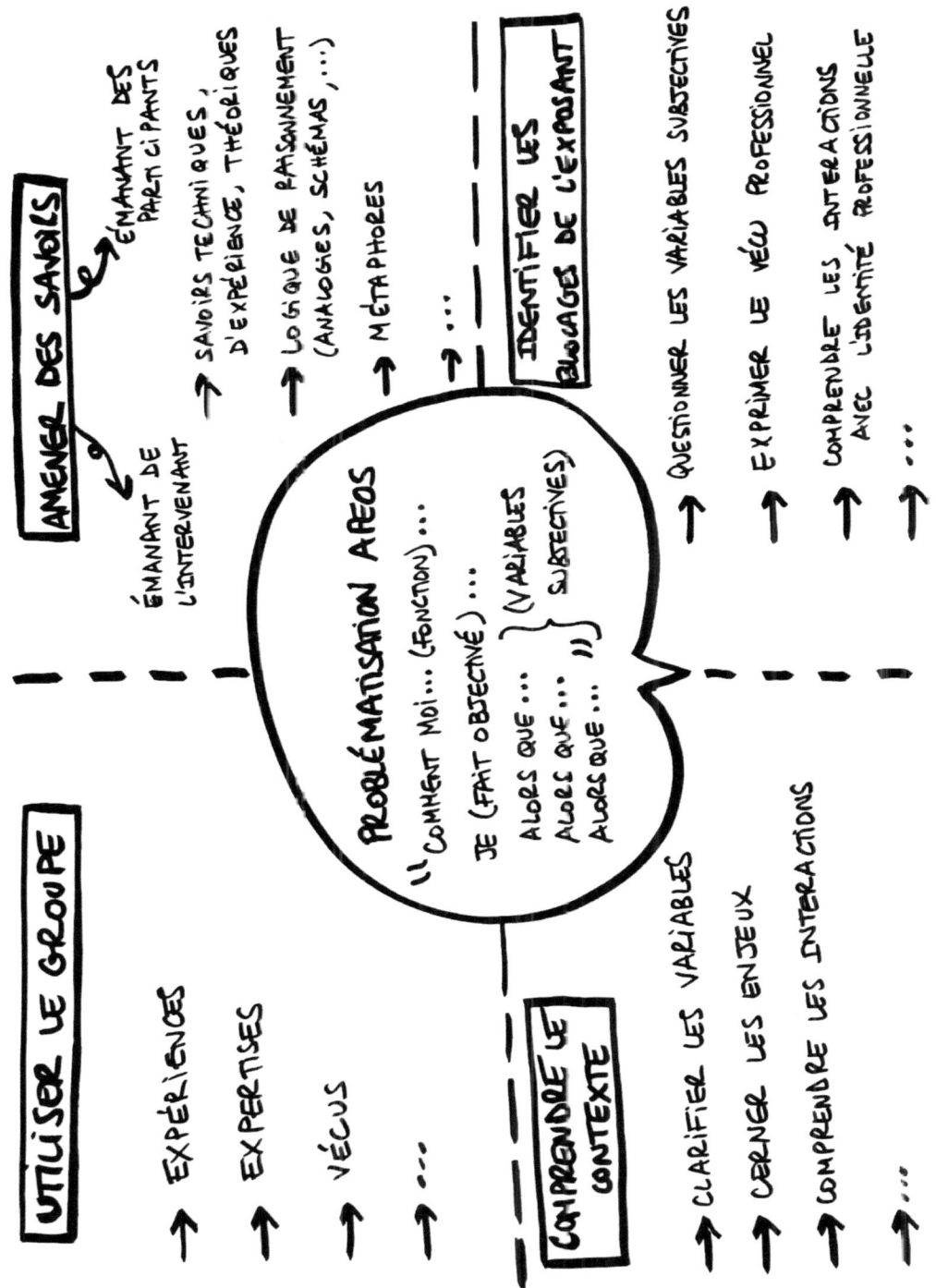

*Figure 19 : les axes de dynamisation APEOS®*

## LECTURE ET COMMENTAIRE DU SCHÉMA :

Au cours d'une séance d'Analyse de la Pratique, après formulation d'une problématique professionnelle individuelle et opératoire, le modèle APEOS® formalise 4 axes de dynamisation pouvant être utilisés par l'Intervenant pour relancer les échanges et garantir un travail d'analyse approfondi des pratiques en vue d'une modification concrète de ces dernières Ces axes n'ont pas d'ordre d'utilisation préférentielle entre eux. Ils sont au nombre de 4 et sont les suivants :

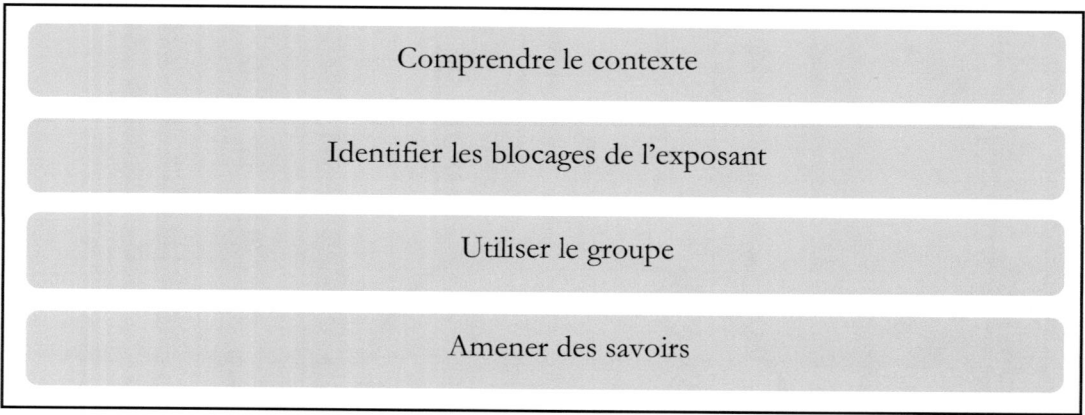

**L'important est d'utiliser leur diversité en veillant à les utiliser chacun pleinement, de façon à conduire le groupe dans une dynamique d'animation confortable et efficiente.**

Pour des raisons pédagogiques, ces axes sont présentés comme isolés les uns des autres. Dans la pratique, il peut arriver que certaines relances soient à la croisée de plusieurs axes. Cela amplifie ainsi le nombre de relances possibles dans une seule et même séance d'Analyse de la Pratique. Certains exemples de techniques de relance multi-axes seront donnés en partie 5.5.5, pour enrichir justement la démonstration du panel de relances possibles.

### 5.5.1. Techniques de relances relatives à l'axe de dynamisation **« Comprendre le contexte »**

Ce sont toutes les relances qui permettent à l'Intervenant en Analyse de la Pratique **d'amener une clarification des contextes** impliqués et intriqués à la problématique professionnelle formulée. Il existe une multitude de relances possibles, en voici deux à titre d'exemple relatives à l'axe « Comprendre le contexte ».

**CONTEXTE :**

Lucie, dans sa fonction de monitrice de ski, se pose la question de comment calmer Fabio, 9 ans, porteur de trisomie, lorsqu'il pleure et évoque sa peur de ne pas réussir sa première étoile, alors que ses parents ont clairement dit qu'il devait l'avoir car cela fait déjà 2 semaines de cours payées.

**RELANCE POSSIBLE :**

*« Je m'adresse à vous moniteurs et monitrices, dans votre expérience : quels sont les différents contextes et enjeux que vous voyez dans la problématique qu'évoque Lucie aujourd'hui ? »*

**AUTRE RELANCE POSSIBLE :**

*« Lucie, qu'avez-vous perçu de la dynamique familiale autour de Fabio ? »*

## 5.5.2. Techniques de relances relatives à l'axe de dynamisation « Identifier les blocages »

Ce sont toutes les relances qui permettent à l'Intervenant en Analyse de la Pratique **d'amener du discernement dans les blocages** professionnels ressentis et exprimés par l'exposant concernant la problématique professionnelle qu'il a formulé.

Il existe une multitude de relances possibles, en voici deux à titre d'exemple relatives à l'axe « Identifier les blocages de l'exposant »

**CONTEXTE :**

Rosa, dans sa fonction d'infirmière auprès d'adultes vieillissants[57] atteints de maladies somatiques et mentales, se pose la question de comment expliquer à la famille qu'elle ne peut augmenter la dose morphinique de Mme CELLA sans accord du médecin, bien qu'elle partage l'observation d'une douleur accrue chez cette dame.

**RELANCE POSSIBLE :**

*« Je souhaiterais qu'autour de la table vous puissiez faire un retour à votre collègue Rosa concernant ce que vous percevez de ce qui la gêne le plus professionnellement parlant »*

**AUTRE RELANCE POSSIBLE :**

*« Rosa, pourriez-vous nous partager quels sont les sentiments professionnels qui vous traversent dans cette situation ? »*

L'intervenant en Analyse de la Pratique pourra également demander aux participants, à condition de les rendre alertes sur la justesse et bienveillance nécessaire dans leur communication, de proposer des hypothèses sur les blocages perçus chez Rosa[58].

---

[57] *«Aînés»* dirait-on au Québec.
[58] Il s'agit là d'une technique de relance multi-axes comme nous le verrons prochainement dans la partie 5.5.5.

### 5.5.3. Techniques de relances relatives à l'axe de dynamisation « Utiliser le groupe »

Ce sont toutes les relances qui permettent à l'Intervenant en Analyse de la Pratique de **faire partager les expériences** liées à la problématique professionnelle formulée entre les participants. Il existe une multitude de relances possibles, en voici deux à titre d'exemple relatives à l'axe « Utiliser le groupe ».

**CONTEXTE :**

Marie, aide-ménagère à domicile, se pose aujourd'hui la question dans sa pratique de comment répondre avec bienveillance à Mr MARTIN alors que ce dernier s'est montré à plusieurs reprises irrespectueux envers elle (propos insultants et racistes).

**RELANCE POSSIBLE :**

*« Parmi vous, mesdames[59], quelles sont vos expériences d'une situation similaire et comment vous êtes-vous positionnées dans ces moments-là ? »*

**AUTRE RELANCE POSSIBLE :**

*« Qu'est-ce que votre expérience professionnelle vous a appris concernant ces problématiques : qu'est-ce que vous estimez le plus important aujourd'hui de faire et de ne pas faire et pourquoi ? »*

En veillant à adresser les relances à chaque participante (et non au groupe, ce qui risquerait de diluer la responsabilité dans les réponses), vous maximisez le transfert de compétences, et permettez à chacune de se sentir davantage inclue et reconnue dans sa pratique singulière.

---

[59] La désignation féminine est volontaire ; mon expérience ne m'a fait rencontrer depuis 2009 que des femmes à ces postes.

### 5.5.4. Techniques de relances relatives à l'axe de dynamisation « Amener des savoirs »

Ce sont toutes les relances qui permettent à l'Intervenant en Analyse de la Pratique d'**amener des savoirs**[60] afin de venir éclairer la problématique professionnelle formulée. Il existe une multitude de relances possibles, en voici deux à titre d'exemple relatives à l'axe « Amener des savoirs ».

**CONTEXTE :**

Yannick, dans sa fonction d'éducateur spécialisé, se pose aujourd'hui la question de comment accueillir Mélissa quand elle rentre après un week-end de fugue alors qu'il est son éducateur référent, qu'il doit préserver le lien avec elle et qu'en même temps il est extrêmement déçu et découragé des agissements de cette jeune depuis plusieurs mois.

**RELANCE POSSIBLE comprenant un savoir direct de la part de l'intervenant APP :**

*« Il me semble opportun de s'arrêter quelques minutes sur les notions d'Attente et de Déception. Je propose de vous donner dans un premier temps des définitions pour que nous puissions en échanger tous ensemble par rapport à la situation formulée par Yannick aujourd'hui. »*

**AUTRES RELANCES POSSIBLES où l'Intervenant en Analyse de la Pratique fait ressortir un savoir de la part d'un des participants :**

*« Il y a quelques minutes, Léa (une autre participante), vous évoquiez revenir d'une formation sur les réactions professionnelles que l'on peut avoir en étant travailleur social. En lien avec ce qu'amène Yannick aujourd'hui, quels éléments de ce séminaire justement pourriez-vous nous partager ? »*

**OU**

*« Mesdames et messieurs les professionnels, dans vos études et formations, auriez-vous une notion qui vous paraîtrait intéressante de citer ici ? Ainsi, nous pourrions la réaborder ensemble pour venir éclairer la situation qu'apporte Yannick aujourd'hui. »*

---

**AIDE MNEMOTECHNIQUE**

Ces 4 axes (Contexte / Blocages / Groupe / Savoirs) se nourrissent mutuellement et peuvent être utilisés dans des rapports de synergie.
***En résumé, utiliser ces 4 axes, Ça Booste Grave une Séance, non ?!***
Rien n'est laissé au hasard dans ce livre évidemment : regardez mieux que ça…

---

[60] Dans la Méthode APEOS®, les savoirs premiers considérés sont techniques (car issus d'actions et d'expérience) et plus rarement théoriques.

## 5.5.5. Techniques de relances multi-axes

Comme énoncé précédemment, pour aller plus loin et mieux cerner l'étendu des relances possibles encouragée par la Méthode APEOS®, voici des exemples de relances supplémentaires : celles étant multi-axes. <u>Leur utilisation n'est pas une erreur ou une imprécision de votre part</u> ; il s'agit plutôt de reconnaître dans votre esprit **la capacité à générer de l'abondance**.

En effet, il y a bien des liens d'interconnexion entre ces 4 axes puisque tous se nourrissent mutuellement.

**« utiliser le groupe » + « amener des savoirs »**
- Toutes les relances où vous demandez au groupe d'amener, de lui-même, des savoirs pour éclairer la problématique de séance.
- Toutes les relances où vous demandez au groupe de rapporter, des expériences, expertises, vécues en lien avec les savoirs et notions amenées pour éclairer la problématique de séance
- …

**« utiliser le groupe » + « comprendre le contexte »**
- Toutes les relances où vous demandez au groupe de formuler des hypothèses sur le contexte.
- Toutes les relances où vous demandez au groupe de partager des vécus lors de contextes similaires traversés.
- …

**« amener des savoirs + identifier les blocages »**
- Toutes les relances où vous ferez des liens entre certains savoirs ou notions et les blocages perçus de l'exposant.
- …

**« comprendre le contexte + identifier les blocages »**
- Toutes les relances où vous questionnerez l'exposant sur les enjeux qu'il perçoit et les conflits intérieurs qui sont les siens concernant la problématique qu'il exprime.
- …

**« comprendre le contexte + amener des savoirs »**
- Toutes les relances où vous ferez des liens entre des savoirs et notions et des éléments perçus du contexte.
- …

**« utiliser le groupe + identifier les blocages de l'exposant »**
- Toutes les relances où vous inviterez les participants à formuler des hypothèses sur les blocages de l'exposant.
- …

 **Ça a l'air simple, dit comme-ça, de relancer les échanges au cours d'une séance d'Analyse des Pratiques... ?**

Je peux vous assurer que si en tant qu'Intervenant en Analyse des Pratiques vous animez une séance d'APP centrée sur une problématique individuelle et opératoire, vous pourrez rapidement constater qu'utiliser ces 4 axes de dynamisation pour relancer les échanges est facile et incroyablement efficient.

 **À quoi faut-il faire attention surtout ?**

**À L'ÉQUILIBRE !**

En effet, si vous insistez trop sur un des axes de dynamisation, sans considérer les enjeux, le risque est de favoriser certains glissements de cadre spécifiques. Aussi, n'oubliez pas que certains groupes peuvent vous entraîner sur certaines zones de glissement de manière préférentielle, en fonction de leurs expériences antérieures de séances d'APP et de leurs résistances propres.

→ Concrètement, en utilisant le groupe de façon excessive dans l'expression de ses points de différences, vous pourriez faire ressortir des tensions sous-jacentes au sein du groupe. **Le risque de glissement associé à l'axe de relance « utiliser le groupe » est donc celui de la RÉGULATION d'équipe.**

→ Aussi, en amenant des savoirs de façon excessive, vous pourriez conduire le groupe à se placer dans une dynamique de passivité. **Les risques de glissement associés à l'axe de relance « amener des savoirs » sont la SUPERVISION TECHNIQUE, l'ÉTUDE DE SITUATION et la formation.**

→ Aussi, en cherchant à identifier les blocages de l'exposant de façon excessive, vous pourriez faire ressortir des résonances intimes chez l'exposant et certains autres participants. **Le risque de glissement associé à l'axe de relance « identifier les blocages de l'exposant » est donc celui de la SUPERVISION RELATIONNELLE.**

→ Enfin, en cherchant à clarifier la compréhension du contexte, de façon excessive, vous pourriez faire ressortir les dysfonctionnements perçus par les participants dans l'organisation de leur structure ou alors conduire le dispositif APP à uniquement observer une situation. **Les risque de glissement associés à l'axe de relance « comprendre le contexte » sont donc L'AUDIT et L'ÉTUDE DE SITUATION.**

**Il est donc important de rester équilibré dans l'utilisation des axes de relance, afin de profiter de toute la richesse des échanges amenés par ces 4 axes sans pour autant passer le point d'inflexion où le rapport risques/bénéfices pourrait s'inverser.** Et cela peut vous arriver si vous utilisez ces axes sans avoir conscience des enjeux de glissement.

En utilisant plusieurs de ces axes au sein d'une même séance, cela apportera <u>à votre style d'animation une importante fluidité</u>.

Les équipes sont extrêmement positives dans leurs retours de la Méthode d'animation APEOS® : elles évoquent un ressenti de contenance sécurisant et expriment un grand intérêt à la participation (exposant comme écoutants).

---

**La pratique de l'Intervenant en Analyse de la Pratique est donc bien glissante car les axes de dynamisation d'une séance sont également les axes de glissements MAJEURS.**

**Tout est question d'ÉQUILIBRE, nous a rappelé le Sage.**

---

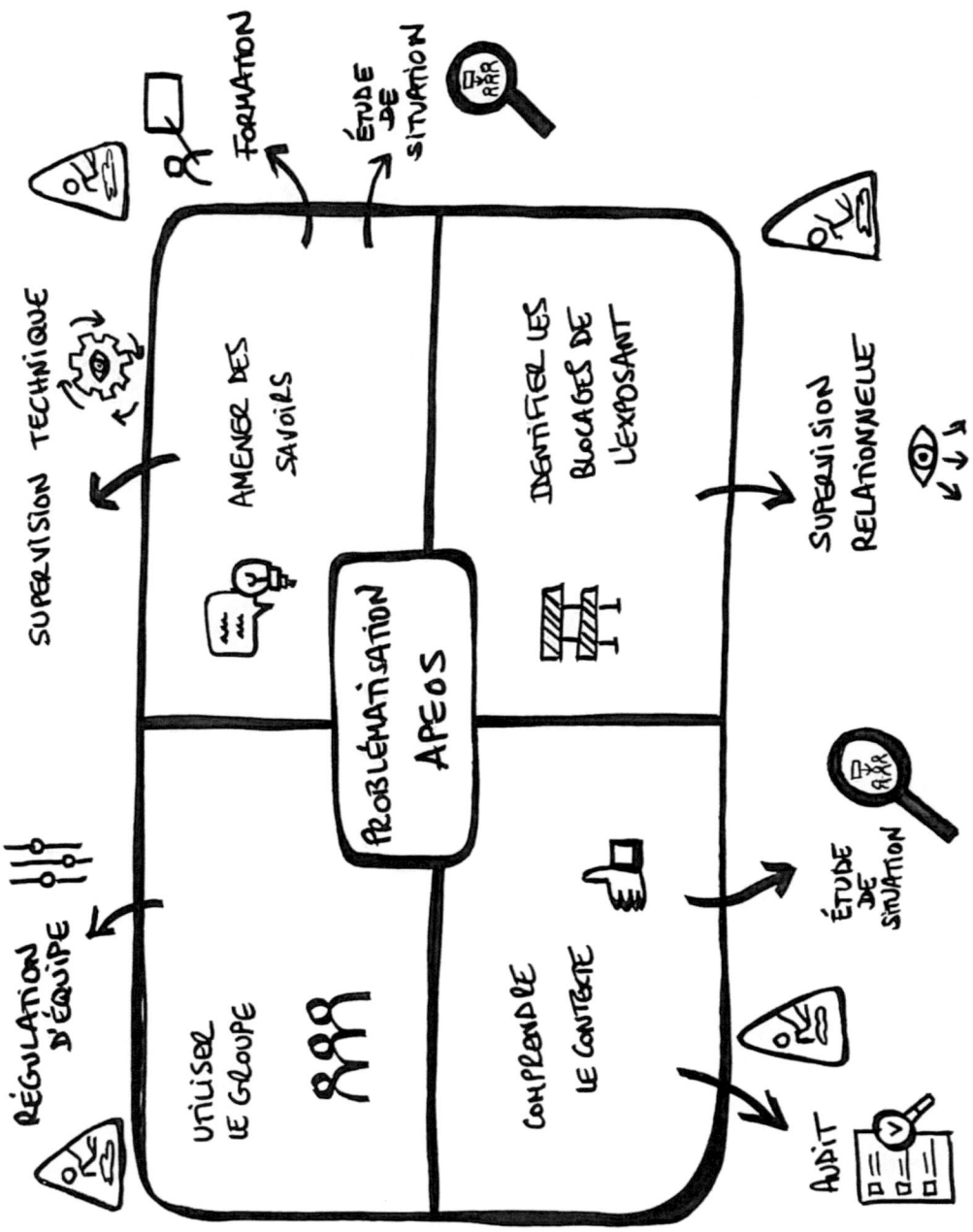

*Figure 20 : les 4 axes de dynamisation APEOS® et leurs risques de glissements associés.*

 **PAUSE RÉFLEXIVE N° 21**

→ Ai-je moi aussi cette impression de funambule relative à la fonction d'animateur de séances AP ?

→ Entre 0 (tout va très bien) et 100 (c'est la cata !), à combien est-ce que je me sens concernant ma capacité à relancer les échanges au sein du groupe ? Que puis-je faire pour me soutenir ?

→ Qu'est-ce que cette partie du livre sur les axes de dynamisation m'apporte particulièrement comme éclairage et prises de conscience ?

→ Puis-je repenser aux relances qui sont souvent les miennes et me demander si elles se retrouvent dans un ou plusieurs de ces axes ?

Ainsi se clôture cette partie du livre, débuté il y a 40 pages, visant à préciser les 5 points d'appuis de la Méthode APEOS®. Voilà, vous savez tout ou presque de son ossature et vous pouvez, je l'espère sincèrement, vous la représenter bien plus concrètement. La belle surprise c'est que cette méthodologie, en plus de structurer l'animation des séances, a pour **avantage d'être didactique**[61] pour les participants. En effet, la Méthode APEOS® présentant **un déroulement assez marqué, permet aux groupes accompagnés de ritualiser facilement les étapes dans la démarche proposée**.

J'ai en mémoire de nombreuses séances d'Analyse de la Pratique où les participants, après quelques séances, développent la capacité à faire émerger d'eux-mêmes une problématique individuelle et opératoire. J'ai à maintes reprises constaté que les exposants pouvaient même amener leur problématique dans la modélisation suggérée par la Méthode : comment moi, dans ma fonction, je... alors que, alors que et alors que... Ceux qui m'ont eue en formation savent qu'à ce moment-là, en tant qu'animateur, on pourrait même s'imaginer commander un cocktail tant le cliché est sublime et la détente possible...ces moments sont si fugaces...**Mojito ?** (*sourire*)

---

[61] Qui vise à instruire (définition Le Robert : https://dictionnaire.lerobert.com).

Aussi, il m'a été fréquent d'entendre comme retours des participants ainsi que des cadres (ne participant pourtant pas aux séances) que les autres espaces d'échanges des participants (autres réunions notamment) bénéficiaient d'une meilleure qualité communicationnelle depuis la mise en place de l'AP.

De nombreux chefs de service m'ont par exemple témoigné avoir observé une nette diminution des coupures de paroles en réunion de service, et une nouvelle capacité de leurs équipes à dialoguer ensemble plutôt qu'à débattre[62]. Pour renforcer et multiplier les effets didactiques, vous pouvez au cours des séances d'Analyse de la Pratique :

→ confier votre fonction d'animateur à un ou plusieurs participants du groupe (à condition qu'ils ne soient pas l'exposant) en précisant là qu'il s'agit d'un exercice complémentaire visant à renforcer leurs capacités réflexives. Évidemment vous serez attentif à guider le(s) volontaire(s) ;

→ dédier un temps important de capitalisation en fin de séance pour inviter les participants à se situer individuellement et collectivement dans leur appropriation de la Méthode ;

→ leur demander de réfléchir à ce qui, dans leur pratique, a changé depuis le début des séances que vous leur proposez.

---

[62] https://www.cooperer.org/dialogue

## 5.6.    Repère A : la trame d'une séance-type APEOS®

Afin d'aider le lecteur à se représenter encore plus concrètement la Méthode APEOS®, il est proposé ici la trame d'une séance-type. En observant le déroulement, vous pourrez ainsi reconnaître l'ensemble des points d'appuis cités précédemment et bénéficier de suggestions supplémentaires pour faciliter l'animation de vos séances. La trame proposée[63] dévoile des étapes, dans un ordre chronologique précisément pensé.

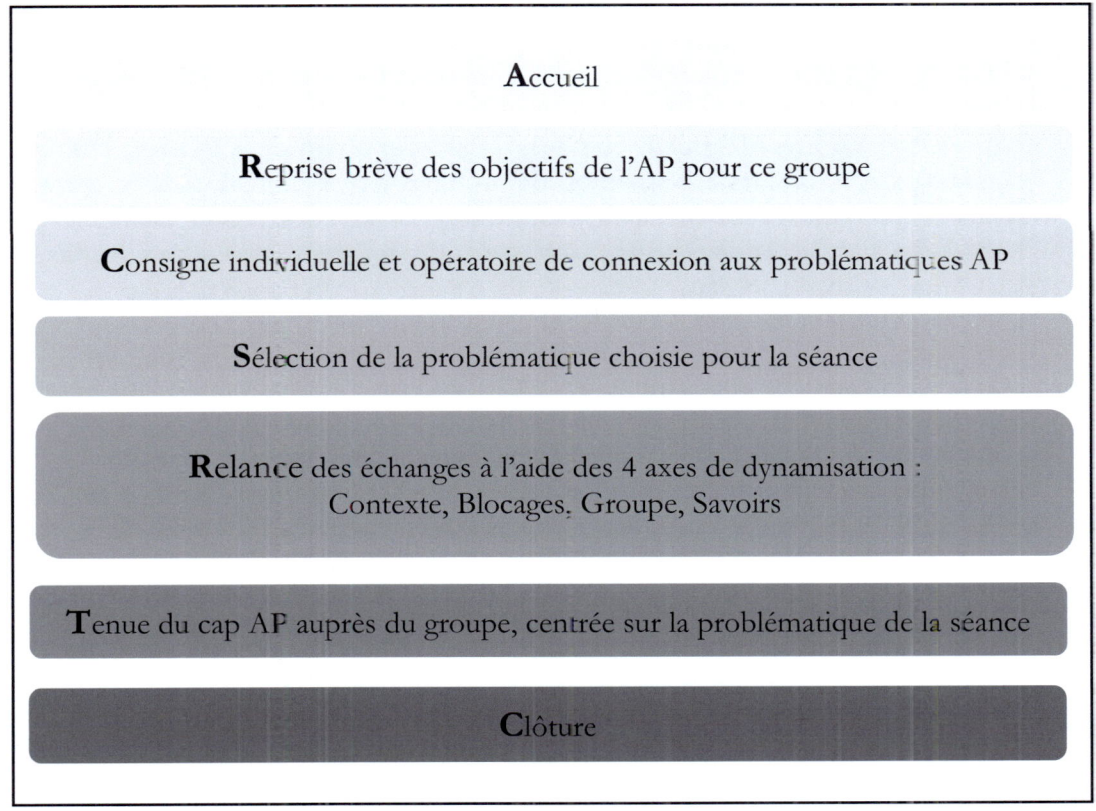

*Figure 21 : trame d'une séance type menée avec la Méthode APEOS®.*

**ETAPE N° 1 : Accueil**
Ce temps est incompressible humainement parlant. Il permet à chaque membre de se relier à la dynamique de groupe et de se préparer à l'exercice qui l'attend. Ce temps sera également l'occasion de vérifier la bonne organisation spatiale de la salle et, au besoin, de la réagencer pour faciliter les échanges. Suivant les contextes et selon les habitudes des animateurs, ces derniers préfèreront laisser ou enlever les tables, installer un paperboard, etc...

---

[63] Cette séance-type n'est pas la Rencontre avec l'équipe. Elle n'est pas non plus la première séance d'APP car cette dernière contient la pose du cadre et que ce point n'est pas abordé ici.

## ETAPE N° 2 : Reprise brève des objectifs de l'AP pour ce groupe

Cette étape donnera du confort à toute l'animation car elle accompagne les participants à se mettre dans les conditions de l'exercice d'Analyse de la Pratique dès son démarrage. Aussi, la redéfinition brève des objectifs de l'Analyse de la Pratique assure la continuité pour les participants dans leur vécu de groupe ; pouvant ainsi « raccrocher les wagons » de/des dernière(s) séance(s). Ainsi en redonnant, même brièvement, les objectifs du dispositif (vus et convenus ensemble lors de la Rencontre avec l'équipe) voire les principes-piliers, au démarrage de chaque séance, vous jouerez un rôle de rappel et activerez dynamiquement l'implication des participants.

## ETAPE N° 3 : Consigne individuelle et opératoire de connexion aux problématiques

Nous avons vu précédemment combien il était important de soigner sa consigne de démarrage pour favoriser l'apparition de problématiques individuelles et opératoires. Avant de prononcer cette consigne, je ne peux que vous conseiller de vérifier en posant la question simplement aux participants si des changements importants relatifs à l'organisation et impactant leurs pratiques ont eu lieu. L'expérience m'a montré en effet que sans espace dédié pour recevoir les changements vécus dans l'organisation par les participants, des phénomènes de « déroute » peuvent apparaître tout au long des séances et parasiter le dispositif.

## ETAPE N° 4 : Sélection de la problématique choisie pour la séance

L'animateur aura toute latitude pour procéder à l'émergence, le recueil et la clarification de la/des problématique(s) exprimée(s) par le/les participant(s). À la fin de cette étape, ce qui importe c'est qu'une problématique soit choisie. À qui revient ce choix ? À mon sens, ce choix revient à l'animateur de la séance, dans sa fonction de leader du groupe, de façon à porter la responsabilité du choix et ainsi libérer le groupe de ce poids. Mon expérience m'a montré que laisser le groupe se positionner sur le choix de la problématique peut être risqué en termes d'enjeux affectifs puisque les problématiques sont systématiquement reliées à des individus. Je ne peux donc que vous conseiller d'endosser la responsabilité du choix en explicitant les raisons aux participants : raisons techniques par rapport à l'exercice d'Analyse de la Pratique, degré d'urgence indiqué par l'exposant avec critère de date butoir, ou inconfort dans le maintien de sa fonction…. Aussi, il me paraît pertinent d'indiquer ici que la pleine validation par l'exposant de sa problématique, reformulée sous le format APEOS® reste, à mon sens, la meilleure garantie pour ne pas partir « hors-sujet » toute la durée de la séance.

## ETAPE N° 5 : Dynamisation des échanges avec l'aide des 4 axes de dynamisation Contexte, Blocages, Groupe, Savoirs.

Une fois la problématique formulée sous un format permettant d'assurer le critère individuel et opératoire, les échanges pourront être accompagnés et relancés par l'intermédiaire des 4 axes de dynamisation portant sur la compréhension du Contexte, l'identification des Blocages de l'exposant, l'utilisation du Groupe et l'apport de Savoirs.

### ETAPE N° 6 : Tenue du cap de l'Analyse de la Pratique, auprès du groupe, centrée sur la problématique de la séance

Cette étape, bien que pouvant paraitre évidente, mérite, à mon sens, d'être mentionnée. Oui, tenir le cap des objectifs de l'Analyse de la Pratique, en gardant en ligne de mire la problématique de la séance sera la ligne de conduite de l'animateur. Et pour garantir un travail d'analyse profond permettant d'apporter des modifications concrètes dans la pratique de l'ensemble des participants (exposant comme écoutants) il devra maintenir son cadre, avec constance, précision et cohérence.

### ETAPE N° 7 : Clôture

Clôturer un temps de travail de groupe est un moment humainement nécessaire. Il pourra être plus largement écourté que celui de l'accueil car il libère d'engagements plutôt qu'il n'en convoque. Ce marquage de fin explicite permettra de libérer les membres de leur engagement au sein de la dynamique de groupe. Ce temps pourra être l'occasion de faire capitaliser les participants sur leurs apprentissages et prises de conscience à la suite de la séance de travail partagée. À l'évidence, il s'agira de remettre en ordre la salle si cette dernière avait été réorganisée le temps de la séance.

 ## PAUSE RÉFLEXIVE N° 22

→ Que m'apporte comme réflexion cette trame proposée ?

→ Quelles sont les étapes qui me surprennent le plus ? Pourquoi ?

→ Quelles sont les étapes qui me surprennent le moins ? Pourquoi ?

## 5.7. Repère B : le Mémento de la Méthode APEOS®

APEOS® c'est surtout :

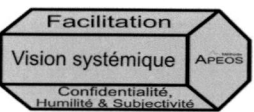

**Le sens partagé** comme référentiel commun

**Confidentialité, Humilité & Subjectivité** en piliers de communication

**Une vision systémique** pour sécuriser la mise en place du dispositif et le pérenniser

Un Intervenant AP en posture de **Facilitation** pour veiller la dynamique de groupe

**Une problématisation individuelle et opératoire** à chaque séance

**4 axes de dynamisation** pour relancer les échanges et approfondir les réflexions

*Figure 22 : Mémento de la Méthode APEOS®*

APEOS® c'est aussi :

→ une méthode particulièrement optimale pour les métiers de l'accompagnement car la qualité du service rendu aux bénéficiaires est potentialisée ;

→ des séances volontairement structurées pour garantir contenance et efficience aux groupes accompagnés ;

→ une démarche permettant à l'intervenant de renforcer son sentiment de légitimité ;

→ une invitation à augmenter discernement et ancrage dans sa sensibilité et ses élans compassionnels[64];

→ le tétraèdre appliqué du modèle COOPÉRER[65].

---

[64] Cf. les Rencontres Nationales organisées par l'auteur « Mieux comprendre sa sensibilité et ajuster sa compassion dans le domaine professionnel et personnel »

[65] Cf. annexe n°1

# CHAPITRE 6

## LE PLUS DE LA MÉTHODE APEOS® : TROUVER ET RENFORCER SA LÉGITIMITÉ D'INTERVENANT EN ANALYSE DES PRATIQUES

Mon parcours d'Intervenante en Analyse des Pratiques, a débuté alors que j'étais à peine diplômée à 23 ans. Au contact d'équipes composées de professionnels expérimentés, cela m'a confrontée rapidement et très régulièrement à ce sentiment de légitimité. C'est donc une problématique que j'ai explorée intérieurement. Puis, devenant formatrice et superviseur pour Intervenant en Analyse de la Pratique, j'ai constaté que **la légitimité est une question que se posent fréquemment les intervenants en AP.** Alors, j'ai eu envie d'intégrer cette spécificité à la méthode APEOS®. J'ai cherché à ce qu'en plus de fournir une trame concrète d'intervention, la Méthode APEOS® renforce également les Intervenants en Analyse des Pratiques dans leur sentiment de légitimité.

**La légitimité est la qualité d'une autorité, d'un pouvoir, ou d'une décision, qui est considérée comme justifiée et légalement fondée** nous rapporte le dictionnaire de la langue française. Dans cet ouvrage, la légitimité abordée de l'intervenant en Analyse de la Pratique est à considérer dans cette dimension de reconnaissance de son pouvoir, de son autorité et aussi de son authenticité.

Pour simplifier, à mon sens, toutes les questions impliquant les termes de « *Est-ce bien si… ?* » et « *Comment savoir si je fais bien ou mal ?* » sont en lien avec le sentiment de légitimité. Concernant la pratique de l'Intervenant en Analyse des Pratiques, cela peut se retrouver dans les questionnements suivants :

- Comment savoir, en tant qu'Intervenant en AP si ce que je fais, est bien de l'Analyse des Pratiques ?
- Comment puis-je apporter quelque chose de pertinent aux participants alors qu'au final j'en sais moins qu'eux concernant le domaine d'intervention ?
- Comment me sentir compétent en tant qu'intervenant AP alors que je ne suis pas formé aux problématiques de terrain pour lesquelles je m'apprête à intervenir ? Et quelle crédibilité ai-je puisque je ne connais pas particulièrement le public que les participants accompagnent ? »
- Comment défendre mon profil auprès des directions alors que je n'ai pas encore beaucoup d'expérience en tant qu'intervenant en Analyse des Pratiques ?
- …

Il serait facile d'aborder cette question du sentiment de légitimité par le versant psychologique, d'autant plus qu'il s'agit pour moi de ma formation d'origine. C'est vrai, il est rare, je le pense, que cette question ne soit pas reliée à une dimension affective. Pour autant, ce que m'a montrée mon expérience de formatrice et de superviseur pour intervenants en Analyse de la Pratique n'est pas là. En effet j'ai constaté **qu'à partir du moment où l'intervenant en AP peut de lui-même évaluer sa capacité d'animation en se repérant dans le déroulement et la progression des séances qu'il anime, alors il gagne en sentiment de légitimité.**

Mon constat technique et mon pari pédagogique sont les suivants : <u>c'est la possession d'une « boussole » fiable (car calibrée), et stable qui donnera un sentiment de légitimité à l'Intervenant en Analyse des Pratiques.</u>

## EXPLICATIONS :

L'intérêt de disposer d'une méthodologie d'intervention est de **déplacer le point de référence de « soi-même » à « un tiers ».** <u>Et ce tiers est la méthode.</u> Ainsi l'intervenant peut se libérer d'une grande partie de la dimension affective qui pouvait être associée à son manque de légitimité ressenti. Alors qu'il pouvait se vivre avec de hautes exigences, avoir une mauvaise image de lui-même, ressentir un sentiment de culpabilité, de honte, voire d'infériorité, il va développer en lui une auto-évaluation fiable concernant ses actions.

Il est question de **développer des d'indicateurs**, lui permettant de **mieux se repérer dans la progression de ses animations.** C'est en ce sens qu'avec les années, il m'est apparu salvateur **d'encourager les intervenants en Analyse de la Pratique à disposer d'une méthodologie d'intervention**, afin qu'ils apaisent en eux ce sentiment désagréable de manquer de légitimité.

Comment faire concrètement pour trouver cette méthodologie d'intervention ? À mon sens, seuls 2 choix s'offrent aux IAPP :

☐ Effectuer une formation vous outillant d'une méthodologie. Il est alors important de regarder en détail les programmes des formations, leur contenu, de lire les commentaires laissés ou de contacter d'anciens participants par exemple, afin de vérifier la présence de ce précieux contenu pédagogique.

☐ Créer par vos propres moyens une méthodologie. C'est possible, à condition d'exigence autour d'une véritable démarche de recherche empirique[66] au fil des contrats AP que vous animez.

Je ne pense pas que la question de la légitimité se résolve par « oui je suis légitime » ou « non je ne le suis pas ». Évidemment. En tant qu'intervenant en Analyse des Pratiques,

---

[66] J'y suis bien arrivée : pourquoi pas vous ? (*sourire*)

la véritable problématique qui se pose au travers du sentiment de légitimité est bien plus subtile et complexe à appréhender.

**Disposer d'indicateurs objectifs pour pouvoir s'évaluer soi-même et faire évaluer par les participants la qualité et l'efficience des séances en Analyse des Pratiques, sont à mon sens les appuis les plus fiables.**

Les équipes sont exigeantes, vous pouvez leur faire confiance ; elles sauront vous guider.
En résumé, la Méthode APEOS® soutient et renforce le sentiment de légitimité chez les Intervenants en Analyse des Pratiques par 3 actions.

→ Elle implique la maîtrise de cadres conceptuels et techniques spécifiques au travail d'Analyse des Pratiques et pouvant en être proche voire confondu.

→ Elle propose une méthode d'animation structurée.

→ Elle implique une inscription systémique du dispositif AP au sein de la structure.

## 6.1. Une légitimité trouvée par la meilleure connaissance des cadres conceptuels et techniques relatifs aux Analyses de Pratiques

Il ne me paraît pas pensable de demander à un Intervenant en AP de tenir de façon ajustée sa posture, s'il n'a pas la définition, la compréhension et la maîtrise de son cadre. Dans définition, on entend souvent la dimension conceptuelle. Je parle plutôt de définition technique, c'est-à-dire suffisamment opératoire pour qu'une fois dans la réalité de l'action, les connaissances s'assemblent instantanément pour l'intervenant, lui fournissant là, des indicateurs fiables.

De ce fait, dans la Méthode APEOS®, la partie 1 du manuel intitulé « les incontournables » propose de nombreuses définitions techniques permettant :

→ une connaissance des fondements du dispositif d'Analyse des Pratiques ;

→ la compréhension opératoire de la définition et des fonctions du travail spécifique d'Analyse des Pratiques ;

→ la clarification de ce avec quoi les AP peuvent être confondues.

*Nota Bene : lors des sessions IAPP1, caractérisées par l'approche expérientielle, ce sont les jeux de rôles qui viennent asseoir et consolider la véritable maîtrise de ces incontournables. Sont ainsi proposés des jeux de rôles pour les intervenants AP, qui doivent démasquer les glissements de cadre volontairement introduits dans les scénarios et recentrer les échanges.*

Les effets sont directs : un intervenant en Analyse de la Pratique capable d'évaluer avec fiabilité la cohérence de ses positionnements, se sentira légitime dans la tenue de sa posture professionnelle. Sans cette assise, selon moi, la posture d'intervenant en Analyse de la Pratique ne saurait être pérenne. Sans cadre interne fiable techniquement auquel vous référer, le sentiment de légitimité pourrait vous questionner de manière insidieuse et même vous conduire à éprouver des sensations désagréables de doute.

Je vous conseille donc de véritablement étudier cette partie 1 de l'ouvrage si nous nous rencontrons au travers de ce livre. Vraiment. Et si j'ai eu la chance de vous accompagner dans votre projet professionnel en vous rencontrant lors d'une session IAPP1, alors je ne peux que vous conseiller de croiser vos prises de notes avec cette 1ère partie du manuel jusqu'à trouver de l'aisance dans les différentes définitions.

## 6.2.  Une légitimité renforcée par la proposition de séances structurées

**Les équipes apprécient clairement une animation structurée lorsqu'il est question de séances d'Analyse de la Pratique en groupe, car cela implique un ressenti de contenance, de sécurité et d'efficacité.**

Aussi, si le leadership de l'intervenant en Analyse de la Pratique est assuré avec justesse dans son lien à chacun des membres du système, il fournira une sécurité affective supplémentaire au groupe car les membres se sentiront tous également respectés et considérés. Ces trois variables de contenance, sécurité et égalité sont mentionnées par P. SERVIGNE et G. CHAPPELLE dans leur ouvrage « L'entraide, l'autre loi de la jungle »[67] afin de rappeler qu'elles sont les conditions *sine qua non* pour faire naître un esprit d'entraide et de coopération entre membres d'un même groupe.

Aussi, en s'exerçant à proposer des séances structurées, l'intervenant en Analyse de la Pratique développe progressivement sa capacité à se repérer dans le déroulement des séances d'AP qu'il anime. Il devient alors capable de se situer dans sa propre progression, pouvant ainsi répondre de lui-même aux questions suivantes : où en suis-je dans la séance ? À quels moments puis-je relancer des échanges ? Comment ? Que puis-je amener comme angle de réflexion qui n'a pas été utilisé jusqu'ici ? Etc...

## 6.3.  Une légitimité acquise par une inscription systémique du dispositif d'Analyse de la Pratique

Le premier point d'appui de la Méthode APEOS® est d'inscrire le dispositif de façon systémique. Si ce point a des avantages techniques et stratégiques en termes de sécurisation et de pérennisation du dispositif, il est à noter que cela permet aussi à l'intervenant en Analyse de la Pratique de renforcer son sentiment de légitimité. Comment ? En présentant les Analyses de Pratiques à l'ensemble des parties du système avec la modélisation dynamique proposée précédemment, l'Intervenant en Analyse des Pratiques fait exister le dispositif progressivement dans la réalité subjective et objective de l'organisation au sens large. En systémie, notamment dans la grille dynamique, les interactions sont lues au travers de leur recherche continuelle d'équilibre et de mouvements rétroactifs perpétuels. Le concept d'homéostasie[68] dont vous avez probablement entendu parler est central à cette grille justement. Ainsi, par dynamisme des rétroactions continuelles, le dispositif d'Analyse des Pratiques (et son représentant : l'Intervenant en Analyse des Pratiques) reçoit des feedbacks sur sa présence, signe d'intégration du dispositif dans le système. Agissant alors comme une reconnaissance, l'intervenant en Analyse de la Pratique se voit renforcé dans son sentiment d'existence.

---

[67] SERVIGNE, P. & CHAPPELLE, G. (2019). *L'autre loi de la jungle. Paris* : Les liens se libèrent
[68] Homéostasie : capacité d'un organisme à conserver son équilibre grâce à des processus continuels de régulation.

# PARTIE 3

## CONSEILS PRATIQUES POUR DÉBUTER ET BOOSTER SA CARRIÈRE D'INTERVENANT EN ANALYSE DES PRATIQUES

Le cadre technique des Analyses de Pratiques ayant été solidement posé (Partie 1), vous avez choisi de parcourir ou non la Partie 2 permettant de détailler la Méthode APECS®. Cette Partie 3 vous propose un style d'écriture différent : moins de précautions verbales, car plus de proximité avec vous, lecteur. Oui, dans cette partie, vous n'êtes plus en face de moi pour des raisons pédagogiques, nous sommes maintenant côte à côte.

Dans cette dernière partie, je parle de **conseils**, pour attirer votre attention sur le fait que débuter sa carrière d'intervenant en AP est exigeant. Rares sont les intervenants qui vivent uniquement de ce type d'activité. Souvent les contrats en Analyse de la Pratique se cumulent à d'autres actions : formation, consulting, autre emploi à temps partiel... Quelle que soit la place que les Analyses de la Pratique prendront dans votre vie professionnelle, je vous propose ici des **partage d'expériences, et des recommandations pour être guidé dans le démarrage et le développement de vos interventions.**

L'intention de cette 3ème partie est de vous partager le plus généreusement possible des conseils concrets et pragmatiques concernant votre carrière d'Intervenant en Analyse de la Pratique : que vous la débutiez ou souhaitiez lui donner de l'élan (la booster).

# CHAPITRE 7

## 4 CONSEILS POUR DÉBUTER SA CARRIERE D'INTERVENANT EN ANALYSE DE LA PRATIQUE

Devenir Intervenant en Analyse de la Pratique (IAPP) signifie généralement endosser un statut d'indépendant, en termes administratif et juridique, en plus d'un positionnement spécifique envers les organisations. Cela peut représenter de nombreuses difficultés pour certains car s'adresser directement à des commanditaires en position de prestataire est nouveau ou du moins vécu avec appréhension. Cette partie dédiée aux conseils pour débuter sa carrière d'IAPP est volontairement rédigée dans un ordre bien précis, de façon à vous aider à vous organiser. Je vous partage une véritable marche à suivre en vous laissant bien évidemment, trier les informations que vous jugerez pertinentes. « Ça joue pour vous[69] ? *(dédicace à mes homologues suisses)*

## 7.1. CONSEIL N° 1 : *Être au clair avec ses propres motivations*

Vous avez vraiment intérêt à quitter vos anciennes identités professionnelles[70] afin de vous laisser révéler dans la posture nouvelle d'IAPP. Considérez que vos diplômes et expériences antérieures contiennent des savoir-faire, savoir-être qui vous permettront de davantage entendre et comprendre les problématiques de terrain traversées par les équipes. En revanche, ne soyez pas dans la confusion et restez positionné comme un Intervenant en Analyse de la Pratique dans votre posture.

> **Être Intervenant en Analyse des Pratiques est à voir comme un véritable métier. Certes, vos diplômes et expériences antérieures vous serviront. Pour autant, c'est surtout votre humilité à endosser cette nouvelle posture d'intervenant AP qui inspirera aux yeux des équipes une véritable confiance.**

La question de vos motivations à conduire ce type de dispositif se pose et je ne peux que vous encourager, avant tout engagement sur cette voie, de les détailler pour vous-mêmes le plus exhaustivement et honnêtement possible. Aussi je vous recommande de vous questionner sur d'éventuels élans de « réparation » dus à vos expériences professionnelles passées.

---

[69] Expression visant à recueillir l'accord de son interlocuteur, synonyme de «ça vous convient» ?
[70] Telles que celles de directeurs, éducateurs, thérapeutes...

Être un Intervenant en Analyse de la Pratique, **c'est accompagner les professionnels à « faire avec ».**
À « faire avec » :
- leur contexte professionnel spécifique (quelquefois en crise) ;
- leur direction (quelquefois en souffrance, ou incompétente voire malveillante) ;
- leurs relations (quelquefois de bonne ou de mauvaise qualité) ;
- leurs missions (y compris celles qui leur paraissent paradoxales) ;
- leurs moyens (quelquefois dégradés) ;
- leurs vécus professionnels (quelquefois violents voire traumatiques) ;
- leurs idéaux (quelquefois partagés par vous-même...).

Être un Intervenant en Analyse des Pratiques ne permet pas de « réparer des souffrances » chez les participants, ou de révolutionner les process, ni de changer l'organisation qui vous a demandé d'intervenir. Êtes-vous certain que vous êtes bien au clair avec vos motivations et intentions concernant la pratique d'intervenant en Analyse des Pratiques Professionnelles ? Prenez bien le temps de la réflexion de ce qui vous a conduit à vouloir mener des analyses de pratiques. Vraiment.

**En Analyse des Pratiques Professionnelles, « On ne sauve rien... on fait avec ! ».**
**Et quelquefois, on fait avec de l'insupportable. Cette petite phrase est pourtant si grande au fond. J'espère que vous prendrez le temps d'en saisir la portée.**

Pourquoi être au clair avec ses motivations ?
→ Par respect pour les équipes qui n'ont pas à porter plus que ce qu'elles ne portent déjà. Laissez donc vos idéalisations, déceptions, nostalgies et besoins de réparation chez vous ou mieux : auprès d'un superviseur relationnel ou thérapeute (*sourire*).

→ Par respect pour les bénéficiaires qui également n'ont pas à porter plus que ce qu'ils ne portent déjà. Pour rappel, les analyses de pratiques visent, même si elles le font indirectement, la bientraitance <u>des usagers</u>.

→ Par respect pour vous afin d'éviter de vous méprendre et de peut-être vous retrouver à gérer des dynamiques de groupe vives, voire violentes. En effet, si vous « projetez » fortement sur un groupe, l'effet boomerang est souvent exponentiel[71].

---

[71] J'échange régulièrement avec des intervenants en Analyse de la Pratique qui racontent avoir été victimes d'effets de groupe déstabilisants voire violents.

## 7.2. CONSEIL N° 2 : *Se rendre visible dans l'activité d'Analyse des Pratiques*

Les Analyses de Pratiques ont clairement le vent en poupe ces dernières années. Plus qu'une mode, on sait ce qu'elles apportent véritablement à une organisation. D'où leur expansion dans de nombreux secteurs : sportif, humanitaire, entrepreneurial, industriel... Leur présence est également encouragée par la loi dans certains secteurs : notamment le médico-social, le sanitaire, et récemment la petite enfance[72]. Contrairement à ce que vous pourriez penser, car vous débutez et pourriez avoir la crainte que votre projet professionnel échoue, les Intervenants en Analyse de la Pratique sont recherchés. <u>Se rendre visible en tant qu'Intervenant en Analyse des Pratiques Professionnelles est donc un impératif pour faire décoller sa carrière</u>. Ce que je vous conseille prioritairement c'est de créer votre image d'IAPP. En mots simples, on dirait : créer votre « panoplie ». En systémie, on parlerait techniquement de <u>faire exister ses marqueurs de cadre</u> afin de border les contours de cette posture spécifique qui est nouvellement la vôtre et pour laquelle des commanditaires pourront venir vous apostropher.

Concrètement, cela veut dire :

### ✓ RÉALISEZ DES VISUELS DE PRÉSENTATION :
Cartes de visites, site internet[73], profil réseaux sociaux et éventuels flyers en précisant et définissant succinctement l'activité d'Analyse des Pratiques.

### ✓ DÉFINISSEZ VOS COORDONNÉES
Il est opportun que vous disposiez de coordonnées dédiées à cette nouvelle activité d'Intervenant en Analyse de la Pratique de façon à les partager aux potentiels commanditaires : mail et téléphone. Soignez votre côté « pro » et évitez les adresses personnelles et mignonnement gardées depuis votre adolescence type *« petitedoudouce05@wanadoo.fr » (rire)*. Prenez également le temps de vous demander si vous souhaitez avoir un numéro de téléphone dédié à l'usage de cette nouvelle activité car vous devrez accueillir vos appels professionnels sur une messagerie correcte.

### ✓ PRÉSENTEZ-VOUS
Habituez-vous, lors de vos rencontres professionnelles, à vous présenter en mentionnant **cette activité spécifique** qui est maintenant la vôtre :
*« Bonjour Mr/Mme, je suis formateur et je suis également intervenant(e) en analyse des pratiques... »*.

---

[72] Le décret du 30 août 2021 et l'article 7 de l'arrêté du 29 juillet 2022.

[73] Même s'il ne s'agit que d'un « site vitrine », ne contenant pas forcément d'autres contenus. Et si vous avez déjà un site internet, alors pensez à rajouter dans le titre et à dédier un onglet spécial à l'Analyse des Pratiques.

Une fois votre image d'Intervenant en Analyse des Pratiques existante, il sera important de la diffuser. Spécialiste en France du domaine des Analyses de Pratiques Professionnelles, je peux vous assurer que la plupart des demandes d'intervention ne sont pas publiées. En effet, il faut comprendre que ce sont souvent les équipes qui décident de la poursuite ou de l'arrêt du contrat de l'Intervenant en Analyse des Pratiques. Et ce sont les équipes, accompagnées de leurs directions, qui organisent ensuite le recrutement d'un nouvel intervenant. Rajoutons à cela, en France par exemple, que contrairement aux offres d'emploi officielles, les directions ne sont aucunement tenues de publier leur annonce de recherche d'Intervenant en Analyse des Pratiques puisqu'il ne s'agit pas officiellement d'un poste.

**Il est donc capital de prioritairement prendre soin de votre réseau professionnel car c'est lui qui détient la plus grande probabilité de vous amener des potentiels commanditaires.** C'est donc très clairement le soin apporté à votre réseau professionnel qui jouera avec efficacité le rôle d'antenne et de relai. Vous aurez là un excellent indicateur de votre capacite à prendre soin de votre tissu professionnel.

## ✓ RECENSEZ VOTRE RÉSEAU

Recenser le nombre de vos connaissances professionnelles. Composé de vos collègues professionnels et de votre réseau amical, il est souvent bien plus important que ce qu'on imagine : **listez l'ensemble des acteurs professionnels constituant actuellement votre réseau professionnel** : anciens collègues de travail, de promotions, et de formations complémentaires, partenaires qui sont et ont été les vôtres, vos actuelles connaissances dans les secteurs pour lesquels vous envisagez de débuter des contrats en Analyse de la Pratique… Vous pourrez constater que votre réseau est conséquent, encore plus si votre carrière professionnelle est avancée bien évidement. L'idée est ensuite de prendre le temps de **contacter ces personnes par mail et par les réseaux sociaux professionnels, pour leur faire savoir que vous développez cette activité** d'Intervenant en Analyse des Pratiques, tout en précisant votre secteur géographique d'intervention[74]. N'hésitez pas à mentionner si tel est le cas, que vous avez suivi **une formation spécifique à l'animation de ces dispositifs spécifiques que sont les analyses de pratiques professionnelles.** Cela fera clairement la différence en termes de candidature. Vous pouvez même détailler la méthodologie de la formation suivie et y joindre en pièce jointe votre certificat de formation.

---

[74] Je vous conseille, surtout au démarrage, de préciser un périmètre important de déplacement de façon à ne pas vous fermer de portes inutilement. Petit repère que je vous partage : veiller à ce que le nombre d'heures d'AP soit égal ou légèrement supérieur au temps de trajet aller-retour. Exemple pour une session de 2h d'APP, j'accepte les contrats à 1h/1h15 de trajet.

### ✓ DÉPOSEZ DES CANDIDATURES SPONTANÉES

Les directions/secrétaires de direction apprécient de pouvoir avoir des « noms » à disposition pour ce type de prestation spécifique. Les directeurs et cadres se transmettent entre eux des coordonnées d'intervenants en Analyse des Pratiques. Cette démarche de déposer des candidatures spontanées est loin d'être inutile : ayez confiance dans le fait que le temps fera son travail.

### ✓ DÉVELOPPEZ VOTRE VISIBILITÉ D'INTERVENANT APP

Un autre conseil important concernant votre visibilité d'Intervenant en Analyse de la Pratique est de vous référencer stratégiquement sur internet ; c'est-à-dire sur les sites ou forums spécialisées que pourraient utiliser des directions/commanditaires à la recherche d'intervenants. Vous pouvez également viser les sites web incontournables relatifs à des secteurs qui vous intéressent particulièrement. En France, si vous êtes intéressés par répondre aux appels d'offres publics, les sites www.boamp.fr (bulletin officiel des annonces de marches publics) et www.cnfpt.fr sont centraux. Si vous envisagez d'intervenir plutôt dans le sanitaire, les sites www.opco-sante.fr et www.anfh.fr ont leur intérêt. Aussi, il ne faudra pas hésiter à rechercher des sites spécialisés dans les domaines qui vous attirent comme le site « *www.aerocontact.com* » pour l'aéronautique, ou les sites des fédérations sportives...

### ✓ ÉTABLIR UN RÉSEAU D'HOMOLOGUES

Vous pouvez également chercher à constituer ou intégrer un groupe d'Intervenants en Analyse des Pratiques déjà existant dans votre secteur afin d'établir un réseau d'homologues : rencontres ponctuelles (intervisions) pour travailler entre intervenants AP. L'appartenance à un réseau d'homologues pourra tout à fait vous ouvrir des opportunités et vous faire bénéficier de conseils relatifs au territoire. En effet, les prestations d'analyse de la pratique étant généralement limitées dans le temps (entre 2 et 4 ans), le jeu des « chaises musicales » est important dans ce secteur d'activité. Je vous invite à voir le réseau des autres intervenants AP comme de potentielles aides à vous développer, plutôt que comme des concurrents.

### ✓ INTÉGRER UN GROUPE DE SUPERVISION

Enfin, vous pouvez intégrer un groupe d'Intervenants en Analyse des Pratiques lors de formations de perfectionnement ou supervision (engagement d'un superviseur avec des frais mutualisés pour chacun des intervenants AP). Même si ces derniers sont éloignés de votre secteur géographique d'intervention, votre réseau se développera d'autant plus vite que vous aurez partagé ensemble des expériences entre intervenants. Rappelez-vous que de nombreuses associations et organisations ont une implantation nationale, il est donc tout à fait possible qu'un collègue intervenant AP d'un certain secteur géographique éloigné, puisse vous contacter pour une demande relative à l'antenne d'un autre territoire plus proche du vôtre.

> **La meilleure diffusion reste indéniablement le bouche à oreille des directions/équipes ayant fait appel à vos services, à condition évidement que la prestation leur ait été satisfaisante *(humour)* et d'en avoir effectué au moins une... Il faut donc vous lancer et débuter un premier contrat d'analyse des pratiques et vous appliquer particulièrement à la bonne réalisation de cette mission. Car une fois introduit dans le milieu des Analyses de Pratiques, vous pourrez bien évidemment utiliser ce(s) expérience(s) passée(s) pour légitimer votre pratique (auprès de vous-même d'abord et des commanditaires vous contactant) et l'effet de reconnaissance de votre nouvelle fonction dans le secteur géographique en sera décuplé.**
>
> **PARTAGE D'EXPÉRIENCE**

## 7.3. CONSEIL N° 3 : *Savoir répondre aux annonces de demande d'intervention en analyse de la pratique*

En suivant les conseils donnés dans les paragraphes précédents vous serez à même de mieux repérer les demandes d'interventions : principalement en les voyant émerger de votre réseau professionnel propre, en ayant des réponses à vos candidatures spontanées, en intégrant des groupes d'homologues et en veillant les demandes d'intervention sur certains sites spécialisés. Lorsque vous avez connaissance d'une demande d'intervention en analyse des pratiques, il est recommandé d'y **répondre rapidement**. Effectivement, pour les directions, trouver et engager un Intervenant en Analyse des Pratiques équivaut à un recrutement avec tout le temps, l'énergie et l'exigence que cela représente. En répondant rapidement, et si votre présentation convient, alors la recherche de cette direction s'arrêtera probablement sur votre profil prioritairement. Cependant, pour un professionnel débutant sa carrière d'indépendant, répondre à une direction peut représenter une difficulté. Voici quelques étapes et conseils que je vous partage ici dans l'intention que cela guide votre positionnement de « jeune indépendant ».

### ✓ SE RENSEIGNER

Avant toute chose, prenez le temps de vous renseigner sur la structure ayant déposé une demande d'intervention en Analyse des Pratiques : est-ce une organisation publique ou privée ? Une association ? Combien de résidents/usagers/clients y sont accompagnés ? Y a-t-il plusieurs établissements concernés par la mise en place des analyses de pratiques ? Quels types de services ? Quelles professions composent les équipes ? Rassemblez un maximum d'informations sur l'organisme en lançant des recherches internet, en utilisant les réseaux sociaux professionnels et même en questionnant certains de vos éventuels contacts du secteur.

## ✓ COMPRENDRE LES ÉTAPES DU RECRUTEMENT

Prenez le temps de comprendre comment est organisé le recrutement de l'Intervenant en Analyse de la Pratique. En effet, certains paramètres seront peut-être rédhibitoires[75] pour vous en tant qu'intervenant. Mieux vaut refuser avec des raisons claires que de consentir sans avoir connaissance des paramètres essentiels.

- Certains appels d'offre sont exigeants et peuvent conduire à vous faire passer de nombreuses heures à rédiger une proposition.
- Certaines directions recrutent directement : c'est-à-dire que les responsables postent l'annonce et laissent leurs coordonnées pour être appelés directement par les intervenants AP.
- D'autres directions demandent aux participants concernés par les Analyses de Pratiques de sélectionner eux-mêmes l'intervenant AP. C'est donc le groupe de participants (souvent par l'intermédiaire d'une seule personne), qui a la charge de contacter plusieurs intervenants AP pour organiser des entretiens (sorte de « casting ») et choisir l'intervenant qui les accompagnera pour la période à venir.
- Certaines annonces sont publiées par les services des Ressources Humaines, avec un contenu plus ou moins éloigné de la réalité de terrain des salariés concernés par le dispositif d'analyse de la pratique. L'exemple caricatural est un service RH qui publie un cahier des charges concernant les analyses de pratiques en précisant qu'elles devront répondre à… tout ! Il n'est vraiment pas rare de trouver des annonces parues précisant que les attendus sont de l'analyse de la pratique avec des temps de régulation et de supervision, permettant des études de situation... autant dire que la demande n'est pas claire et hautement exigeante. Et là, à mon sens il reste 2 options : soit vous laissez tomber, soit au contraire, vous appelez le rédacteur de l'annonce pour justement échanger audacieusement avec lui en lui expliquant votre profil et votre méthode d'intervention afin de « transformer les attendus irréalistes » en réelles données techniques.
- D'autres structures encore (les publiques notamment) peuvent passer par des appels d'offre avec un process précis demandé à toute candidature. Il peut s'agir d'importants contrats (quelques fois 25 à 40 équipes à débuter en même temps). Il sera alors opportun de répondre à ce type d'annonce sous forme d'un collectif d'Intervenants en Analyse de la Pratique car seul, il est souvent délicat d'accepter un nombre aussi conséquent d'équipes.

---

[75] Créneaux d'intervention, horaires, roulement, zone géographique...

### ✓ ÊTRE AU CLAIR AVEC VOS « POSSIBLES » ET « IMPOSSIBLES »

En effet, une fois l'appel lancé à une direction et la conversation amorcée, mieux vaut éviter de paraitre incertain, flottant et dubitatif face aux questions posées. Demandez-vous en amont : dans quel rayon acceptez-vous de vous déplacer ? quels sont vos tarifs (minimaux) ? Comment évaluez-vous vos frais de déplacement ? Êtes-vous ok pour intervenir en soirée ? Et pour intervenir sur 2 jours consécutifs impliquant une nuitée en hôtel ? Êtes-vous disponible chacun des jours de la semaine ?

### ✓ ÊTRE CONSCIENT DE VOS FORCES ET FRAGILITÉS

Enfin, anticipez vos points de force et de fragilité pour répondre à cette annonce en mettant en avant votre « meilleur profil ». Évitez bien évidemment d'insister sur tout ce que vous n'êtes pas. Osez faire ressortir un profil pertinent et faîtes ressortir vos points forts auprès du commanditaire.

### ✓ CHERCHER À RENCONTRER LA DIRECTION

Souvent par téléphone, ou en visioconférence, elle est à mon sens capitale pour assurer au dispositif d'Analyse de la Pratique une installation pérenne dans l'organisation[76].

Lorsque vous serez en contact directement avec le commanditaire, commencez tout d'abord par vous présenter en mettant en avant ce qui vous parait, au vu de l'annonce, être vos atouts (diplômes, compétences, expériences, qualité). Précisez si vous avez suivi une formation spécifique à l'animation des groupes d'analyse des pratiques, c'est un point d'une grande importance pour les directions aujourd'hui. Puis, questionnez votre interlocuteur sur ses attentes précises en termes d'intervention aussi bien sur le fond (objectifs attendus) que sur la forme (durée et fréquence des interventions, compositions des groupes de travail, créneau). Ce moment d'échange vous permettra de vous assurer qu'il s'agit bien d'un contrat d'analyse des pratiques et de recueillir de précieuses informations y compris organisationnelles concernant le potentiel contrat. Si ce n'est pas le cas, à vous d'évaluer le besoin de la structure et repérer de quel type d'intervention il s'agit. Présentez-lui une synthèse de ce que vous avez compris de sa demande et échangez ensemble jusqu'à un consensus. Si votre interlocuteur est intéressé, présentez-lui votre approche/méthodologie. Terminez par lui demander comment le recontacter pour lui faire votre proposition d'intervention, convenez ensemble d'un délai de réponse et prenez ses coordonnées directes si possible (mail, téléphone).

---

[76] Voir Chimchirian, A. (2024). Positionnement d'intervenant en analyse de pratiques : évolution vécue sur une quinzaine d'années. *Revue de l'analyse de pratiques professionnelles*, 25, 62-71. https://www.analysedepratique.org/?p=5758.

Prenez le temps de la réflexion en vous-même et pour vous-même, pour croiser les informations reçues et vérifier que ce contrat vous intéresse. Vérifiez également que votre profil est bien en adéquation avec la demande. En effet, inutile d'aller vous mettre en difficulté. Pour rappel, le bouche à oreille prévaudra toujours, surtout dans un secteur aussi spécialisé que celui des Analyses de la Pratique : <u>mieux vaut donc décliner une proposition d'intervention AP qui vous paraitrait un peu trop glissante ou trop éloignée de vos compétences plutôt que de décrocher à tout prix le contrat au risque que votre nom soit effectivement diffusé dans le secteur avec des qualificatifs négatifs.</u>

Enfin, faites parvenir votre proposition en envoyant le devis dans le délai convenu et demandez à rencontrer l'équipe concernée par le dispositif d'Analyse des Pratiques à venir. Cette étape nécessite que vous ayez clarifié votre planning en termes de disponibilités et indisponibilités et surtout que vous soyez prêt à contractualiser, ce qui veut dire, concrètement, être :

→ opérationnel en termes de statut administratif (prenez le temps de vous renseigner auprès des organismes compétents voire de cabinets comptables). En France par exemple, il existe de nombreux statuts possibles : micro-entreprise, entreprise individuelle, société de portage, coopérative d'entrepreneurs... Il est important de comprendre que du statut administratif choisi découle une liste de mentions obligatoires à faire figurer sur des documents clés (devis, facture, convention notamment) ;

→ détenteur de votre numéro d'habilitation (en France il s'agit du Siret) ;

→ clair sur vos tarifs (taux horaire, frais kilométriques...), horaires et cadences acceptés (4 groupes sur une même journée ? Débuter à 7h30 ? Terminer à 20h30 ?).

## 7.4. CONSEIL N° 4 : *Connaître les éléments clés d'une contractualisation en Analyse de la Pratique.*

Toute intervention professionnelle en tant que prestataire doit donner lieu à une convention permettant de contractualiser le service. Ce document est certes une nécessité en termes de code du travail. Il est également symboliquement la matérialisation de l'engagement et de l'entente contractée entre le commanditaire et l'intervenant. Sur un plan technique et éthique, la convention peut également permettre de préciser certains éléments. La contractualisation implique un consensus entre commanditaire et prestataire concernant le fond comme la forme de la prestation en question. Devront être, à minima, mentionnés sur la convention :

✓ la nature de la prestation ;
✓ le lieu dans lequel se déroulera la mission ;
✓ la durée des interventions, leur fréquence et le calendrier prévisionnel ;
✓ la composition du/des groupe(s) de travail ;
✓ la durée de la mission ;
✓ les conditions d'évaluation, de reconduction ou d'arrêt du dispositif ;
✓ le tarif comprenant les frais de déplacement (voire hébergement).

Vous pourrez également intégrer à votre contrat de prestation/convention des paragraphes liés à votre cadre technique et éthique tels qu'une définition précise de vos missions, le caractère de libre choix des méthodes et techniques employées, les cas de rupture de clause de confidentialité, etc. N'hésitez pas à vous inspirer de conventions de collègues habitués à œuvrer dans le milieu, et à faire vérifier par un juriste que l'ensemble des informations obligatoires figurent bien dans votre convention. Nombreux des points cités précédemment peuvent paraître de simples éléments organisationnels et logistiques. Ils détiennent pourtant également de fortes composantes techniques et stratégiques pour le déroulement de vos interventions.

Prenons l'exemple de la durée et de la fréquence des interventions. Ces points sont à réfléchir au vu des habitudes déjà prises par la structure, du nombre de participants (est-ce un groupe de 5 ou de 18 professionnels ?), de votre propre disponibilité également... Il est clair que des interventions trop « distendues » dans le temps pourraient nuire à la qualité du dispositif d'Analyse de la Pratique car elles risqueraient de conduire au désinvestissement de l'outil. Pour autant, si elles étaient trop rapprochées, les séances pourraient être perçues comme « envahissantes et inutiles » car venant se caler sur un rythme trop proche du travail quotidien...Il s'agit-là d'un véritable choix technique.

Prenons également l'exemple de la composition des groupes d'Analyse des Pratiques, là encore, ce paramètre est fortement stratégique et technique pour la conduite de votre dispositif. En effet, en fonction de la plus ou moins grande hétérogénéité d'un groupe de travail en AP, pourront être travaillées certaines dimensions de la pratique plutôt que d'autres. Ces enjeux techniques et stratégiques pouvant apparaître dans vos conventions, sont fins et c'est l'expérience qui vous permettra de gagner en expertise sur ce volet-là ainsi que votre participation à des formations de perfectionnement/supervision dédiées aux Intervenants en Analyse des Pratiques.

 **Comment savoir que j'ai solidement intégré les fonctions du dispositif d'analyse des pratiques ?**

**Quand** vous vous sentirez à l'aise, dès la Rencontre avec l'équipe, pour donner une définition synthétique, fluide, et simplifiée de l'Analyse des Pratiques.

**Quand** il vous sera facile de repérer les représentations erronées et les attendus inadéquats des participants concernant les séances d'Analyse de la Pratique.

**Quand**, durant les séances elles-mêmes, vous n'hésiterez pas à recadrer le groupe et à faire des relances avec questions ouvertes pour recentrer les participants autour des fonctions premières du dispositif.

**Quand** vous constaterez que les équipes s'engagent plus facilement dans le travail que vous leur proposez (moins d'inertie, notamment au démarrage, meilleure fluidité de la parole au sein du groupe, plus grande facilité pour les participants d'amener des problématiques professionnelles et non des situations ou des thématiques, moins de recadrages à effectuer...)

> Si tel n'est pas le cas, c'est que votre posture fondamentale d'Intervenant en Analyse des Pratiques manque probablement de clarté ou de fermeté. N'hésitez pas à aller travailler ce point en formation ou en supervision.

# CHAPITRE 8

## 6 CONSEILS POUR BOOSTER SA CARRIERE D'INTERVENANT EN ANALYSE DE LA PRATIQUE

### 8.1. CONSEIL N° 5 : *Travailler activement l'ouverture et la souplesse de son esprit*[77]

Développer activement votre capacité à changer d'angle de vue, à faire varier votre niveau d'observation (micro à macro) peut se développer dans votre quotidien par le développement d'un esprit philosophique et constructiviste. Vous pouvez également envisager une formation bien évidemment. Une liste plus détaillée de conseils a été donnée dans la partie 1.1 (la question du sens et la réalité constructiviste). Voici les éléments principaux repris ici.

### → DEVELOPPER UN ESPRIT PHILOSOPHIQUE

Revisiter avec davantage de discernement certaines notions fondamentales pour amener de la clarté aux groupes accompagnés, et travailler vos propres capacités de raisonnement seront essentielles à l'animation de séances d'analyse de la pratique.

Vous pouvez, pour ce faire :

- étudier des livres, regarder des émissions sur la philosophie, la sagesse ;
- participer ou aller voir des concours d'éloquence, des cafés philo... ;
- travailler votre capacité à sortir du jugement (par des formations et aussi dans votre quotidien, si vous acceptez la discipline que cela implique).
- ...

### → DÉVELOPPER UN ESPRIT CONSTRUCTIVISTE

Entraîner votre esprit constructiviste vous donnera de solides réflexes pour accompagner les participants à sortir de leurs ornières subjectives et vécus d'impasses.

Vous pouvez, pour ce faire :

- étudier des livres sur le constructivisme ;

---

[77] Reprise synthétique du chapitre 1.

- et/ou vous former sérieusement à l'approche systémique ;
- vous documenter sur des thèmes qui vous sont peu connus et qui impliquent en règle générale de nombreux stéréotypes.
- ...

Tant que cela vous entraîne à jouer avec vos propres filtres, à dépasser vos représentations, vous pouvez considérer que vous êtes en train de travailler votre esprit constructiviste. ET plus vous serez conscient de la latitude que vous faites gagner à votre esprit, plus vous renforcerez vos compétences constructivistes. En le faisant régulièrement, vous deviendrez d'autant plus habile pour venir questionner les réflexes, les représentations et les cadres conceptuels des participants et vous parviendrez d'autant mieux à faire prendre conscience aux participants de leurs limitations de raisonnement.

> **Être Intervenant en Analyse de la Pratique, c'est accompagner les groupes à formuler leurs problématiques, clarifier les interrogations qui les traversent et les aider à réouvrir le champ des possibles.**

Je vous suggère de reprendre les questions de la pause réflexive et les tâches d'entrainement p. 40.


## 8.2.   CONSEIL N° 6 : *Développer son écoute empathique*

À l'évidence, les Analyses de Pratiques sont un exercice d'écoute exigeant. En tant qu'animateur, il est fondamental de développer votre capacité à écouter avec empathie. Pour cela, il est vrai que passer par des formations professionnelles est un véritable plus. De nombreuses approches proposent des stages, séminaires sur les notions d'empathie, communication, posture bienveillante... Je ne saurais vous conseiller précisément sur ce qui vous conviendrait le mieux. Je me permettrais simplement de vous suggérer une formation plutôt longue de façon à consolider véritablement les apprentissages. En effet, je ne crois pas qu'en un week-end de formation, même avec un ponte en tant que formateur, il soit possible d'intégrer la complexité de ce qu'est une véritable écoute empathique.

Personnellement, ce qui m'a le plus aidée à développer une écoute empathique est d'avoir travaillé l'approche centrée sur la personne de C. ROGERS[78] par une formation longue et continue. Ma pratique de psychologue et thérapeute m'a également beaucoup enseignée, couplée aux espaces de supervision de ma pratique.

---

[78] ROGERS.C, (2013). L'approche centrée sur la personne. Éditions AMBRE.

## 8.3. CONSEIL N° 7 : *Renforcer ses compétences d'affirmation de soi*

<u>Mener des groupes d'Analyses de Pratiques est très engageant</u> concernant la capacité à s'affirmer. Il est donc complètement normal que vous puissiez sentir ce point comme un point de fragilité. Et vraiment, je vous le dis avec conviction : c'est plutôt une bonne chose ! Oui, car cela prouve votre souci de vouloir bien faire, et d'une certaine façon, votre humilité. Pour renforcer vos compétences d'affirmation de soi[79], je vous encourage à travailler très activement ce point, sur le plan personnel en plus du plan professionnel, de façon à travailler en profondeur cette question. Vous pourrez vous aider :

→ de lectures spécifiques : C. CUNGI, C. ANDRE, F. LELORD, F. FANGET qui sont notamment de solides références sur le domaine ;

→ de formations spécifiques[80] : pouvant être proposées avec différents paradigmes de référence (thérapies cognitives et comportementales, analyse transactionnelle, communication non violente...).

Là encore, je ne saurais trop vous conseiller précisément sur ce qui vous conviendrait le mieux. Idem pour le conseil donné précédemment : optez pour une formation longue de façon à travailler véritablement en profondeur cette question. Sachez également que <u>la question du sentiment de légitimité prend souvent racine dans le terreau de l'estime de soi</u>. Je pense donc qu'il serait dommage de vous priver d'aide de type psychologique, ou thérapeutique, si vous sentez que cette question de l'affirmation de soi vous est confrontante. Personnellement, ce qui m'a le plus aidée à développer ces compétences sont justement des espaces réguliers de thérapies (psychologiques et corporelles) ainsi que les livres cités précédemment, en plus d'une formation longue en thérapie cognitive et comportementale. J'ai pu consolider tout cela par l'enseignement de techniques d'entretien (reçues notamment à l'université par G. ROUAN). La pratique sportive notamment celle du Karaté a clairement été bénéfique pour travailler mon assertivité.

---

[79] Exemples : savoir recevoir un compliment, savoir exprimer un besoin, savoir dire non...

[80] Pensez à utiliser le terme « assertivité », bien que moins connu, lorsque vous effectuerez vos recherches sur des formations sur le développement et le renforcement de l'affirmation de soi.

## 8.4.  CONSEIL N° 8 : *Se former à l'utilisation de la dynamique des groupes et travailler son leadership*

Animer des séances d'analyses de pratiques implique fortement la question du leadership. Et la question du leader renvoie à la question de l'autorité, du pouvoir et à celle de la place dans un groupe. Ce sujet, pour des raisons psychologiques évidentes, est souvent empreint de beaucoup d'affects puisqu'il est question de « sa place » au sens large, perçue et ressentie, au sein de la société comme de sa famille (incluant celle dont on est issue et celle que l'on a créée). Il est donc complètement normal que vous puissiez sentir ce point comme fragile voire instable. Je considère là encore qu'il s'agit probablement d'humilité et cela reste positif. D'autant plus que bonne nouvelle : ça se travaille !

Pour renforcer votre leadership, surtout si vous le sentez fragile, je vous encourage à vous montrer proactif sur ce point. Je pense que les formations théoriques sur les dynamiques de groupe ainsi que la connaissance des différents types de leadership, peuvent être un support. Cependant, pour réellement développer votre leadership, rien ne remplacera l'accompagnement par un professionnel qualifié dans le domaine. Aussi, vous pourriez vous inspirer activement d'une personne qui incarne avec profonde congruence un leadership dont vous appréciez la force et le style. Ce partage de référence est finalement trop lié à la personnalité pour que je me permette de vous conseiller certaines références plutôt que d'autres. Je vous encourage ainsi à suivre vos propres intuitions comme j'ai moi, suivi les miennes. Personnellement, ce sont mes expériences en tant qu'animatrice pour enfants et adolescents pendant les périodes d'été, ainsi que mes années de pratique en théâtre d'improvisation, qui m'ont le plus aidée à développer mon leadership. J'ai également beaucoup appris en tant que chargé de travaux dirigés à l'université, car confrontée à des dynamiques de groupe puissantes (des classes nombreuses de jeunes adultes) où j'ai dû « apprendre » à poser mon autorité.

Ce qui m'a aidée également sont les cours spécifiques reçus lors de mon enseignement universitaire, notamment ceux de G. GIMENEZ, G. POUPARD, G. ROUAN qui, tous, sont des auteurs dont vous pouvez lire les ouvrages aujourd'hui ; les modules en thérapie cognitive et comportementale axés sur le sujet de l'animation des groupes ; ainsi que les enseignements dispensés par D. RANKIN[81], un des derniers chefs héréditaires amérindiens. Éclectique me direz-vous : oui, justement pour apprendre encore et encore.

---

[81] https://www.dominiquerankin.ca

## 8.5.　CONSEIL N° 9 : *Disposer d'un espace de perfectionnement et de supervision de ses interventions en Analyse des Pratiques*[82]

Sans révision de notre pratique d'Intervenant en Analyse des Pratiques : n'en oublions-nous pas l'essentiel ? Le risque est celui de passer à côté de nombreux axes de travail avec, à terme, le risque de figer notre capacité à prendre du recul. Les dérives d'une absence de pratique réflexive chez l'Intervenant en Analyse de la Pratique sont nombreuses : pour lui-même, pour les équipes accompagnées et pour les bénéficiaires concernés indirectement par les interventions.

Il est vrai que la « casquette » d'Intervenant en Analyse des Pratiques Professionnelles se rajoute souvent à d'autres : formateur, travailleur social, psychologue, thérapeute… et, à force de « cumuls de mandats », les plannings professionnels peuvent être chargés notamment pour les plus actifs. Pour autant, le manque de temps reste un argument qui contient, à mon sens, dans de nombreux cas, une part d'évitement.

En tant qu'Intervenant en Analyse des Pratiques le risque d'usure et d'isolement est fort. Voici 3 types d'actions sur lesquelles je vous conseille de miser :

→ Les formations et supervisions techniques plutôt collectives.
Elles répondront au besoin de développer votre expertise : appropriation de nouvelles techniques de relance, amélioration des recadrages du dispositif d'AP, renforcement de vos compétences de lecture, analyse et gestion de la dynamique de groupe. Aussi, ces temps vous permettront de diminuer votre propre sentiment de solitude et d'élargir votre réseau professionnel. Je ne peux que vous conseiller de choisir un formateur spécialisé dans le domaine tant ces dispositifs d'Analyse de la Pratique sont spécifiques.

→ Les supervisions relationnelles individuelles ou collectives
Elles vous permettront, quant à elles, d'élaborer sur les relations et les positionnements que vous entretenez avec les groupes accompagnés. L'objectif sera ici de dépasser les difficultés personnelles (les « résonances intimes » rencontrées dans votre pratique d'intervenant AP) notamment dans la gestion des phénomènes de groupe, le manque éventuel d'affirmation de soi, les craintes, etc...

→ Les formations continues
Ces dernières vous permettront de gagner en connaissance sur des thématiques précises d'interventions souvent rencontrées dans vos séances

---

[82] Ce texte est une synthèse de l'article que j'ai publié en juin 2021 sur le site www.analysedespratiques.com, « *Du défaut de supervision des intervenants en Analyse de la Pratique* »

d'Analyse de la Pratique. Ces formations continues vous permettront de rester en position d'apprenant, ce qui a mon sens, d'un point de vue de l'humilité, est essentiel. Aussi, la participation à ces sessions de formation, vous permettra de gagner en recul et de fréquenter de nouveaux professionnels (Intervenants en AP ou autres).

En 16 ans, j'ai vu de nombreux intervenants arrêter leur pratique pour des raisons d'usure et de solitude. Je parle d'usure ici en rappelant qu'il existe « l'usure à la technique », sorte de lassitude à faire la même chose et qui a fini par épuiser. Cela pourra risquer de vous arriver si vous ne prenez pas assez soin de clarifier régulièrement vos motivations et de procéder à des ajustements. Il y a aussi, pour les intervenants en Analyse de la Pratique « l'usure compassionnelle », celle due à la confrontation répétée d'environnements souffrants voire toxiques (maltraitances structurelles).

Il m'importe donc de vous sourire en vous rappelant l'importance de cultiver votre joie au quotidien. Pensez aussi à veiller au bon équilibre de vos contrats (nombre, densité d'intervention, lieux d'interventions, épuisement aux trajets…).

Aussi, il me parait vraiment important en tant qu'Intervenant en Analyse de la Pratique, de rappeler l'importance des espaces de lien pour développer la technicité, consolider le sentiment de légitimité à animer ces dispositifs complexes et exigeants et se sentir entouré.

## 8.6. CONSEIL N° 10 : *Expérimenter*

Rien ne remplace l'expérience, c'est ce que je crois profondément. Je suis devenue Intervenante en Analyse de la Pratique par l'expérience essentiellement. Et depuis plusieurs années maintenant j'apprends à ceux qui veulent le devenir, par la pédagogie expérientielle, car elle permet justement d'expérimenter.

Le dernier conseil sur lequel j'ai envie de terminer cet ouvrage est donc l'expérimentation. C'est normal d'avoir « peur de mal faire », cela indique que vous êtes quelqu'un de consciencieux. Cela indique aussi que vous êtes quelqu'un de respectueux. Il n'y a pas de honte à cela. Bien au contraire : soyez fier de votre vulnérabilité et de cette humilité. Elles seront des qualités essentielles à votre progression.

Alors essayez, prenez des risques, recommencez, réalisez vos apprentissages, vos inconforts, vos points de butée puis refaites autrement et refaites encore… visez l'excellence tout en étant conscient qu'elle ne peut être atteinte…

Le karatéka de l'APP termine son apprentissage après 3 chapitres et obtient grâce à sa rigueur la ceinture noire. Pour autant, l'humilité reste de vigueur car la ceinture noire ne correspond qu'au premier kyū dans le système des grades japonais…

**Oss !**

# TEXTE BONUS

Perspectives d'application des Analyses de Pratiques dans de nouveaux secteurs...

Les Analyses de la Pratique sont bel et bien nées des métiers de l'accompagnement (pédagogie, éducation et santé essentiellement). Tous ont en commun la présence de personnes accompagnées (bénéficiaires) et cela n'est pas anodin. En effet, il est facile de comprendre que si les Analyses de la Pratique sont réalisées dans une intention d'améliorer la qualité du service rendu aux bénéficiaires, elles rencontrent facilement les motivations des personnes (professionnels, bénévoles, etc..) œuvrant dans ces types de secteur. Il y a là une superposition d'intentions permettant de travailler les notions de sens et d'éthique assez facilement.

Je précise par là-même, avec une prise de position forte, que les prestations nommées « Analyse de la Pratique » qui se soucieraient d'abord de l'amélioration des conditions de travail des salariés, ou de la rentabilité de l'organisation <u>ne sont pas,</u> pour moi, des Analyses de la Pratique. **Je le redis, le travail d'Analyse de la Pratique s'inscrit dans un cercle vertueux où l'amélioration de la qualité rendue aux usagers et/ou à leurs familles est liée au prendre soin du SENS que donnent les participants à leurs actions.**

Les Analyses de Pratiques, par la présence de bénéficiaires, sont facilement transposables dans des secteurs mêmes nouveaux tels que : le milieu carcéral, les organisations humanitaires, les collectivités publiques... Il s'agira nommément et respectivement des détenus, des populations aidées, et des citoyens.

Évidemment chacun des domaines cités aura des spécificités dont l'animateur de séances d'Analyse de la Pratique devra tenir compte, comme dans le/les :

- milieu carcéral : univers juridique (pénal, correctionnel, civil...), composante sécuritaire...

- organisations humanitaires : influences culturelles, composante traumatique des bénéficiaires (voire des personnels), statut d'expatrié des personnels, composante sécuritaire...

- collectivités publiques : notion d'engagement, enjeux politiques et de territoires...

**Si ces dispositifs d'Analyse de la Pratique s'implantent et se développent, notamment ces dernières années, dans de plus en plus de domaines divers, c'est bien parce que la question du sens (le voir, le retrouver) y est centrale.**

Nous voyons des séances d'Analyse de la Pratique se développer, bien que timidement, auprès d'enseignants (secteur privé essentiellement). Nous voyons également des Analyses de Pratiques proposées aux parents (oui, la pratique ici est celle d'être un parent) avec un bénéficiaire évident : leur(s) enfant(s).

La présence de bénéficiaires rend facile la projection des séances d'Analyse de la Pratique dans des domaines, même nouveaux. Pour autant, il peut ne pas être simple d'envisager les perspectives concrètes d'applications de ces analyses de pratiques dans des secteurs comme celui de l'entreprise, du sport ou celui des congrégations religieuses.

Ces trois secteurs donnés à titre d'exemple et issus de ma pratique, sont cités dans ce texte bonus, pour, vous inviter à sortir des « sentiers battus »...

## 1. Analyse des pratiques & milieu entrepreneurial

À l'évidence, une entreprise est une organisation qui se fixe d'atteindre des objectifs tout en étant rentable financièrement. Elle a donc tout intérêt à veiller au bien-être de ses salariés en se souciant de leur qualité de vie au travail. Ces 3 points ne sont absolument pas incompatibles avec l'esprit éthique des Analyses de Pratiques selon moi. Là où il conviendrait d'être vigilant bien sûr, c'est si vous animiez des dispositifs d'AP en entreprise pour prioritairement augmenter la rentabilité de cette dernière. Là évidemment, je ne vous soutiendrais plus et ne serai pas non plus favorable à l'utilisation du terme « analyse de pratiques », considérant là qu'il s'agit d'une instrumentalisation de l'outil.
Une application saine de l'outil d'AP dans le milieu entrepreneurial est de participer au développement du sentiment d'utilité chez les salariés, de renforcer leur réflexivité pour les accompagner a développer créativité, sentiment d'appartenance et culture d'entreprise. Les entreprises sont essentielles dans une société, déjà par leur rôle économique certes, et aussi parce qu'elles rappellent socialement que tous les métiers ont leur importance.
Je crois que nous sommes dans un tournant important du milieu entrepreneurial et que les Analyses de Pratiques peuvent véritablement y avoir toute leur place, à condition de préserver une éthique d'utilisation de ces dispositifs.

## 2. Analyse des pratiques & milieu sportif

Dans le milieu sportif, les objectifs de performance sont centraux et les clubs ont tout intérêt à veiller au bon équilibre entre dépassement de soi et durabilité des efforts de leurs sportifs. Envisager la mise en place de séances d'Analyse de la Pratique pour les coachs et entraineurs sportifs vous fera retrouver les mêmes objectifs et enjeux que ceux des métiers de l'accompagnement. Je ne reviendrai donc pas sur cette perspective. Envisager des séances d'AP pour les sportifs (athlètes, skieurs, nageurs, karatekas...) est tout autre. Et c'est bien de cette perspective là qu'il est question ici. À l'évidence, il en va de votre éthique de ne pas détourner le dispositif d'analyse des pratiques en le mettant uniquement au service de la performance pouvant conduire à l'épuisement des sportifs. Cela ne serait plus de l'analyse de pratiques, tout simplement, et ne pourrait être nommé comme tel. Une application saine de l'outil d'AP auprès de sportifs est de participer au soutien de leur pratique exigeante et endurante, de renforcer leur réflexivité pour les accompagner à mieux se connaître, à gagner en confiance et à stabiliser leur motivation.

Le sport, de mon regard intégratif, a une grande importance dans nos sociétés, car il rappelle l'importance du corps, du lien entre le corps et l'esprit, et encourage des valeurs fortes telles que : le courage, le sens de l'effort, la détermination...

Je ne peux que vous soutenir à développer les Analyses de Pratiques dans ce milieu si ce dernier vous attire y compris par la dimension d'esprit d'équipe liée aux sports collectifs.

## 3. Analyse des pratiques & congrégations religieuses

Dans ces milieux incluant souvent l'hébergement des pratiquants (moines, sœurs, prêtres, lamas, laïcs...), l'objectif central est le fonctionnement pérenne de la communauté. Se rajoute à cela l'objectif d'une cohérence souhaitée entre les engagements spirituels pris par les pratiquants et leur vécu du quotidien.

Envisager des séances d'Analyse de la Pratique au sein d'une communauté vous conduira à être vigilant sur les autres besoins pouvant s'exprimer, parfois de façon forte tels que :

- la régulation de groupe ;

- l'accompagnement au développement organisationnel pour aider la structuration de la communauté dans ses instances de gouvernance et ses processus décisionnels ;

- la thérapie des membres.

Il conviendra également de tenir compte du contexte culturel associé en s'intéressant aux valeurs fondatrices de la communauté. Enfin, son inscription au sein de sa congrégation de référence (on parle de lignée pour les bouddhistes, et de mouvements au sein de l'église catholique par exemple) sera à prendre en compte.

Une application saine de l'outil d'AP auprès de pratiquants spirituels est de participer au soutien de leur engagement, de renforcer leurs capacités communicationnelles et leur réflexivité pour les accompagner à mieux se connaître, à développer un lien de confiance et stabiliser leur fonctionnement.

En espérant que ce texte ait attiré votre curiosité et pourquoi pas, permis de répondre à certaines de vos interrogations sur l'extension possible de l'outil AP, il est temps, pour nous d'envisager la conclusion de cet ouvrage.

# CONCLUSION

*Comment devenir un Intervenant en Analyse des Pratiques ?*

À première vue, il est facile de croire qu'il s'agit de quelques compétences supplémentaires ajoutées à un diplôme d'origine. En effet, en France, en Suisse et au Québec par exemple, la loi témoigne plutôt en ce sens et ne délivre à ce jour aucun titre fédéral ou national, encadrant fermement l'exercice de ces prestations au point d'en autoriser ou interdire l'accès.

Cependant, l'expérience de mener des groupes d'analyse de la pratique conduit à une réflexion plus approfondie concernant ce « métier ». On s'aperçoit qu'il implique une posture atypique, une maitrise technique du cadre d'intervention ainsi que d'importantes compétences relatives à la gestion de la dynamique des groupes.

Au cours de cet ouvrage, « les incontournables » de la Partie 1 permettent de rappeler l'importance, pour l'animateur en Analyse des Pratiques, de s'entendre avec le groupe accompagné sur la délimitation du champ des interventions qu'il propose. Ainsi connaître les fondements de l'exercice d'Analyse de la Pratique et mieux cerner ses enjeux en comparaison avec d'autres dispositifs techniques, lui permet de vérifier le sens partagé des interventions qu'il anime, auprès des participants, comme des directions concernées.

Quant à la présentation de la Méthode APEOS® en Partie 2, elle témoigne de la vision systémique nécessaire aux Analyses des Pratiques. Le partage de points d'appuis et de repères permet une vision concrète de la méthode décrite. Détaillée étape par étape, la démarche APEOS® parle ainsi à tout animateur de séances d'AP, débutant, comme plus expérimenté. Un zoom est fait sur la phase de problématisation, reconnue comme particulièrement décisive pour l'animation d'une séance, en mentionnant les critères clés d'individualité et d'opérationnalité. Les nombreux exemples relatifs aux 4 axes de dynamisation permettent d'optimiser les relances à effectuer au cours d'une séance d'Analyse de la Pratique pour garantir un niveau approfondi d'analyse. La structuration fournie par la méthode APEOS® permet aux intervenants de gagner en autonomie, en confiance et de renforcer leur sentiment de légitimité.

La Partie 3 apporte des conseils pour débuter et booster sa carrière d'Intervenant en Analyse de la Pratique car l'exercice d'animer des séances d'AP est précis techniquement, exigeant et confrontant. Ce guide encourage les IAPP à soutenir leur identité professionnelle par une formation spécifique à l'animation de ces groupes et une pratique parallèle de supervision continue. Il tend aussi à leur démontrer l'importance d'une vision systémique du fait du monde complexe des organisations dans lesquelles les analyses de pratiques s'inscrivent et se déroulent.

À ce jour, la législation relative aux Analyses de la Pratique est souple pour ne pas dire absente de nombreux secteurs. Cela présente clairement des avantages : notamment celui de laisser la pleine liberté aux profils intéressés par ce type d'intervention. Cela a également ses inconvénients : celui d'une professionnalisation encore fragile chez ces intervenants.

Il est impossible de connaître l'évolution de la législation au sujet des analyses de pratiques pour les années à venir. Mon expérience me conduit à vérifier que le plus important reste l'authenticité de la motivation chez l'intervenant. Il m'apparait évident d'encourager les professionnels attirés par ces dispositifs à se lancer, et à oser (d'où la citation choisie de GOETHE en ouverture d'ouvrage). Car s'ils sentent un « élan » c'est que de nombreuses parties d'eux-mêmes voient un sens fort à conduire ces actions que sont les Analyses de Pratiques. Le soutien technique à ces professionnels en devenir ou déjà en activité est possible : nous sommes suffisamment nombreux en francophonie pour proposer des formations outillantes et professionnalisantes. **Alors osez !**

Cet ouvrage se termine, je vous remercie de votre attention et confiance et espère être en lien avec vous prochainement.

# BIBLIOGRAPHIE

1. ABRIC, J. (2003). *Psychologie de la communication : théories et méthodes.* Armand Colin

2. ALFÖLDI, F. (2017). *L'analyse des pratiques en travail social.* Dunod

3. ANDRE, C. (2009). *Imparfaits, libres et heureux.* Odile Jacob

4. ANDRE, C. & LELORD, F., (2021). *L'estime de soi.* Odile Jacob

5. ARAUJO-OLIVEIRA, A., CHOUINARD, I. & PELLERIN, G. (2018). *L'analyse des pratiques professionnelles dans les métiers relationnels.* Perspectives plurielles.

6. ARDOINO, J. (1993). *L'approche multi référentielle (plurielle) des situations éducatives et formatives.* Pratiques de formation-analyses.

7. ARGYRIS, A. ET SCHÖN, D.A. (2002). *Apprentissage organisationnel : théorie, méthode, pratique.* Paris : DeBoeck Université

8. BEAUR, A. & VILA, S. (2004). Pour ne plus confondre supervision, analyse des pratiques, régulation d'équipe. In *Lien Social* n°704

9. BILHERAN, A. (2009). *L'autorité.* Armand Colin.

10. BOUCENNA, S., THIÉBAUD, M., & VACHER, Y. (2022). *Comment accompagner avec l'analyse de pratiques professionnelles ?.* DeBoeck

11. BOURQUE, S. & COUTURE, D. (dir.) (2010). *Guide sur la supervision professionnelle des travailleuses sociales et des travailleurs sociaux.* Ordre des travailleurs sociaux et des thérapeutes conjugaux et familiaux du Québec, OTSTCFQ

12. BRUN, J. (2024). *La philosophie grecque : des présocratiques au néoplatonisme.* Que sais-je. Presses Universitaires de France

13. CASTRO, D. (2017). *Animer des groupes professionnels en institution : aspects théoriques et méthodologiques.* Dunod

14. CHAMI, J. (2020). Note de synthèse. In *revue internationale de recherches en éducation et en formation des adultes,* collection savoirs, l'analyse des pratiques professionnelles

15. CHAMI, J. & FABLET, D. (2011). *Professionnels de santé et analyse des pratiques.* Savoirs et formation. L'Harmattan

16. CHARLIER, E., BECKERS, J., BOUCENNA, S., BIEMAR, S., FRANCOIS, N. & LEROY, C. (2020). *Comment soutenir la démarche réflexive?* DeBoeck Supérieur

17. CHIMCHIRIAN, A. (2024). Positionnement d'intervenant en analyse de pratiques : évolution vécue sur une quinzaine d'années. In *La revue de l'analyse de pratiques professionnelles.*

18. CUNGI, C. (2011). *Savoir s'affirmer en toutes circonstances.* Savoirs pratiques. Retz

19. DESCARTES, R. (1998). *Les passions de l'âme.* GF Flammarion

20. DON MIGUEL RUIZ (2016), *Les 4 accords toltèques.* Jouvence

21. FABRE, M. (2006). Analyse des pratiques et problématisation, In *recherche et formation* n°51. ENS Éditions

22. FANGET, F. (2011). *Affirmez-vous, pour mieux vivre avec les autres :* Odile Jacob

23. FREUND, M. (2011). *Logique et raisonnement :* ellipses

24. FRIARD, D. (2023). *Supervision d'équipes en psychiatrie, dispositifs d'analyse de pratiques professionnelles.* Éditions Seli Arslan

25. FUMAT, E., VINCENS, C. & ETIENNE, R. (2003). *Analyser les situations éducatives,* Collection Pratiques et enjeux pédagogiques. Éditeur ESF

26. FUNAKOSHI, G. (2009). *Les 20 préceptes directeurs du Karaté Do.* Éditions Budo

27. GARCIA, L. (2023). *L'imaginaire dans les groupes d'analyse des pratiques.* Enrick B. Éditions

28. JOULE, R. & BEAUVOIS, J. (1998). *La soumission librement consentie : comment amener les gens à faire librement ce qu'ils doivent faire.* Presses Universitaires de France

29. GIUST-DESPRAIRIES.F (2005), *Analyser ses pratiques professionnelles en formation.* CRDP de l'académie de Créteil.

30. KABAT-ZINN, J. (2013). *Où tu vas tu es.* Éditions Poche, J'ai Lu

31. KINOO, P., MEYCKENS-FOUREZ, M. & VANDER BORGHT, C. (2019). *Supervision en institution et analyse de pratiques.* Edition DeBoeck

32. LE BOSSE, Y. (2003). De « l'habilitation » au « pouvoir d'agir » : vers une appréhension plus circonscrite de la notion d'empowerment. In *nouvelles pratiques sociales*

33. MARC, E. & PICARD, D. (2006). *L'école de Palo alto : un nouveau regard sur les relations humaines.* Retz

34. MARCEL, JF., OLRY, P., ROTHIER-BAUTZER, E. & SONNTAG, M. (2002). Les pratiques comme objet d'analyse. In *Revue française de pédagogie*

35. MUCCHIELLI, R. (2019). *Le travail en équipe : clés pour une meilleure efficacité collective.* ESF éditeur

36. MUCCHIELLI, R. (2019). *La dynamique des groupes :* ESF éditeur

37. PAUL, M. (2022). *Accompagner la problématisation des situations professionnelles : analyser ses pratiques autrement.* DeBoeck

38. PEAUD, P., ROBO, P. ET THIÉBAUD, M. (2015). Disparition de Jacques Ardoino. In *revue de l'analyse de pratiques professionnelles*, 5, pp. 79-82. https://www.analysedepratique.org/?p=1700.

39. RANKIN, D. & TARDIF, MJ. (2012). *On nous appelait les sauvages.* Éditions le jour

40. ROBO, P. (2017). Vers un mémento pour mettre en place et démarrer un groupe d'app. In *revue de l'analyse de pratiques professionnelles*, 10 (23-41). https://www.analysedepratique.org/?p=2433

41. ROGERS, C. (2005b). *Le développement de la personne.* Dunod

42. ROSENBERG, M. B. (2016). *Les mots sont des fenêtres (ou bien ce sont des murs)* : introduction à la communication non-violente. Éditions la découverte

43. SCHÖN, D. (1994). *Le praticien réflexif. À la recherche du savoir caché dans l'agir professionnel.* Les Éditions Logiques

44. SEMERIA, EN. (2024), *les quatre peurs qui nous empêchent de vivre.* Espaces libres

45. SERVIGNE, P. & CHAPPELLE, G. (2019). *L'autre loi de la jungle. Paris* : Les liens se libèrent

46. SOUCHE, L. & GALIANO, A-R. (dir) (2016). *L'Analyse de la Pratique Professionnelle : 13 études de cas. Concept Psy.* Éditions In Press

47. SPINOZA, B. (1994). *L'éthique.* Gallimard, Folio Essais

48. THIÉBAUD, M. (2017). Mettre en place un groupe d'analyse de pratiques qui fasse sens et inspire confiance. Quels défis ? Quels repères ? Quels chemins ? In *la revue de l'analyse de pratiques professionnelles.* https://www.analyse-depratique.org/?p=2431

49. THIÉBAUD, M. (2018). Accompagnement et analyse de pratique en groupe. In *la revue de l'analyse de pratiques professionnelles.* https://www.analysedepra-tique.org/?p=2862

50. THIÉBAUD, M. (2018). Intelligence collective et analyse de pratiques en groupe. In *la revue de l'analyse de pratiques professionnelles.* https://www.analyse-depratique.org/?p=3048

51. THIÉBAUD, M. & VACHER, Y. (2018). Explorer les dynamiques d'intelligence collective en analyse de pratiques favorisant l'émergence de l'inédit et de plus-values qui dépassent les apports individuels. In *la revue de l'analyse de pratiques professionnelles.* https://www.analysedepratique.org/?p=3042

52. THIÉBAUD, M. ET VACHER, Y. (2020). L'analyse de pratiques professionnelle dans une perspective d'accompagnement, d'intelligence collective et de réflexivité. In *revue de l'analyse de pratiques professionnelles.* https://www.analysedepratique.org/?p=3716

53. THOLLON BEHAR, M-P (2023). *Analyse de la pratique et petite enfance.* Edition Chronique Sociale

54. VACHER, Y. (2018), 1+1, ça fait combien en APP ? Effets possibles du groupe sur la dynamique de l'analyse. In *revue de l'analyse de pratiques professionnelles.* https://www.analysedepratique.org/?p=2864

55. VERCAUTEREN, D. (2018). *Micropolitiques des groupes : pour une écologie des pratiques collectives.* Édition Amsterdam

56. VERMERSCH, P. (2019). *L'entretien d'explicitation.* ESF sciences humaines, ESF éditeur

57. VIOLLET.P (2013). *Construire la compétence par l'analyse des pratiques professionnelles.* DeBoeck Supérieur.

58. YALOM, I. (2021). *Comment je suis devenu moi-même* : Le livre de Poche

# WEBOGRAPHIE

1. Dictionnaire LAROUSSE de la langue française
   *https://www.larousse.fr/dictionnaires/francais*
2. Dictionnaire LE ROBERT
   *https://dictionnaire.lerobert.com*
3. *La langue française*
   *https://www.lalanguefrancaise.com*
4. Revue de l'analyse de pratiques professionnelles
   *https://www.analysedepratique.org*
5. Portail de l'analyse des pratiques professionnelles
   - *https://www.analysedespratiques.com*
   - *https://www.analysedespratiques.com/composition-des-groupes-danalyse-de-la-pratique-professionnelle-qui-decide*
   - *https://www.analysedespratiques.com/composition-dun-groupe-danalyse-des-pratiques-professionnelles-a-quoi-etre-vigilant*
   - *https://www.analysedespratiques.com/les-bilans-en-analyse-des-pratiques-professionnelles-pourquoi-comment-avec-qui*
   - *https://www.analysedespratiques.com/entreprise-pme-eti-pmi-analyse-des-pratiques*
   - *https://www.analysedespratiques.com/intervenant-en-analyse-des-pratiques-professionnelles-psy-ou-pas-psy*
   - *https://www.analysedespratiques.com/analyse-de-pratiques-ethique-et-systemes*
   - *https://www.analysedespratiques.com/petite-enfance-et-legislation-autour-de-lanalyse-des-pratiques-interview*
   - *https://www.analysedespratiques.com/petite-enfance-des-competences-danimateur-de-seances-danalyse-des-pratiques-professionnelles*
   - *https://www.analysedespratiques.com/se-sentir-legitime-en-tant-quintervenant-en-analyse-des-pratiques*
6. ESPACE ÉTHIQUE NORMANDIE
   *https://www.espace-ethique-normandie.fr/10673*
7. MÉTHODE COOPÉRER
   *https://www.coopérer.org*
8. PERSÉE
   *https://www.persee*
9. UNE LECTURE CONTINUE DE L'ÉTHIQUE DE SPINOZA
   *https://spinoza.fr*
10. ALGONQUIN HEREDITARY CHIEF
    *https://www.dominiquerankin.ca*

# LISTE DES FIGURES

# LISTE DES TABLEAUX

# LISTE DES ANNEXES

Annexe n°1 :

APEOS®, une application du modèle COOPÉRER

Annexe n°2 :

Objectivation et évaluation du dispositif d'analyse des pratiques : mail à l'attention de la direction, contenant des questions permettant de recueillir l'appréciation des participants aux séances

Annexe n°3 :

Trame pour bilan (intermédiaire ou fin de convention) avec le groupe des participants

Annexe n°4 :

Trame pour bilan (intermédiaire ou fin de convention) avec la direction

Annexe n°5 :

Exemple de note d'information envoyée à une direction pour annoncer la mise en place de séances d'analyse des pratiques aux équipes

Annexe n°6 :

Tableaux récapitulatifs vierges pour tâches d'entrainement : GLISSEMENTS MAJEURS

Annexe n°7 :

Tableaux récapitulatifs vierges pour tâches d'entrainement : Glissements mineurs

Annexe n°8 :
Schéma vierge des objectifs de glissements majeurs

# ANNEXE N° 1
## APEOS® : une application du modèle COOPÉRER

M. THIÉBAUD et J. BICHSEL ont coanimé des groupes et des équipes dans différents milieux professionnels. Exerçant en Suisse, ils ont accompagné des collectifs dans le domaine de l'éducation, de la santé, des administrations publiques et des organisations privées. Tous deux ont développé des formations et des projets visant à favoriser la coopération, le dialogue et les intelligences collectives. Je les ai rencontrés en avril 2023 pour débuter ma formation à leur approche. Le modèle de la coopération qu'ils proposent est intégratif. Leur coffret m'a rapidement parlé : un tétraèdre en bois qui modélise les dimensions principales du modèle, et des jeux et outils permettant d'apprendre, de préparer, faciliter, vivre et évaluer la coopération.

Me former et me perfectionner techniquement à l'utilisation de l'approche COOPÉRER m'a permis d'explorer une nouvelle grille de lecture pour l'ensemble de mes activités professionnelles et aussi d'évaluer plus objectivement la méthode APEOS® concernant sa capacité à générer, faciliter et vivre une dynamique coopérative.

Ayant fait la demande à M. THIÉBAUD d'écrire la préface, j'ai eu envie de terminer cet ouvrage en développant quelques pages sur la fraternité existante entre APEOS® et COOPÉRER. En effet, tous deux partagent l'élan de dynamiser les relations coopératives : COOPÉRER le fait explicitement, et APEOS® plutôt implicitement.

La première partie de cette annexe présente plusieurs éléments fondamentaux du modèle de facilitation de la coopération développé par M. THIÉBAUD et J. BICHSEL.

La seconde partie propose un zoom sur la démarche d'analyse de pratiques en groupe vue comme une démarche de coopération par ces auteurs. Selon eux, de manière générale, la coopération peut être mobilisée suivant certaines démarches. Ils en ont formalisé une vingtaine qui sont fréquemment utilisées en collectif et qui couvrent assez largement l'ensemble des processus de coopération. Chaque démarche comprend différentes étapes et aide à organiser le travail collectif en fonction du but visé, de l'implication requise de chaque individu et des relations collectives recherchées.

La troisième partie propose une mise en lien pratique entre les 2 modèles pour mettre en lumière leurs consensus.

# 1. Les éléments fondamentaux du modèle COOPÉRER

## Coopérer ne va pas de soi

L'expérience nous le montre quasi quotidiennement : la coopération n'est pas gagnée d'avance, elle nécessite de mobiliser les ingrédients essentiels qui la facilitent.

Un groupe, une équipe, un collectif qui a développé une vision partagée de sa raison d'être et de ses modalités de coopération sait définir et mettre en œuvre les processus appropriés à chaque moment.

La connaissance des clés de la coopération permet de la construire et de l'ajuster de façon continue. Elle donne la possibilité d'en moduler les formes pour répondre aux spécificités de chaque situation. Elle offre l'opportunité d'être créatif, d'allier réflexion et intuition pour choisir collectivement les modes souhaités pour la coopération.

## Coopérer n'est pas une fin en soi

C'est un moyen pour atteindre des buts en commun :

Réaliser un projet

Analyser et gérer des problèmes

Apprendre et s'entraider dans un accompagnement mutuel

Se concerter et trouver un accord

Faire un bilan

Etc.

L'utilité de développer la coopération varie en fonction de différents facteurs : notamment la taille du collectif, la complexité de la réalisation menée, les défis rencontrés, les formes de responsabilisation valorisées.

La coopération est par ailleurs mobilisée à des degrés variables selon la nature du collectif, ses visées, le contexte et les réalisations menées.

## Un modèle de la coopération

De nombreux processus sont mobilisés dans la coopération. Selon le modèle que nous avons développé, la coopération repose sur quatre dimensions principales :

### Le sens partagé

Renvoie au « pour quoi ? », aux buts poursuivis. Le sens nous permet de nous orienter. Il a trait également à la signification, à la notion d'utilité : « Quel sens cela peut-il avoir de… ? » Le sens renvoie enfin à la notion de cohérence.

### L'organisation

Concerne le « comment ? », la manière dont le groupe ou l'équipe effectue son travail collectif, les rôles et responsabilités, la démarche et les moyens utilisés.

cooperer.org

### L'implication

Renvoie au « qui ? », au fait d'impliquer chaque personne, de l'inclure, avec ses compétences et ses différences, dans les activités collectives. Quelle place chacun·e y trouve et y prend ? Comment les besoins sont-ils reconnus ? Quelles sont les contributions de chacun·e au collectif ?

### Les relations

Concernent le « nous », les liens entre les personnes du groupe ou de l'équipe qui influencent son climat et sa culture. Quelles interactions se développent ? Avec quel sentiment d'appartenance et quelle conscience collective ?

Ces dimensions sont toutes importantes. Elles sont complémentaires. Chacune d'elles s'appuie sur les autres. Elles peuvent être symbolisées par les quatre faces d'un tétraèdre, avec leurs interrelations.

Ces quatre dimensions clés sont au service de la production collective.

### La production

Elle concerne le « quoi », c'est-à-dire ce que le collectif élabore (biens matériels, services, apprentissages, décisions, etc.). Quels sont les fruits récoltés ?

L'ensemble de la coopération s'inscrit par ailleurs dans un environnement spécifique.

### L'environnement

La coopération est influencée par le contexte dans lequel elle se développe, les attentes et les contraintes extérieures comme par les soutiens reçus par le collectif.

## Des dimensions de coopération en interdépendance

Selon les buts visés, en fonction du contexte et des événements, au fil du temps, un aspect ou l'autre de la coopération peut nécessiter une attention plus particulière. Si l'une des faces du tétraèdre de la coopération est négligée, toutes les autres sont modifiées... et le contenu, c'est-à-dire le volume de l'ensemble (qui correspond aux fruits de la coopération) s'en trouve réduit.

Faciliter le travail collectif consiste à être attentif en continu à l'équilibre entre toutes les dimensions.

Il n'existe pas de recette toute faite qui garantit la coopération. Il est nécessaire d'en développer une vision dynamique. Nous proposons à cet effet des repères et des outils (**voir : www.cooperer.org/outils**).

**Faciliter un groupe ou une équipe, ce n'est pas faire le travail qui lui incombe.**

**C'est mobiliser les ressources collectives et catalyser les potentialités de coopération.**

**cooperer.org**

Extrait de THIÉBAUD, M. & BICHSEL, J. (2022). *Clés de la coopération. Résumé.* www.cooperer.org/cles-resume

## 2. Analyse de pratiques et coopération : éléments du modèle COOPÉRER appliqués dans APEOS®

**Sens partagé**

Au cœur de toute démarche d'APP, il y a un travail de conscientisation, de prise de recul sur ses pratiques. Les participant·e·s devraient pouvoir s'y investir et ne pas la confondre avec d'autres démarches telles que le partage d'expériences, la résolution de problème collectif ou encore l'évaluation des « bonnes » pratiques. Il ne s'agit pas davantage en APP de faire une régulation d'équipe ou de développer un projet institutionnel.

Le groupe travaille dans une perspective d'émancipation et de développement de l'autonomie et du pouvoir d'agir individuel et collectif. Il valorise :

- l'apprentissage expérientiel
- la recherche de compréhension
- la mobilisation des ressources de toutes les personnes
- la reconnaissance de la subjectivité des vécus et de la singularité de chaque pratique

**Organisation**

Trois types de rôles et postures :

1. La personne exposante vient avec un questionnement en lien avec sa pratique, une préoccupation, un problème, un projet ; elle formule une demande (résultats espérés + attentes d'apports du collectif).
2. Les participant·e·s s'engagent à accompagner l'exposant·e par rapport à sa demande et s'investissent simultanément dans une réflexion personnelle sur leur propre pratique et leur manière de l'analyser.
3. La personne chargée de faciliter la démarche est garante du cadre et des modalités de travail ; elle a pour rôle premier de favoriser des échanges durant lesquels les ressources de l'ensemble des personnes sont mobilisées, pour la réflexion comme pour le fonctionnement du collectif.

Chaque personne décide individuellement de ce qu'elle fera du travail élaboré.

**Implication**

Une APP en groupe nécessite une ouverture personnelle et une capacité d'auto-questionnement.

Favoriser l'implication de la personne qui expose

- Quel questionnement a-t-elle ? Quelle est sa demande au collectif ? Qu'est-ce qu'elle veut partager ?
- Comment évolue-t-elle dans sa compréhension, sa demande au groupe, ses objectifs pour la suite ?
- Comment vit-elle le processus d'APP ? Comment souhaite-t-elle poursuivre d'une étape à l'autre ?

Encourager l'expression de toutes les personnes dans le groupe

- Qu'est-ce qu'elles veulent apporter en lien avec la demande de l'exposant·e, aux différentes étapes ?
- Quelles réflexions, quelles résonnances avec leurs propres vécus et pratiques peuvent-elles partager ?

**cooperer.org**

## Relations

Un climat de sécurité et de confiance est essentiel. A cet effet, il importe de :

- favoriser la création de liens entre les participant·e·s, une connaissance réciproque
- définir des règles de communication en commun (respect de soi et des autres, confidentialité, etc.)
- accueillir et gérer l'expression des éventuels inconforts et tensions

Pour favoriser un travail en intelligence collective :

- veiller à ce que chacun·e s'exprime en inscrivant ses apports dans la même étape du processus
- faciliter une circulation fluide de la parole, qui permet à chaque personne d'enrichir la réflexion
- soutenir et valoriser l'écoute (de soi, de ses résonances et des autres membres du groupe)

## Production

Dans un groupe d'analyse de pratiques, la production collective consiste dans l'exploration, le questionnement, les réflexions, les prises de conscience et les apprentissages développés en commun.

Il s'agit de vérifier que cela s'inscrit dans la démarche convenue au départ et que les participant·e·s restent relié·e·s au focus de travail et à la demande de la personne exposante.

Les quatre dimensions de la coopération sont toutes au service de la production. Lorsque le groupe en prend soin, la récolte en est optimisée pour tous.

## Environnement

Le contexte dans lequel se déploie une analyse de pratiques en groupe devrait pouvoir en favoriser la qualité. Quel que soit le milieu dans lequel elle est mise en œuvre, il importe notamment de :

- contractualiser la démarche, non seulement avec le groupe, mais aussi avec les décideurs, afin d'avoir leur soutien et que les enjeux institutionnels soient clarifiés et n'aient pas d'influence négative sur l'APP
- s'assurer que le groupe peut choisir ses modalités de travail et travailler dans la confidentialité
- disposer d'un espace de rencontre protégé des interférences

cooperer.org

Extrait de THIÉBAUD, M. & BICHSEL, J. (2021). *Coopérer dans une démarche d'analyse de pratiques en groupe*. www.cooperer.org/app

221

## 3. Mise en lien pratique entre APEOS® et COOPÉRER

Je le disais en début d'annexe, il existe une sorte de fraternité entre les 2 modèles. Premièrement, APEOS® et COOPÉRER sont fondés sur un modèle systémique et encouragent une vision multi-dimensionnelle. Les concepteurs ont effectivement reçu chacun, une formation professionnelle en ce sens. Aussi, il paraît important de partager que tous deux montrent un grand intérêt à poser un regard complexe sur les phénomènes et interactions perçues, et à croiser leurs visions.

Deuxièmement, APEOS® et COOPÉRER accordent une importance majeure au SENS, notamment au SENS PARTAGÉ. Cela se vérifie dans le modèle de la Coopération par la désignation du « sens » comme correspondant à la dimension première. Dans le modèle APEOS®, le « sens » est également considéré comme essentiel et désigné par « fondement du dispositif ».

Les 2 modèles s'accordent à dire que sans clarification de la visée d'Analyse de la Pratique au sein du groupe de participants, il ne peut y avoir de séances d'AP efficientes et satisfaisantes. Leur consensus se matérialise dans leurs modélisations en bois respectives où la face du SENS est conçue pour être à la base de leurs figures géométriques.

Troisièmement, il est intéressant de remarquer comment les dimensions issues du Modèle COOPÉRER se superposent facilement à la Méthode APEOS®.

Par exemple, APEOS® insiste sur l'importance de préparer la Rencontre avec l'institution (direction et participants) et de structurer les séances en termes d'animation. En cela, cette approche méthodique relative au travail d'analyse de pratiques rappelle la dimension ORGANISATION du modèle de la coopération.

Autre exemple, le travail de problématisation individuelle, précisé par APEOS® avec les caractéristiques d'être Individuelle et Opératoire, se retrouve dans le modèle COOPÉRER avec la dimension IMPLICATION et PRODUCTION. En effet, la reconnaissance de la subjectivité des INDIVIDUS est au cœur des deux approches.

D'ailleurs, quatrièmement, le caractère opératoire de la problématisation trouve facilement sa correspondance dans le modèle COOPÉRER avec la dimension de PRODUCTION, car il désigne « les fruits » de la coopération issus du travail d'Analyse des Pratiques.

Cinquièmement, les axes de dynamisation explicités dans la Méthode APEOS® se retrouvent chacun dans des dimensions du modèle de la Coopération :

- Axe « utiliser le groupe » correspond à la dimension RELATION
- Axe « comprendre le contexte » correspond à la dimension ENVIRONNEMENT
- Axe « identifier les blocages de l'exposant » correspond à la dimension IMPLICATION
- Axe « amener du savoir » correspond à la dimension FACILITATION

D'autres superpositions intéressantes seraient à nommer entre les deux modèles. Cependant cette annexe n'a pas l'objectif d'en fournir la liste exhaustive. Son intention est davantage de venir étayer la notion de fraternité perçue facilement entre ces 2 modèles.

# ANNEXE N° 2
## Objectivation et évaluation du dispositif d'analyse des pratiques : mail à l'attention de la direction, contenant des questions permettant de recueillir l'appréciation des participants aux séances

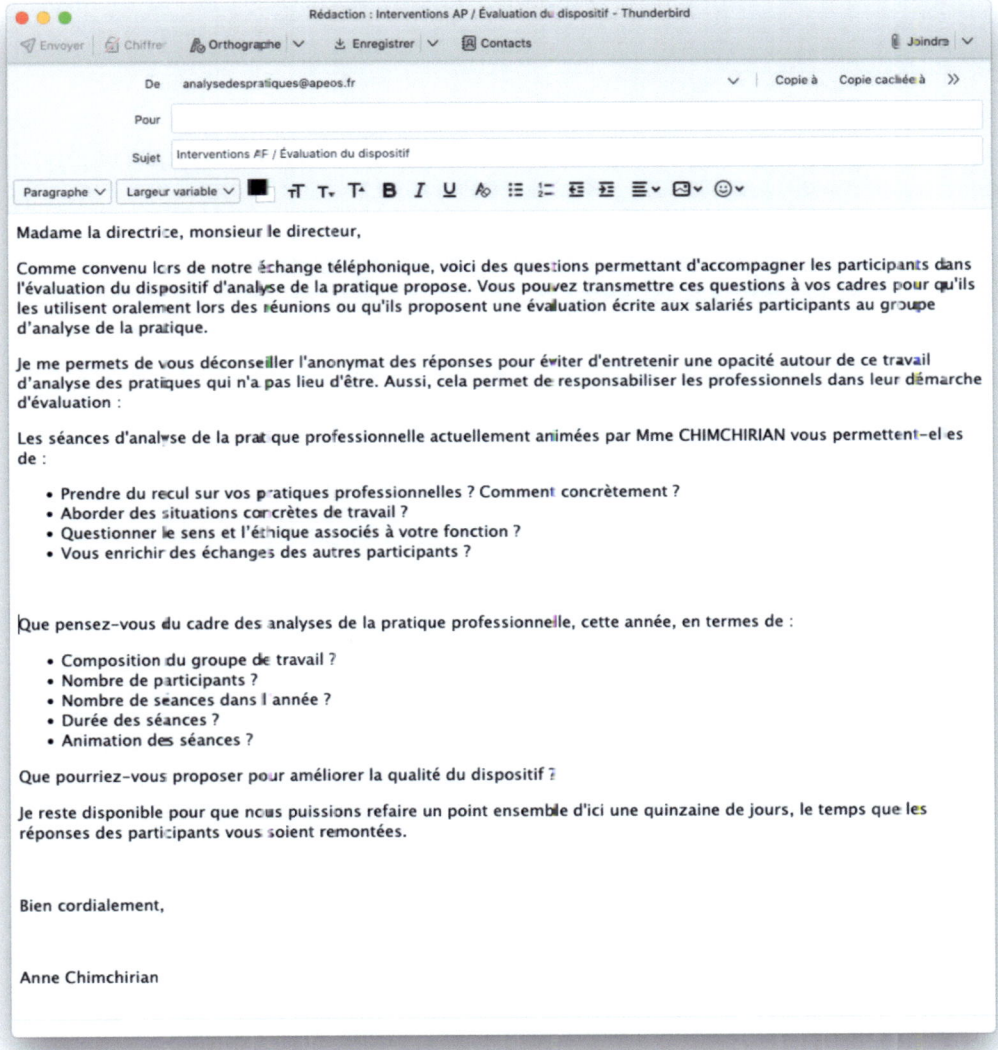

Madame la directrice, monsieur le directeur,

Comme convenu lors de notre échange téléphonique, voici des questions permettant d'accompagner les participants dans l'évaluation du dispositif d'analyse de la pratique propose. Vous pouvez transmettre ces questions à vos cadres pour qu'ils les utilisent oralement lors des réunions ou qu'ils proposent une évaluation écrite aux salariés participants au groupe d'analyse de la pratique.

Je me permets de vous déconseiller l'anonymat des réponses pour éviter d'entretenir une opacité autour de ce travail d'analyse des pratiques qui n'a pas lieu d'être. Aussi, cela permet de responsabiliser les professionnels dans leur démarche d'évaluation :

Les séances d'analyse de la pratique professionnelle actuellement animées par Mme CHIMCHIRIAN vous permettent-elles de :

- Prendre du recul sur vos pratiques professionnelles ? Comment concrètement ?
- Aborder des situations concrètes de travail ?
- Questionner le sens et l'éthique associés à votre fonction ?
- Vous enrichir des échanges des autres participants ?

Que pensez-vous du cadre des analyses de la pratique professionnelle, cette année, en termes de :

- Composition du groupe de travail ?
- Nombre de participants ?
- Nombre de séances dans l'année ?
- Durée des séances ?
- Animation des séances ?

Que pourriez-vous proposer pour améliorer la qualité du dispositif ?

Je reste disponible pour que nous puissions refaire un point ensemble d'ici une quinzaine de jours, le temps que les réponses des participants vous soient remontées.


Bien cordialement,


Anne Chimchirian

# ANNEXE N° 3
## Trame de bilan avec le groupe des participants

Il est conseillé de réaliser le bilan en fin de convention, ou à mi-parcours si cela parait pertinent, de façon à réajuster le dispositif au besoin. Dans la perspective d'un arrêt des interventions, il s'agira de permettre un moment d'échange entre les participants et l'animateur autour des raisons de ce choix. Dans la perspective contraire d'une reconduction des interventions pour l'année suivante, il s'agira de clôturer le travail de groupe réalisé et de partager autour de l'approfondissement souhaité des objectifs.

Faire le bilan auprès du groupe directement signifie effectuer le bilan sans la présence des cadres hiérarchiques qui sont également, très souvent les signataires de votre convention. Et cela présente deux avantages importants :

- pouvoir pleinement revenir sur le contenu des séances ;
- pouvoir pleinement aborder le climat relationnel au sein du groupe (le lien entre les participants et aussi entre les participants et vous, animateur des séances.

Voici les questions que je vous recommande d'aborder avec le groupe des participants dans l'objectif d'évaluer le dispositif et envisager avec perspective la suite. Ces questions sont amenées en distinguant les « questions sur le fond » des « questions sur la forme ». L'ordre pour aborder ces questions (d'abord le fond, puis la forme) est conseillé afin de maximiser les échanges constructifs au sein du collectif.

**FOND**

→ En quoi les objectifs de l'Analyse de la Pratique vous paraissent-ils atteints ou non atteints ? Prise de recul ? Évolution de vos pratiques ? Diminution du sentiment d'isolement ? Meilleure compréhension des pratiques ?

→ Qu'appréciez-vous, en tant que participant, dans les séances proposées ? en quoi ces séances sont -elles aidantes pour votre pratique ?

→ Comment évaluez-vous la qualité des échanges lors de ces temps d'Analyse de la pratique ?

→ Comment évaluez-vous mon positionnement d'Intervenant en AP ?

**FORME**

→ Le créneau choisi, la durée de séance et la fréquence entre chacune d'elles, vous paraissent-ils adaptés ? Pourquoi ?

→ Que pensez-vous du choix de la composition du groupe de participants ?

→ Avez-vous des suggestions, des recommandations à faire pour améliorer le dispositif ?

→ Quels sont les feedbacks les plus constructifs que vous pourriez faire concernant mon style d'animation ?

L'article paru en décembre 2022[83] intitulé « Les bilans en Analyse des Pratiques : pourquoi ? comment et avec qui ? » pourra vous donner de nombreuses informations complémentaires sur les différentes configurations possibles de bilan et les enjeux associés.

---

[83]https://www.analysedespratiques.com/les-bilans-en-analyse-des-pratiques-professionnelles-pourquo-comment-avec-qui

# ANNEXE N° 4
## Trame de bilan avec la direction

Il est conseillé de réaliser le bilan en fin de convention, ou à mi-parcours si cela parait pertinent, de façon à réajuster le dispositif au besoin. Dans la perspective d'un arrêt des interventions, il s'agira de permettre un moment d'échange entre la direction et l'animateur autour des raisons de ce choix. Dans la perspective contraire d'une reconduction des interventions pour l'année suivante, il s'agira de clôturer le travail de groupe réalisé et de partager autour de l'approfondissement souhaité des objectifs.

Faire le bilan auprès de la direction directement signifie effectuer le bilan sans la présence des participants. Et cela implique la technicité de rester centré sur l'appropriation du dispositif par les participants.

En effet, le contenu des séances d'Analyse de la Pratique, n'ayant pas à être abordé avec la direction pour des raisons de respect de la confidentialité, il s'agira dans ce type de bilan de rester centré sur l'intérêt de l'institution à maintenir, suspendre ou faire évoluer le dispositif d'AP.

Voici les questions que je vous recommande d'aborder avec la direction dans l'objectif d'évaluer le dispositif et envisager avec perspective la suite. Ces questions sont amenées en distinguant les « questions sur le fond » des « questions sur la forme ». L'ordre pour aborder ces questions (d'abord le fond, puis la forme) est conseillé afin de maximiser les échanges constructifs avec la direction.

## FOND

- Quel est le bilan que vous ont fait remonter (en tant que direction) les participants concernant les séances d'Analyse de Pratiques ?
- Qu'avez-vous observé (en tant que direction) concernant l'attrait des participants au travail d'AP proposé ?
- En tant qu'Intervenant en Analyse des Pratiques, je peux vous témoigner de la fréquentation (présence), ponctualité et circulation (plus ou moins libre ) de la parole au sein du groupe de participants.
- En tant qu'Intervenant en Analyse des Pratiques je peux témoigner de la capacité des participants à exprimer des problématiques « de terrain ».
- En tant qu'Intervenant en Analyse des Pratiques je peux vous donner mon avis concernant la pertinence de poursuivre, arrêter ou réaménager le dispositif.

## FORME

- En tant qu'Intervenant en Analyse des Pratiques je peux témoigner de l'organisation plus ou moins facilitante pour le dispositif (planning respecté, salle réservée, présence des participants maximisée, factures honorées dans les délais).

# ANNEXE N° 5

## Exemple de note d'information envoyée à une direction pour annoncer la mise en place d'AP aux équipes

NOTE D'INFORMATION – ANALYSE DES PRATIQUES

Les Analyses de Pratiques Professionnelles sont des temps de réunion entre professionnels permettant de prendre du recul sur la pratique quotidienne auprès des usagers.

L'objectif est d'ouvrir la réflexion, pour chaque participant, de permettre une mutualisation des compétences et une aide au déblocage des situations de travail considérées comme difficiles et problématiques.

Les Analyses des Pratiques Professionnelles doivent être un lieu d'expression libre des pratiques professionnelles et pour des raisons de neutralité il est important que ces réunions soient menées par un professionnel extérieur à l'établissement s'engageant à la confidentialité des propos tenus dans ces moments, y compris envers la direction.

L'Analyse des Pratiques Professionnelles est un outil spécifique, précis, pouvant être très performant pour les participants en termes de retombées sur le terrain.

Il ne s'agit pas de confondre l'analyse des pratiques professionnelles avec d'autres types de réunions telles que :

- l'analyse institutionnelle dont l'objectif serait d'analyser comment l'institution est organisée, comment elle fonctionne et dysfonctionne ;

- la régulation d'équipe dont l'objectif serait de principalement régler les conflits et tensions entre professionnels ;

- la supervision relationnelle dont l'objectif serait que chaque participant analyse psychologiquement ce qu'il rejoue de sa vie personnelle dans son lien au public accueilli ;

- la supervision technique dont l'objectif serait de m'adresser à vous avec une expertise métier afin de vous aider à progresser dans votre pratique ;

- une étude de situation dont l'objectif serait de mieux comprendre intellectuellement les raisons du comportement d'un usager en analysant son histoire de vie et celle du développement de ses troubles et difficultés ;

- un temps de discussion dont l'objectif serait un temps de débat d'idées.

À bientôt pour une Rencontre,

Anne CHIMCHIRIAN,
Intervenante en Analyse des pratiques

Texte extrait du guide pratique à la Méthode APEOS®

# ANNEXE N° 6

## Tableau de synthèse vierge pour tâches d'entrainement : GLISSEMENTS MAJEURS (p. 106-107)

| DISPOSITIFS | OBJECTIFS PRINCIPAUX | MOTS-CLÉS |
|---|---|---|
| **ANALYSE DES PRATIQUES** | | |
| ≠ RÉGULATION | | |
| ≠ SUPERVISION RELATIONNELLE | | |
| ≠ SUPERVISION TECHNIQUE | | |
| ≠ ÉTUDE DE SITUATION/CAS | | |
| ≠AUDIT | | |

| ATTENDUS CHEZ L'ANIMATEUR ET MARQUEURS DE CADRE | p. |
|---|---|
|  | **41** |
|  | 53 |
|  | 59 |
|  | 65 |
|  | 69 |
|  | 73 |

# ANNEXE N°7

## Tableau de synthèse vierge pour tâches d'entrainement :
## Glissements mineurs (p. 108-109)

| Dispositifs | OBJECTIFS PRINCIPAUX | MOTS-CLÉS |
|---|---|---|
| **ANALYSE DES PRATIQUES** | | |
| ≠ La réunion thématique | | |
| ≠ La réunion clinique | | |
| ≠ La réunion de service | | |
| ≠ La réunion syndicale | | |
| ≠ Le groupe de parole | | |
| ≠ La discussion, le débat | | |

# ANNEXE N°8
Schéma vierge des objectifs de GLISSEMENTS MAJEURS

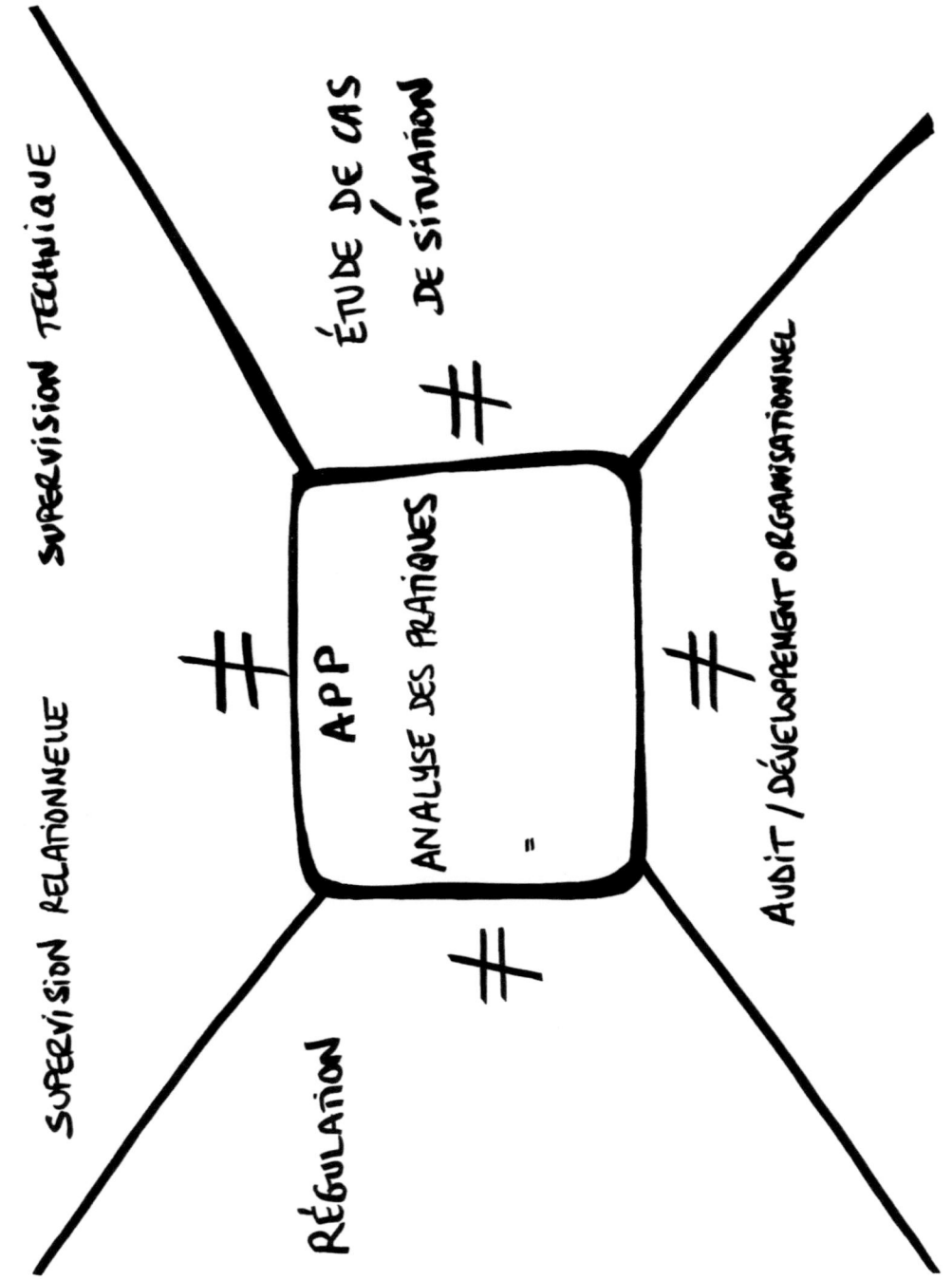

# TABLE DES MATIERES

## PARTIE 2 - STRUCTURER ET ANIMER LES SÉANCES D'ANALYSE DE LA PRATIQUE AVEC LES POINTS D'APPUI ET REPÈRES DE LA MÉTHODE APEOS®

# PARTIE 3 - CONSEILS PRATIQUES POUR DÉBUTER ET BOOSTER SA CARRIÈRE D'INTERVENANT EN ANALYSE DES PRATIQUES

# NOTES LECTEUR

# CONTACT AVEC L'AUTEUR

Le Cabinet A.C est né en 2006 d'interventions en Analyse de la Pratiques auprès d'établissements éducatifs et soignants ainsi que d'une pratique menée en parallèle de consultations psychologiques et thérapeutiques auprès d'individus comme de couples et de familles.

En 2016 le Cabinet A.C a développé les modules de formation IAPP1 (sur 5 jours consécutifs), dédiés aux professionnels souhaitant devenir des intervenants en AP et structurer leurs techniques d'intervention.

Dans un souci de suivre les anciens stagiaires, A.CHIMCHIRIAN a développé des modules de formations complémentaires :

- IAPP2, sur 2 jours consécutifs, pour perfectionner son positionnement d'Intervenant en Analyse de la Pratique ;
- SUPRAVISION, sur des journées trimestrielles, pour faire superviser sa pratique d'Intervenant en Analyse de la Pratique ;
- ASDR (Approche Systémique des Dynamiques Relationnelles) afin de proposer une formation courte en systémie appliquée.

Les formations proposées par le Cabinet AC sont accessibles sans diplômes spécifiques, sous condition d'un entretien préalable de préinscription par A.CHIMCHIRIAN directement.
Toutes les formations sont proposées avec la pédagogie expérientielle et mettent au centre la Compassion (plus la connaître pour mieux la maîtriser).

Le souhait du Cabinet AC est de proposer une approche humaniste à tous les stagiaires de façon à les accompagner au plus près de leurs projets. En les aidant à développer une plus grande confiance en eux, le Cabinet souhaite qu'ils se sentent solidement outillés pour entreprendre de nouvelles pratiques. Une intention est mise à les suivre dans leur développement.

Tous les stagiaires ayant reçu la formation IAPP1 bénéficient de la certification APEOS® et forment aujourd'hui une communauté étendue en France métropolitaine, Outre-Mer et plus récemment francophonie (Québec, Suisse et Belgique).

Figurant sur l'annuaire de référencement du site www.apeos.fr , les stagiaires IAPP1 peuvent ainsi augmenter leur visibilité dans le secteur des Analyses de la Pratique et tisser un véritable réseau professionnel d'intervisions entre eux, rassemblés autour d'une même méthodologie d'intervention.

Les autres activités du Cabinet A.C sont tournées plus directement vers la Compassion avec plusieurs actions proposées :

-   Des journées de Rencontres intitulées « Mieux comprendre sa sensibilité et ajuster sa compassion dans le domaine professionnel et personnel », organisées dans plusieurs villes ;
-   Des séminaires assortis de cursus portant sur  « Discernement et Ancrage dans la Compassion du Quotidien » ;
-   D'autres stages et cursus portant sur « Les liens de synergies et d'impasses entre Psychologie et Spiritualité ».

Merci encore pour la confiance que vous avez porté à mon travail en achetant ce livre. J'ai veillé à ce que chaque étape importante de sa réalisation (conception, écriture, édition et expédition) reflète la démarche éthique en laquelle je crois et que je développe depuis des années.

Je vous encourage à déposer votre commentaire de lecture directement sur mon site internet, dans l'onglet dédié au livre, de façon à pouvoir guider les personnes qui envisageraient de l'acheter. Je vous invite à détailler ce que cet ouvrage vous a apporté car rien ne vaut le retour direct d'un lecteur pour en faire une réelle appréciation.

Si l'intention d'éthique et de liberté qui traverse ce livre vous a parlé et touché, je vous propose de rester en lien. Nous sommes de plus en plus nombreux chaque jour à changer le monde (*sourire*).


Courriel :
anne.chimchirian@gmail.com


Réseaux sociaux professionnels :
www.linkedin.com/in/anne-chimchirian
https://www.facebook.com/analysedespratiquespro


Sites internet :
https://www.anne-chimchirian.com
https://www.apeos.fr

© 2024 Anne Chimchirian
Édition : BoD – Books on Demand, info@bod.fr
Impression : BoD – Books on Demand, In de Tarpen 42, Norderstedt (Allemagne)
Impression à la demande
Couverture : Édition Karenine
Illustrations : Cécile Farges

ISBN : 978-2-3225-3895-9
Dépôt légal : Juin 2024